對馬島 統治史

對馬島 統治史

글을읽다 초판 발행 | 2016년 5월 31일
지은이 | 황백현
펴낸이 | 김예옥
펴낸곳 | 글을읽다

16007 경기도 의왕시 양지편로 37(2층)
등록 | 2005.11.10. 제138-90-47183호
전화 | 031)422-2215, 팩스 | 031)426-2225
이메일 | geuleul@hanmail.net

ⓒ 황백현
ISBN 978-89-93587-18-0 03910

*책값은 뒤표지에 표시되어 있습니다. 파본은 바꾸어 드립니다.

對馬島 統治史

황백현 지음

머리말

대마도 탐방 동기

　서기 1996년 2월 9일 日本 이께다 외상이 역사적·지리적·실효 지배적으로 우리 땅이 분명한 독도를 자기네 땅, 다케시마(竹島)라고 지칭(指稱)하면서 대한민국이 불법 점거하고 있다며 우리 경찰의 퇴거와 건축물 철거를 주장했다. 이에 우리 국민은 "독도는 우리 땅"이라고 총궐기하면서 독도 순례 운동을 펼쳤다. 필자도 418명의 부산 시민들을 썬플라워 호에 모시고 독도 앞 바다로 가서, "독도는 우리 땅, 일본은 자폭하라"고 목이 터져라 외쳤다. 이런 방법으로 독도(獨島) 지키기 운동을 수십 차례 하다가 문득 그냥 놔둬도 우리 땅인 독도를 왜 우리들끼리 "독도는 우리 땅"이라고 외치고 있을까 하는 생각을 하고는 뭔가 잘못된 독도 지키기 운동이므로 방법을 바꾸어야겠다고 생각했다. 이 궁리 저 궁리를 하다 보니 '어! 대마도(對馬島)가 역사적으로 우리 땅이었잖아? 대마도(對馬島) 되찾기 운동을 하자! 독도를 확실하게 지키기 위해 대마도를 한·일간의 분쟁지역으로 만드는 것은 일본의 자존심도 건드리면서 가장 확실히 독도를 사수하는 방법 중의 하나이다.'라는 사실을 깨닫고 "독도는 우리 땅! 대마도는 한국 땅"이란 슬로건을 내걸고 공격이 최상의 방어라는 진리를 실천하기로 했다.

　뜻을 같이하는 동지 14명과 함께 제1차 〈독도는 우리 땅! 대마도는 한국 땅〉 운동의 첫 사업으로 대마도 탐방에 나섰다. 부산에서 서기 1997년 7월 27일, 오후 6시 일본 후쿠오카행 야간 페리 카멜리아 호를 타고 선상에서 1박 한 후, 2일째 아침 하카다 국제 항구에 내려 건너편 일본 국내 부두로 달려가

10시 20분 대마도 행 쯔꾸시 호로 바꿔 탔다. 무려 21시간이나 배를 타고 서기 1997년 7월 28일 오후 2시 40분 대마도 이즈하라 항구에 역사적인 첫발을 내디뎠다. 우리 일행은 손에 손에 태극기를 높이 들고 이즈하라, 시내를 활보하면서 "독도는 우리 땅! 대마도는 한국 땅"을 외쳤다. 먼저 세종 원년인 서기 1419년 6월 20일 이종무 장군이 점령했던 다케시키와 북한사전을 들고 한글을 배우고 있던 공민관을 견학했다. 애국지사 최익현 선생의 순국비에 헌화하고, 러·일 전쟁의 상징물인 만제키바시와 서산사와 제주도 출신 아가씨가 경영하는 제주바(BAR) 등을 돌아보았다. 탐방을 마친 우리 일행의 첫 마디는 "여기는 일본 대마도가 아니라 우리나라 거제도 같다." 하고 하나같이 입을 모았다. 첫 탐방을 마치고 역코스로 4박 5일 만에 부산항으로 귀국했다. 대마도 패키지 여행 상품은 이렇게 개척되었다. 왕복(往復) 4박 5일에 배타는 시간만 42시간으로 무리한 코스였지만 독도를 지키고 대마도 되찾기를 열망하는 애국시민들의 불타는 열정으로 4차에 걸친 후쿠오카 경유 〈대마도 되찾기 탐방운동〉을 마친 후, 히타카츠에서 부산을 왕래하는 32명 정원의 아오시오 호를 전세 내어 수차례 왕래했다.

    이 운동을 범국민적으로 펼치려면 한국에서 대마도까지 직항 여객선이 있어야겠다고 생각하고 친척(黃大鳳)께서 운영하는 〈포항↔울릉도〉간 여객선 회사인 대아고속해운을 찾아갔다. 〈부산↔대마도〉 직항 운항을 권유하자 검토해 볼 테니 해도(海圖)부터 구해달라고 했다. 당시 30,000원짜리 일제해도

(日製海圖)를 필자(황백현)의 돈으로 구입해서 대아고속해운 황인경 부장께 전달해주며 부산에서 대마도까지 직항 노선 취항을 촉구했다. 이렇게 본인의 적극적인 주선으로 서기 1999년 7월 14일 씨플라워 호가 〈부산↔대마도〉 간의 역사적인 첫 취항으로 대마도 항로가 개척되었다.

　대마도를 탐방하는 애국시민에게 나는 강조했다. "대마도는 역사적으로 우리 땅이다. 일본의 독도 영토 침탈을 봉쇄하기 위해서는 대마도 토지를 구입하여 우리 땅으로 등기해야 한다." 나는 가능한 한 우리 국민이 대마도를 많이 사들일 것을 촉구했다. 초창기엔 관광지가 부족했다. 대마도에 월세방을 구해놓고 소형차(봉고)를 구입했다. 대마도 구석구석을 다니면서 우리나라와 관련된 관광 Point를 개척(발굴)했다. 오늘날 유명관광지가 된 도노자키(殿崎), 대마도판 나바론 요새(豊砲臺跡)·나카라이토슈이관·사무라이거리·화양관적·매국노 이완용 친필비·1727년에 아메노모리호슈가 설립한 한글전문학교(韓語司)·포민옥적·방화벽·1872년 설립한 조선침략 준비 한글학교(嚴原韓語學所)·원통사·나카무라 관적·1500년 전 백제인이 심은 은행나무(琴杏木)·한나라식 고분(朝日山古墳)·조선왕녀 묘·대마해협 조난자 추도비·모기하마 러시아대포·토노구비·신라신사·서라벌과 카라자키·평산 신씨집단 거류지(淸海) 등이다.

　이러한 곳들이 대마도가 우리나라 땅이었다는 증거라고 역설했다. 그러나 부족함을 느껴 공부를 더하기로 결심하고 동의대학교 대학원 박사 과정에 입학했다. 이경규 지도교수님의 가르침으로 대마도 인들은 지정학적인 이유로 한국어를 구사할 줄 알아야 먹고 살 수 있었다는 사실을 알았다. 「對馬島의 韓語學習에 관한 硏究」 논문으로 박사학위도 취득했다. 그러나 대마도가 한국 땅이었다는 역사적인 논증에 뭔가 부족함을 느끼고 자료를 계속 수집해서 열심히 읽었다.

마침내 상고 시대부터 우리나라에서 건너간 韓민족이 살면서 우리 韓나라 국가들로부터 통치를 받았다는 사실도 알았다. 대마도주는 우리나라 송(宋)씨가 건너가 성을 종(宗)씨로 바꿔 대대로 도주를 지냈고, 시조 묘는 부산 화지산에 장사지냈다는 서기 1740년에 쓴 역사 기록도 찾았다. 부족하지만 이만하면 대마도가 지정학적·문화적 환경 등으로 우리 韓나라의 통치를 받은 우리나라 종속섬〔從屬島嶼〕이었다는 역사에 자신이 생겼다. 그래서 일부 학자들로부터 욕먹을 각오를 하고 외람되게 책으로 출판하기로 결심했다. 이 책이 나올 때까지 시도 때도 없이 괴롭힘을 당하신 이경규 교수님, 최종 교정과 출판을 맡아주신 예종화 선생님, 감수를 봐주신 박찬수 교수님께 정중히 감사드린다. 후학들의 더 나은 대마도 통치사가 속간되기를 기대하면서 졸고의 서문을 마무리한다.

단기 4349년 4월 독도 · 대마도 아카데미

獨島 **황 백 현** 謹書

차례

머리말 5

제1장. 상고시대 대마도 통치
제1절 우리 韓나라 사람이 대마도 원주민〔先祖〕 10
제2절 단군신앙이 대마도를 제정일치(祭政一致) 18
제3절 대마도 인은 골격도 우리 韓나라 계통 24

제2장. 마한시대(馬韓時代) 대마도 통치
제1절 대마도와 쓰시마(TUSIMA)는 韓나라식 표현 26
제2절 역사적으로 대마도는 우리 韓나라 인의 생활 공간 31

제3장. 사국시대 대마도 통치
제1절 가야국의 대마도 통치 38
제2절 신라의 대마도 통치 40
제3절 고구려의 대마도 통치 55
제4절 백제의 대마도 통치 57

제4장. 고려의 대마도 통치
제1절 대마도주 종(宗)씨 시조는 우리 韓나라 송(宋)씨 68
제2절 대마도는 고려의 행정 구역 79
제3절 대마도 은거 왜구 토벌과 남방 진출 93

제5장. 조선의 대마도 통치
제1절 태조5년 김사형 장군, 대마도 왜구 정벌 100
제2절 대마도주, 이종무 장군에게 항복 105

제6장. 대마도를 조선에
제1절 대마도를 조선에 바치다 108
제2절 대마도를 조선에 바친 청원서 분석 110
제3절 조선, 대마도를 경상도 대마주(對馬州)로 예속 114
제4절 조선 통합 철회 요구는 묵살 118

제7장. 관인 통치
제1절 개요 120
제2절 대마주 태수 관인 요청사(要請史) 120
제3절 대마주 태수 448년간 조선의 번신 고백과 관인 반납 125

제8장. 대마주 경차관 통치
제1절 개요 130
제2절 대마주 파견 경차관과 수행 업무 131
제3절 대마주 담당 여타 공무원과 직명 137

제9장. 관직을 주어 수직통치(受職統治)
제1절 대마주 백성들의 조선 관직 요청과 하사의 필요성 139
제2절 대마도의 보물, 수직 대마주인의 현존 고신(告身) 145
제3절 조선 정부, 대마주 백성들에게 고국 이주 147

제10장. 우리 韓나라 백성도 자유롭게 대마주에 이주
제1절 韓나라 성씨를 사용하기도 하고 일본 성씨로 152

제11장. 조선의 대마주 통치관
제1절 조선의 인물별 대마주 통치관 156

제12장. 조선의 대마주 경제 통치
제1절 우리 韓나라에서 먹여 살린 대마주 166
제2절 규약 경제 통치(規約經濟統治) 176
제3절 막부시대 대마주 경제 통치 186

참고문헌 195
약력 199

제1장. 상고시대 대마도 통치

제1절 우리 韓나라 사람이 대마도 원주민〔先祖〕

대마도 원주민은 우리 한민족(韓民族)
대마도에서 최고로 권위 있는 재야 사학자 나가도메 히사에(永留久惠)는 그의 저서에서 '상고 시대부터 해안 지대 사람들은 바닷물의 흐름에 따라 이주했다. 우리 韓나라 남해안에서 대마도 쪽으로 조류가 흐르므로 상고 시대 북방 대륙의 끝부분인 우리 韓나라 남해안 사람들은 배를 타고 조류를 따라 바다 가운데 무인도인 대마도에 처음 도착해서 살기 시작하여 대마도 인의 선조가 되었다.' [1]라고 밝히고 있다. 또 규슈대학교 대학원 나카하시(中橋博孝) 교수는 '고대부터 대륙 문화는 조선 반도에서 대마도를 경유하여 일본 열도로 유입되었다. 야요이 시대(弥生時代) 일본 열도 인구가 급증한 것은 조선 반도에서 해류를 따라 대마도를 경유해 일본 열도에 건너온 사람이 많았기 때문이다.'라면서 현재 대마도 서해안에 쌓이는 한글 상표가 붙어있는 표착물이 그 증거[2]라고 했다. 그리고 규슈 서일본신문사 기자 겸 규슈 속의 조선 문화 대표인 시마무라 하쯔요시(嶋村初吉) 씨는 '대마도는 한국과 운명을 같이했다.'[3]라거나 '대마도는 한국 영토였다.'[4]라는 표현을 서슴지 않고 했다는 사실은 대마도는 처음부터 우리 韓나라가 통치했다는 역사적 사실을 연구하는데 매우 소중한 문구(文句)이다.

양심 있는 일본 학자들의 이러한 솔직한 고백은 우리 韓나라 사람들이 건너가서 대마도의 최초 원주민(原住民)이 되었다는 역사를 증명해 주는 것이다. 서기 1441년(세종23년) 6월 25일 경상도 관찰사가 "대마도 인(對馬島人) 사이문구라(沙伊文仇羅)는 그의 부모가 본래 우리나라 사람이오니 조선에 머물러 살게 하여 우리나라 백성이 되게 하소서." 하고 아뢰자 그대로 따랐다.[5] 이는 대마도인이 경상도 관찰사를 통해 부모의 조국으로 환국하고 싶다는 상소를 세종대왕이 가납(嘉納)한 조선왕조실록의 한 구절이다. 이를 미루어 생각해보면 당시 대마도는 우리나라의 부속 도서로서 문전옥답처럼 드나들 수 있었던 조선 영토의 일부였다는 증거로 충분하다.

　　대마시(對馬市) 이즈하라(嚴原) 바닷가와 나가사키 시(長崎市) 관광 Point로 호민야아토(漂民屋跡)가 있다. 중·근세에 조선에서 대마도나 일본 열도에 표류(漂流)된 우리 韓나라 사람들을 수용했던 건물이 있었던 장소이다. 특히 막부 시대는 대마도뿐만 아니라 나가사키와 일본 열도에 떠밀려온 조선인들을 무조건 나가사키와 대마도 표민옥(漂民屋)에 수용했다가 조선에서 관리가 와 데리고 갈 때까지 억류시킨 수용 시설이었다. 서기 1727년(영조3년) 6월에는 어민들에게 원양어로(遠洋漁撈) 금지 조례까지 발표했다고 하니, 우리 韓나라 조선의 어선(漁船)들이 조류를 타고 대마도에 표류(漂流)되는 사례가 빈번했다는 역사 속에 담겨 있는 진실은 무엇을 말하는 것일까?[6] 일본의 히노(日野義彦)라는 학자는 소화59년 「대마풍토기」에 '대마도의 한국어(韓國語;隣國語) 학습에 관하여'라는 기고문에서 "고대 대마도 서해안 사람들은 강한 서북풍이 불고 난 다음날 아침에 파도를 타고 밀려온 해안의 표착물품(漂着物品)을 보고, 바다 건너편에서 흘려보낸 표착물의 주인들과 교섭을 하고 싶어 했다."[7]고 했

---

1) 永留久惠(1994) 「古代史の 鍵·對馬」 p.27~28
2) 嶋村初吉(2005) 「對馬新考」 p.6
3) 嶋村初吉(2005) 「對馬新考」 p.24
4) 嶋村初吉(2005) 「對馬新考」 p.5
5) 世宗實錄　世宗九十三卷　二十三年　六月　辛酉　條.
6) 黃白炫(2011) 釜山 渤海TOUR 「對馬島 歷史文化觀光」 p.42
7) 日野義彦 (昭和 59) 「對馬風土記」 p.1

다. 그렇다면 이런 생각을 할 수 있었던 대마도 서해안 사람들보다 먼저 대마도 서해안에 살고 있었던 사람들은 어디서 온 사람들이란 말인가?

일본 열도에서 해류를 거슬러 올라온 사람일까? 아니다. 미지의 세계를 개척하고픈 욕망으로 가득 찬 우리 韓나라 민족이다. 맑은 날이면 조류를 따라, 바람이 불면 바람을 이용해 부산(釜山)과 거제도에서 49.5km 밖에 안 떨어진, 손을 뻗으면 잡힐 것 같은 대마도로 건너갔을 것이다. 희노(日野)의 이러한 주장은 고대 대마도인의 선조는 우리 韓나라 사람들이란 점을 역(逆)으로 인정해주는 말(語)이다. 대마도 미네정(峰町) 키사카(木坂)공원에 〈대마 해협 조난자추도비(對馬海峽遭難者追悼碑)〉가 있다. 대한민국 남해안의 부산·가덕도·다대포·거제도·거문도나 백도 등에서 낚시를 하다가 조난을 당한 후 시신(屍身)을 찾지 못하면 1주일이나 2주 후에 대마도 서해안에 떠밀려온다고 한다. 이들을 수습해 영혼을 위로하는 비(碑)를 대한민국 민단 대마도 지부와 이즈하라 라이온즈 클럽의 공동 기금으로 서기 1992년 12월에 세웠다.[8] 서기 2012년 1월 13일자 대마신문[9]에 의하면, '2011년 12월 26일 오후 3시 경 대마도 토요타마정 시타노우라(豊玉町 志多浦) 해안에 검은 구두와 검은 점퍼를 입었지만 형체를 알아볼 수 없는 시신 한 구가 포착되었다. 호주머니에 한국 돈 원 지폐(ウォン紙幣)가 있었기 때문에 한국인으로 추정한다.'고 했다. 우주(宇宙)의 원리(原理)요, 자연(自然)의 진리(眞理)에 따라 21세기에도 조류(潮流)는 우리 韓나라에서 대마도 쪽으로 도도히 흐르고 있다.

기원 전 7000~8000여 년부터 우리 韓나라에서
패총 문화를 대마도에 전래

상대마도 상현정 코시타카(上對馬島 上縣町越高)에서 발굴된 패총은 부산광역시 영도구 동삼동 패총과 똑같다. 부산 영도구 동삼동에 살고 있던 사람들이 가까운 거리에 있는 상대마도 코시타카(越高)에 집단으로 건너가 살면서 남긴 것이기 때문에 고향인 영도 동삼동 패총과 같은 패총 유적이 발굴된 것이라고 생각할 수밖에 없다. 감히 누가 부인하겠는가.[10] 이는 대마도 선조는 우리

韓나라 남해안에서 건너간 사람들이라는 사실(史實)을 다시 한 번 증명해 주는 것이다. 또한 대마도의 생물은 대륙 계인 우리 韓나라 계가 많고, 대마도에서 70km 떨어진 이끼섬(壹岐島)에는 규슈(九州)와 같은 일본 열도 계가 많다11)고 한다. 거주자들의 유물과 함께 생물까지 우리 韓나라와 동일한 것을 보면 대마도에 맨 처음 살기 시작한 원주민은 우리 韓민족이었다는 것이 한 번 더 증명된다.

경상대학교 백우현 교수는 대마도의 토양과 지질은 우리나라 남해안 거제도(巨濟島)와 같다고 했다. 그 이유는 태고에 대륙에 연결되었던 남해안 섬들과 일본 열도는 제4빙하기에 해양과 육지가 현재의 형태로 분리(分離)될 때 거제도·사량도·가덕도·대마도까지는 대륙의 토양과 같은 생토 지질대(生土地質帶)로 형성되고, 70km 떨어진 이끼섬(壹岐島) 토질은 일본 열도와 같은 화산 지질대(火山地質帶)로 용암이 굳어졌기 때문이다.12)

일본 열도에는 없고, 대마도에만 존재하는
우리 韓나라 구·신석기 문화

한말(韓末) 식민지 시대를 거치면서 일본학자들과 이에 부화뇌동(附和雷同)하는 친일학자들은 우리 韓나라에는 구석기 시대 문화가 없었다고 주장하기도 했다. 그러나 서기 1945년(단기 4278년) 8월 15일, 일본 패망 후 우리 韓나라 고고학자들에 의해 구석기 유적이 하나씩 발굴됨으로써 우리 韓민족이 구석기 시대부터 존재했음이 확실하게 밝혀져 학계에서는 우리 韓나라 역사는 구석기 시대부터 시작되었다고 본다. 구석기 시대의 유물은 함경북도 웅

---

8) 黃白炫(2011) 釜山 渤海TOUR「對馬島 歷史文化觀光」p.91
9) 對馬新聞 2012년 1월 13일字 報道. 筆者가 新聞을 保管하고 있음.
10) 이훈(2010)「對馬島, 역사를 따라 걷다」p.238
11) 永留久惠(1994)「古代史の 鍵·對馬」p.27
  • 壘(루;るい): 작은 성(城)(對馬の 生物は 大陸系の ものが 多いの に對して,壹岐は 九州と 同じである)
12) 黃白炫(2003) 서울 國民出版社「한얼이 숨쉬는 대마도는 한국 땅」p.5

기 굴포리 · 평안남도의 성원 검은모루동굴 · 덕천 승리산 동굴 · 충청남도 공주 석장리 · 충청북도 청원 두루봉동굴 · 단양 수양개 유적 · 경기도 연천 전곡리와 그 밖의 단양금굴 · 제천 창내 · 중국 요령성 금우산동굴과 길림성 석문산촌동굴 등지에서도 발굴되었다. 한반도에 고루 분포된 구석기 유적지에서 출토된 동물의 뼈는 털코끼리 · 큰뿔사슴 · 코뿔소 · 쥐 · 토끼 · 닭 등으로 다양하다.13) 이렇게 구석기 시대를 거쳐 신석기 시대에 우리 韓민족은 어느 한 지역에 정착해서 창이나 활을 이용해 사냥을 했고, 그물과 작살, 뼈로 만든 낚시로 물고기를 낚았다. 때로는 통나무 배(舟)를 타고 바다에 나가 물고기 · 바다짐승 · 굴 · 대합 등의 조개류도 채취하여 식용으로 사용했다. 또한 진흙을 빚어 불에 구워서 토기(土器)를 만들어 사용함으로써 음식물을 요리하거나 저장해 두었다가 먹을 줄 아는 좀 더 진화된 생활을 했다.

신석기 시대에 민무늬토기 · 덧무늬토기 같은 그릇을 불에 구워 빚었다. 신석기 문화를 대표하는 유물로써 가장 유명한 것은 부산 영도 동삼동 조개더미(패총;貝塚) · 평안남도 온천 궁산리 · 황해도 봉산 지탑리 · 서울 암사동과 경기도 하남시 미사동 · 강원도 양양 오산리에서 출토된 빗살무늬토기를 손꼽을 수 있다. 이들의 특징은 모두 강이나 바닷가에 위치하고 있다는 점이다. 신석기 중(中)기와 말기(末期)에는 움집에 살면서 가락바퀴나 뼈바늘을 만들어서 의복이나 그물을 만들어 생산량의 증가에 활용했고, 움집의14) 중앙 바닥에 취사나 난방을 위한 화덕을 설치했다. 부족은 동일 씨족을 기본 구성단위로 하는 부족 공동체를 만들었다가 차츰 족외혼(族外婚)을 통해 마실(마을;아주 작은 촌락)을 형성하여 농경과 목축을 하면서 살기 시작했다.15)

특히 경제생활을 고기잡이로 영위하던 韓나라 조선 시대(朝鮮時代) 대마도인들이 왕래했다는 기록이 있고 남해안 부산과 대마도가 공동생활권이란 점이 증명된 부산 앞바다 섬인 한반도 최고(最古) 최대 신석기 집단 매장터가 발굴된 부산광역시 가덕도 장항마을 유적지에 1억 2,000만원의 사업비로 '가덕도 신석기 집단무덤 홍보공원'을 조성한다고 국제신문에 보도되기도 했다. 홍보관에 전시될 출토물은 인골 48기 · 조개 팔찌 · 옥 제품 · 토기 등으로 대마도

미네정 미네 역사민속자료관에 전시하고 있는 대마도에서 발굴된 신석기 유물과 동일한 것들이다.16) 그러면 일본 열도는 어떠했을까? '일본 열도의 신석기 시대인 조몬 시대(繩文時代)에는 농경과 목축을 한 흔적이 보이지 않는다.'고 했다.17) 그러나 대마도는 신석기 시대 韓나라와 동일한 농경 흔적(農耕痕迹)이 있다. 경상남도 김해식 토기(金海式土器)가 출토된 고분(古墳)이 우리 韓나라와 49.5km 밖에 안 되는 상대마정(上對馬町;현 대마시 상대마지소) 토요(豊;풍)의 카미카라자키(カミカラ崎)·하마구스(浜久須)의 아사히야마1(朝日山一)·아사히야마4(朝日山四)·아시(葦)의 오자키(尾崎)·상현정(上縣町;현 대마시 상현지소)의 사고(佐護) 시라타케(白嶽)·구비류(クビル)·미네정(峰町;현 대마시 미네지소) 미네(三根)의 가야노키B(ガヤノキB)·가야노키E(ガヤノキE)·우에가야노키(上ガヤノキ)·시오쯔보(シオッボ)·요시타(吉田)의 치고노하나3(チゴノハナ三)·사가(佐賀)의 고쬬우시마3(小姓島三) 그리고 풍옥정(豊玉町;현 대마시 토요타마지소)의 니위(仁位) 부근·하로우2(ハロウ二;사호우라(佐保浦)) 근처 아까자키3(赤崎三)·사시카(佐志賀) 근처 가네케자키(鍾掛崎)·지우라자키1(寺浦崎一)·수수자키(スス崎)·소(曾) 근처 구와바라 몽고총(桑原蒙古塚)·미진도정(美津島町;현 대마시 미쓰시마지소) 관내 시마야마(島山) 지방의 아까자키2(赤島二)·오오후나고시(大船越) 부근 사이다께(栄畑)·구로쇠(黑瀬) 근처의 코우고우자키(皇后崎)·이즈하라町(嚴原町;현 대마시 이즈하라지소) 최남단 쯔쯔중학교(豆酘中學校)에서 신석기 토기가 출토되었

---

13) 이현희(2010) 서울 청아출판사 「이야기 한국사」 p.21
14) 움집과 방 중앙에 화덕으로 보온을 했던 고대 생활상을 실물처럼 꾸며 놓은 대마도 미네 역사 민속자료관에 가면 직접 볼 수 있다. 여기에는 우리나라에서 건너간 도자기의 파편과 물레 등이 수없이 많다. 이러한 전시물 또한 대마도가 상고 시대 우리 韓나라의 통치 하에 있었다는 것을 역사적 실물로 다시 확인해 주고 있는 증거라고 필자는 본다.
15) 이현희(2010) 서울 청아출판사 「이야기 한국사」 p.25~26
16) 국제신문 2011년 12월 29일자 9면.
17) 박경희(2001) 서울 일빛 「연포와 사진으로 보는 일본사」 p.11
18) 永留久惠(1994) 「古代史の 鍵·對馬」 p.129~141

다.18) 따라서 대마도는 韓나라와 가까운 거리에 있는 섬이기 때문에 韓나라 남해안 낙동강 하구의 김해 지역에서 살던 사람들이 바다를 건너가 살면서 남긴 유물이 틀림없다. 대마도는 일본 열도보다 먼저 韓나라와 동일(同一)한 구·신석기 시대의 유물이 출토될 수밖에 없다. 그 이유는 대마도는 상고 시대부터 우리 韓나라의 통치 하에 있던 부속섬이었기 때문이다.

고분 형식과 출토물을 봐도 대마도 원주민은 우리 韓민족

고대에 어떤 민족이 살았는가를 판별하는 방법 중의 하나가 고분에서 나오는 출토품(出土品)으로 유추(類推)하는 것인데 고분은 민족에 따라 출토물에서 큰 차이가 나타나기 때문이다. 대마도는 고대부터 한반도 부속섬이었고 대마도에서 최고의 역사인 조몬유적에서 출토된 토기도 한반도와 똑같다. 그러나 일본 열도나 대마도의 일부 재야사학자(在野史學者)들이 이러한 출토물들이 일본 열도에서 대마도로 유입되었다는 논리를 펴기도 한다. 이러한 억지 주장을 하는 이유는 대마도가 조몬(繩文) 시대의 다음 시대인 야요이 유적 시대부터 대륙 문화로부터 서서히 벗어나 일본 열도 문화를 받아들이는 일본 열도국(日本列島國)의 종속이었다는 것을 강조하려는 목적이 있다는 점에 주목해야 한다.

　우리나라 고분은 돌(石)로 사각형의 관(棺)을 만들어 죽은 사람을 하늘을 보고 반듯이 눕히는 상식석관묘고분(箱式石棺墓古墳)이라고 하는데, 일본의 고대 고분은 시체의 팔다리를 굽혀 쭈그린 자세로 옹기(甕器)에 넣고 장사 지내는 옹관묘식(甕棺墓式) 또는 굴장(屈葬)이라고 한다. 대마도의 유명한 고분은 대장군산고분(大將軍山古墳群)·토노구비고분군(塔の首古墳群)·아사히야고분(朝日山古墳群)·네소고분군(根曾古墳群)·시타로천인총군(志多留千人塚群)·미진도정의 디쯔카고분군(出居塚古墳群) 등으로 대단히 많다. 이들 고분의 부장품은 우리 韓나라(반도) 계의 도우쿤(銅釧;팔찌)·적소 토기(赤燒土器)·동모(銅矛)·동검(銅劍)·철서(鐵鋤)·광형 동모(廣型銅矛)·도질 토기(陶質土器)·토사기(土師器)·옥류(玉類) 등이다. 이들 부장품이 출토되는 고분은 한반도에서 건너온 것으로, 이곳에 묻힌 사람은 귀족에 해당하는 신분이라고 대마도 고고학자 소우뱌(正林護) 씨도 그의 저서에서 밝히고 있다.19) 그리고 한반도의 청동기 시대에 유행한 마제석검(磨製石劍)이 대마도 내에서 20례(例)가 출토되었는데 유병식(有柄式)이 13례(例), 철검식(鐵劍式)이 3례, 그 외 형식 불명이 다수다.20) 대마도 미쯔시마정 타루카하마(美津島町 樽か浜) 지역에 한반도식 상식석관묘고분이 24곳이나 있는데21) 이들 고분군(古墳群)이 모두 한반도식 상식석관고분군(箱式石棺墓古墳)이다.

참으로 신기한 것은 대마도에서 약 70km 떨어진 이끼도(一岐島)의 고분은 일본 열도식인 옹관묘고분군(甕棺墓古墳群)이 대부분이다. 이런 고분군만 봐도 대마도의 고대 원주민은 우리 韓나라 사람들이란 점이 증명된다. 이러한 고분 발굴 조사는 패전 후 일본 동아 고고학회에서 발굴해 나온 결과이다. 일본 학술 단체가 대마도에는 고대부터 우리 韓반도 사람들이 건너와서 살았다는 역사를 증명해 준 것이다.22) 그러므로 대마도에 거주하는 사람들은 한반도를 다스렸던 지도자의 통치를 받았을 것이란 점을 누구나 인정할 수 있는 근거이다. 또한 이렇게 발굴된 부장품만 보더라도 우리 韓나라 사람들이 구·신석기 시대는 물론이고 청동기와 철기 시대를 거쳐 대마도로 건너와서 살았음이 증명되고도 남는다.

B.C. 221년 우리 韓민족, 대마도에 집단 이주

단군왕검(檀君王儉)이 B.C. 2333년 북만주 송하강 유역에 고조선(古朝鮮)이라는 단군조선을 건국한 후 남하하여 대능하, 요하 지역인 발해 연안으로 천

---

19) 正林護(1988)「ながさき古代紀行」vol.1 對馬　p.5〜10
20) 永留久惠(1994)「古代史の 鍵·對馬」p.69
21) 永留久惠(1994)「古代史の 鍵·對馬 」p.111 •釧:팔찌 천, 矛:창 모, 鋤:호미 서,
22) 對馬島, 上對馬町 朝日山古墳 안내판에 상세한 내용이 적혀 있다.

도(遷都)하였다. 고조선은 중국의 하(夏)·은(殷)·주(周) 시대에 하르빈(할빈)·농안·장춘·봉천(심양) 지역과 요하 및 압록강 부근을 통치하는 진조선(眞朝鮮), 대능하와 요하 사이 지역을 다스리는 번조선(番朝鮮)으로 나뉘었다.23) 그 후 우리 韓나라 백성이 대마도(對馬島)로 건너가야 할 충격적인 대사건이 번조선이 패망한 지 60년쯤 지난 B.C. 221년에 일어났다.

중국을 통일한 진시황(秦始皇)이 B.C. 215년부터 韓나라 조선 민족에 대한 탄압에 나섰다. 만리장성을 대대적으로 축조하면서 중국 땅에서 우리 韓민족이 국가적인 큰 세력을 형성하지 못하도록 하기 위한 전략으로 우리 韓민족을 부역에 총동원시켰다. 얼마나 혹독했던지 노역과 굶주림으로 시체가 산(山)을 이루었다고 전해졌다. 견디다 못한 우리 한민족(韓民族)의 일부는 중국 한족(中國漢族)에 흡수되기도 하고, 수많은 인민은 탈출하여 남부로 내려와 낙동강 유역에 정착하여 구야한국(狗耶韓國;김해 가락국)24)에서 바라다 보이는 대마도로 도해(渡海)하였다. 이들이 남하하여 대마도로 건너가기 이전부터 김해와 경주에서 먼저 건너가서 살고 있던 韓나라 백성들과 함께 대마도를 차지했고, 개척 정신이 강한 우리 한민족(韓民族)은 대마도에서 가까운 이끼섬(壹岐島)를 거쳐 규슈(九州)까지 이동해서 자리를 잡았다. 이를 증명해 주는 것이 대마도 유적에서 나오는 출토물과 대마도 백악산(白嶽山)25)·규슈의 아소산(阿蘇山)26)·웅습성(熊襲城=熊本城;구마모토성)27)·한국악(韓國岳)28)이라는 지명 등이다.

제2절 단군신앙이 대마도를 제정일치(祭政一致)

**대마도 백악산 신앙(白嶽山信仰)은
韓나라 단군신앙(檀君信仰)**

'남북에 높은 산이 있어 모두 이름을 천신(天神)이라 한다. 남쪽을 자신(子神)이라 칭하고 북쪽을 모신(母神)이라 칭한다. 풍속(風俗)은 신(神)을 숭상하여 집집마다 소찬(素饌)으로 제사를 모신다.' 이는 「동래부지(東萊府誌)」의 내용이다.29) 아래 글은 본장(本章)의 진의(眞意)를 파악하는 데 크게 도움이 될 것으로 사려(思慮)되어 수록했다.

'대마도에는 천도신앙(天道信仰)이라고 하는 일종의 영산(靈山) 영지신앙(靈地信仰)이 있다. 높은 산이나 일정한 지역을 신성한 영지(靈地)로 생각하여 금기(禁忌)를 지키며 숭앙(崇仰)한다.30) 대마도의 영산인 백악산을 신성시하는 백악산신앙(白嶽山信仰)이 있는데 이는 우리 韓나라 산악신앙(山嶽信仰)인 단군신앙(檀君信仰)에서 전이된 것이다. 한국의 산악신앙(山嶽信仰)이란 단군신앙을 말하는 것으로 백두산을 중심으로 널리 분포되어 있었다. 신앙의 대상은 한인(桓因)·한웅(桓雄)·한검(단군;檀君)의 삼신(三神)인데 그중에서도 한웅은 인간 세상을 교화시키기 위해 태백산에 내려온 신(神)으로 고조선(古朝鮮)을 개창(開倉)하여 두터운 민중 신앙이 되었다. 우리 韓나라 백성들이 규슈로 이동할 때 한웅신앙, 즉 백두산신앙인 백산신앙도 같이 들어와 일본 열도 규슈 후쿠오카현 소에다 히코산(日本列島 九州 福岡 添田 英彦山)에 전파되어 후지하라 한웅(藤原桓雄)이 되어 일본 열도 한웅신앙이 되었다. 백산신앙 즉 단군신앙이 일본 열도 구주 히코산(英彦山)에 전파되었다는 것은 대마도를 통해 건나갔다는 것을 뜻한다. 우리 韓나라 남해안 부산에서 바라다 보이는 대마도를 거치지 않고는 규슈를 거쳐 일본 열도까지 갈 수 없다. 그러므로 고대

---

23) http://kin.naver.com/
24) 崔成奎 釜山日報 東京支社長 「統治的·地名的으로 본 對馬島」
    黃白炫(2006)「한얼이 숨쉬는 對馬島」P.268 再引用
25) 林承國 飜譯·註解(檀紀4344. 西紀2011) 「한단고기」 p.137
26) 林承國 飜譯·註解(檀紀4344. 西紀2011) 「한단고기」 p.138
27) 林承國 飜譯·註解(檀紀4344. 西紀2011) 「한단고기」 p.266 '熊襲城은 지금의 구마모토성(熊本の 城)을 말한다고 했다(林承國 飜譯·註解 (檀紀4344. 西紀2011). 「한단고기」 p.265
28) 青野壽郎·尾留川正平 (昭和48) 「現代地圖帳」 p.111
29) 「東萊府誌」 p.22 「港都釜山」 第1號 p.100
30) 玄容駿(1974) 「對馬島의 天道信仰」 p.55

에 단군신앙이 우리 韓나라의 부속 섬(屬島)인 대마도로 건너가 숭앙(崇仰) 받는 신앙이 되었다고 봐야 한다. 서기 1993년 5월 서울에서 개최된 학술대회에서 일본 열도 대학의 나카노히타노(中野幡能) 교수는 우리 韓나라 민중신앙(民衆信仰)이 대마도에서 일본 열도로 건너가 일본의 백산신앙으로 수험도(修驗道)가 되었다고 발표했다.31) 대마도 사람들은 이러한 산악신앙이 된 단군신앙의 신령을 아직도 믿고 있다는 실증(實證)이 있다.32)

    2011년 늦은 봄, 미쓰시마정 시라타케(美津島町 白嶽山;新羅山)로 등산간 한국인 5명이 길을 잃고 헤매게 되었다. 반대쪽인 이즈하라정(嚴原町) 와카다(硯田)에서 한국 등산객이 길을 잃고 헤매고 있다는 연락을 받고 이들을 구조했다. 그런데 이때 대마도인 운전수 아비류 나가유끼(阿比留 長行)는 백악산 신령(神靈)을 노하게 했기 때문에 신령이 이들에게 길을 잃게 했다고 주장했다.33) 현재도 대마도 사람들은 백악산(白嶽山)을 신령(神靈)이 있는 산(山)으로 여기고 있는 것이다. 그 이유는 백산(白山) 즉 백두산(白頭山) 신앙(信仰)에서 유래하여 백악산(白嶽山)에 존재하는 신령(神靈)을 믿고 있기 때문이다.

    백악산이라는 이름은 백악신앙(白嶽信仰) 즉 백산신앙(白山信仰)에서 유래되어 백악산으로 전해 내려온다는 설과 산의 모양이 위엄(威嚴) 있어 이러한 이름이 생겼다는 설도 있다. 백악산 정상의 남쪽 암석(南側巖石)은 윗부분이 버섯모양의 남자 생식기 같이 생겼고, 북쪽 여암(女巖)은 하복부(下腹部)의 중앙에 균열(龜裂)이 생겨 여성의 자궁(子宮) 같은 이와야(いわや)라고 하는 암굴(岩窟)이 있다.

    대마도 재야사학자 나가도메히사에(永留久惠)는 이 암굴(岩窟;이와야(いわや)), 깊은 동굴(奧は 洞窟)에서 고구려의 시조 주몽(朱蒙;東明王)의 어머니가 제사(祭祀)를 지냈다는 전설이 있다고 말하며, 대마도가 고대부터 일본의 일부였다는 점을 강조하기 위해 일본 개국신(開國神)과 관련지어 천조대신(天照大神;아마테라스오오카미)의 황조 여신(皇祖の女神)은 천암굴(天岩窟)에서 총애(寵愛)를 받았다고 그의 저서에서 억지 주장을 펴고 있다.34) 이는 정말 모순(矛盾)이 아닐 수 없다.

고구려 시조 동명왕의 어머니가 제사를 지낸 곳이라고 말해 놓고 일본 개국신화를 함께 서술한 것은 논리상 앞뒤가 맞지 않기 때문에 천조대신 운운하는 것은 허구(虛構)로 밖에 볼 수 없다. 따라서 대마도 백악신앙은 우리 韓나라 단군신앙으로, 대마도 사람들에게 대단한 영험이 있는 영산(靈山)이었다고 결론 지을 수 있다.

일본 규슈(九州) 히코산의 단군 상과
마늘을 먹는 소에다 마을[35]

우리 韓나라 선천 개벽의 시조(始祖)인 한웅천황 상(像)은 어깻죽지의 박달나무 잎과 어깨에 늘어뜨린 검은 머리와 한복 차림은 불교의 석가모니 상(釋迦像)과 전혀 다르게 한국적임을 확연하게 나타내면서 일본 규슈 영언산(英彦山;히코산) 신궁(神宮)에 모셔져 있다. 이 한웅 상은 우리 겨레의 국가를 최초를 건국하고 수호한 우리 민족의 국조 상(國祖像)임에 틀림없다. 우리는 동양철학의 천지인 일체(天地人一體) 사상으로 서구에서 말하는 인간을 지배하는 신(神)의 존재를 인정하지 않는다. 동양에서는 신(神)이란 망자(亡者)의 혼백으로 역사적으로 실존 인물을 의미한다. 예컨대 일관도(一貫道)에서는 관우(關羽)·장비(張飛)·제갈공명(諸葛孔明)·유비(劉備)를 신으로 모시는데 이들은 역사적으로 실존 인물이었다. 따라서 한웅천황이 우리나라와 일본 규슈 후쿠오카현 소에다 히코산 신궁에 신(神)으로 모셔져 있지만 역사적으로 실존 인물이었다는 것이다. 그러나 한웅천황에 대한 고고학적 근거가 있느냐고 반문

---

31) http//book.naver.com/과 서기 1478년과 1996년 11월 9일 경향신문 인터뷰 기사를 인용 참고하여 서술한 것을 再引用하여 첨언해 서술했음을 밝혀 둔다.
32) 단군신화의 영향으로 英彦山 白山社의 종교로 형성된 神社는 일본 열도에 3,000곳이나 있다.
  윤경수·김문길 「단군신화가 일본 修驗道에 끼친 영향에 관한 연구」 「日語日文學研究」 p.108
33) 이 사실은 2011년 2월 (주)발해투어 직원과 함께 겪은 현장 체험이다.
34) 永留久惠(平成六) 「對馬 歷史觀光」 p.180~181
35) http//book.naver.com/bookbb/(日本列島 九州 福岡 添田 英彦山 檀君像)

하는 사람이 있을 수 있다. 하지만 오늘날 수십 억 인구가 믿는 예수도 고고학적 근거가 없는데 예수의 실존에 대해 이의(異意)를 제기하는 사람이 없는 것처럼 한웅천황도 같은 맥락에서 보면, 우리 韓나라 개국조 한웅(開國祖 桓雄)과 일본 소에다 히코산 신궁의 한웅 상(桓雄像)은 동일 인물이라 할 수 있다. 특히 히코산 아래 소에다 마을 사람들은 일본에서 유일하게 우리나라 음식인 마늘장아찌를 먹는 것을 보면 두 지역은 동일 신앙을 믿는 같은 국조의 후손이라는 점을 증명해 준다고 볼 수 있다.

대마도 웅야권현신앙(熊野權現信仰)도
단군신앙(檀君信仰)

한국의 단군신앙인 한웅신앙은 웅(熊;곰) 자가 들어가는 웅야신앙(熊野信仰: 白嶽山信仰;白山信仰)이 조류(潮流)를 타고 우리 韓나라 도서(島嶼) 가운데 하나인 대마도를 거쳐 멀리 떨어진 일본 열도까지 건너갔다. 다시 말하면 우리 韓나라 도래신앙(渡來信仰)이 대마도와 일본 열도에서 구마노권현(くまのごんげん) 즉 웅야권현(熊野權現)이라는 신앙이 되어 고대에서 현재까지 그 맥을 이어오고 있다. 웅야권현(熊野權現)이란 이미 우리가 알고 있다시피 곰(熊)이 마늘 20개와 쑥 한 다발을 먹고 여자가 되었다는 우리나라 개국신앙 사상이 그 기원이다.36) 이 사상이 한민족의 신앙으로 자연스럽게 대마도로 건너갔고 그곳에서 다시 일본 열도까지 전파되었다. 따라서 대마도 곰 사상 신앙(熊思想信仰)인 웅야권현신앙 사상(熊野權現信仰 思想)은 우리 韓나라에서 건너간 도래 신앙 사상이다.

먼저 용어를 풀어보면 권현(權現;ごんげん)이란 신(神)의 존호(尊號)로 신불(神佛)이 중생을 건지기 위해 인간 세상에 나타나는 것을 말하는 것으로 어떤 추상적인 특질을 구체화하거나 유형화한 것이다.37) 따라서 권현산(權現山)은 신(神)·신산(神山)·신사(神社)가 있는 산을 의미하기 때문에 입산을 금지하고 있다. 확실한 증명은 도쿠가와 이에야스(德川家康) 신궁의 정식 명칭이 동조대권현(東照大權現;とうしょうだいごんげん)이란 점이다. 약칭으로 동조궁

(東照宮;とうしょうぐう)이라고도 한다. 우리 韓나라에서 50km 거리인 상대마도(上對馬島) 최북단에 권현산(權現山;ごんげんやま)이 있다.38) 신령이 있는 산이기 때문에 평상시는 입산을 금지하고 있다.

그리고 이 산의 기슭에 서복사(西福寺)가 있다.39) 서쪽으로 1km 지점에 풍수지리학적으로 좌청룡·우백호·주작·현무가 반듯한 명당 터가 있고 바다를 건너온 한국 귀족이 잠든 상석관 분묘인 도노구 비(塔の首)가 있다. 우리 韓나라에서 대마도로 건너간 웅야권현(熊野權現)을 상대마부터 나열해 보면 니시도마리(西泊)·하마구스(浜玖須)·아시미(芦見)·이나(伊奈)에 2개소와 시사미(鹿見)·세타(瀨田)·요시타(吉田)·마와리(廻)·요코우라(橫浦)·고후나고시(小船越)·오오후나고시(大船越)와 종주 등산코스로 이름난 유명산(有明山)의 카미자 출구(上見坂出口)에 419m의 곤겐산(權現山;권현산) 등 12개소가 있다.40) 모두 중요 항구의 진좌(鎭座)에 있다. 이러한 신사가 언제 누가 청원하여 세워졌는지는 밝혀지지 않은 채 웅야권현이란 종교로 자리 잡았다. 일본 열도의 웅야권현(熊野權現)신앙은 상고 시대 조류(潮流)의 흐름을 타고 우리 韓나라에서 대마도로 가서 뿌리를 내리고 다시 구주를 거쳐 나라현 기이 반도(紀伊半島)까지 전파되었다고 보는 것이 타당하다. 그러나 일본 열도에서는 이와 반대로 설명하고 있다. 이는 상고 시대 문명이 중국과 우리 한나라에서 바다를 건너 일본 열도에 상륙했다는 정설에 역행하는 것이기 때문에 일본 열도 기이 반도 남부 웅야권현신앙 발생설이 조작된 것으로 보고 이번에는 기술하지 않는다는 점을 밝혀 둔다. 여기서 주의해야 할 점은 일본 열도 학자들이 발표하는 연구서와 논문에 실존 단군(實存檀君)을 신화나 설화로 강조하는 것은 우리 韓나라 개국조인 단군성황(檀君聖皇)을 실존하지 않는 설화(說

---

36) 林承國 翻譯·註解(檀紀 4344, 西紀 2011)「한단고기」p.173
37) 송상엽(2006) 서울 第一語學「日本語 漢字發音辭典」p.132
38) 「곤겐야마」입구. 2012년 6월 20일 대마 부산사무소 발송. 「국경마라톤 코스 주변 교통통제 안내」참조.
39) 大江正康(2011) 嚴原印刷所「倭寇の 面々が暮らした島」p.65
40) 大江正康(2011) 嚴原印刷所「倭寇の 面々が暮らした島」p.65.

話) 속 인물로 격하시켜 버리려는 불순한 동기는 없는가 하는 점에 깊이 유의해야 한다고 필자는 힘주어 강조한다.

필자가 경험한 실화(實話)를 하나 소개하면, 2000년도에 광주 전남대학교 교수였던 미즈노라는 사람은 친한 학자(親韓學者)로 가장하여 우리나라 대학에서 강의를 하면서 TV와 라디오 방송을 타는 등 한때 굉장한 인기를 끈 적이 있다. 어느 날 일본 사람 미즈노는 필자가 2001년 3월 1일 부산광역시 부산진구 가야공원에 건립한 '이종무 장군 대마도 정벌기념비'를 찾아낸 후 일본에 연락하여 일본 후지TV 카메라 기자와 취재 기자까지 대동하고 녹화를 요구했다. 몇 순배 술잔을 나눈 후에 미즈노가 첩보원 왜자(諜報員 倭者(者:놈 자)란 것을 눈치 채고 녹화와 인터뷰를 거절한 적이 있다. 얼마 후 미즈노는 한국 사람들 앞에서는 친한파(親韓派)인 것처럼 행동하고, 뒤에서는 일본 극우파의 자금 지원으로 움직이는 혐한주의(嫌韓主義) 자들에게 반한(反韓)과 혐한운동(嫌韓運動)의 자료들을 수집하여 제공하는 혐한분자(嫌韓分子)로 밝혀진 후 스스로 본국(日本)으로 도망(?)갔다.

제3절 대마도 인은 골격도 우리 韓나라 계통

대마도 사람들의 골격 조사 결과
선조는 우리 韓나라 사람

서기 1955년 나가사키 의과대학에서 나가사키현(長崎縣) 각 지역 4만 명의 골격을 조사한 결과 대마도 인은 일본인보다 골격이 큰 대륙 계인 우리 韓나라 계통(系統)이었다. 서기 1955년(日本 昭和30년) 11월, 나가사키 대학교 의과대학 해부학 안중정재 교수(長崎大學敎 醫科大學 解剖學 安中正栽 敎授)가 서기 1950년(昭和25년)부터 6년 동안 나가사키현 전 지역 성인 4만 명의 신장·체중·얼굴(身長·體重·顔) 등의 생체 계측(生體計測) 결과를 발표했다. 신장은 대마도 인들이 가장 크고, 얼굴형은 대마도 니위(仁位;토요타마정;豊玉

町) 지방인들이 가장 길고 크며 머리형은 대마도인이 단두(短頭)로서 대륙 계 즉 우리 韓나라 계에 가깝다고 밝혔다. 일본인들은 우리 韓나라 계(系)를 한반도 계라고 하지 않고 항상 대륙 계(大陸系)라고 표현한다.

위 기사는 52년 전 대마신문(對馬新聞)에 실렸던 것인데 서기 2008년 12월 12일자 3면에 과거 기사 다시보기 판에 실렸던 내용이다. 참고로 당시 대마도 인구는 67,121명이었다.[41] 인류의 골격은 민족에 따라 다르다. 세계 제2차 대전 때 독일인들은 유태인을 골라낼 때 골격으로 판단했다. 흑인의 골격과 백인의 골격이 다르고, 러시아인과 게르만 민족의 골격이 다르고, 중국이라도 남방 계와 북방 계, 내륙 계와 해안 계가 다르듯이 우리 韓나라 계와 일본 열도 계도 다르다. 그래서 일본인들은 키가 작아 왜인(倭人)이라고 불렸다. 때에 따라서는 왜놈이라고 낮추어 부르면서 골격이 그들보다 큰 우리 韓나라 계와 차별화시켰다. 마침 일본 열도 의과대학 교수의 실측 결과 고분에서 출토되는 유물뿐만 아니라 현재 살고 있는 대마도 인들의 골격이 우리 韓나라 사람들의 골격과 동일하다는 조사 결과를 발표했다. 민족의 골격은 하루아침에 바뀌는 것이 아니다. 20세기 대마도 인들 골격도 상고 시대부터 대마도에 살고 있었던 원주민 후손들의 골격이 그대로 통계로 나타난 것이다. 따라서 대마도 원주민(原住民;先祖)은 상고 시대부터 우리 韓나라(半島)에서 건너간 우리 韓민족이 틀림없다는 것이 나가사키대학교 의과대학 교수의 노력으로 서기 1950년대에 와서 또 한 번 증명되었다.

---

41) 合資會社 對馬新聞社(2008.12.12) 「對馬新聞」第3632号 p.3

제2장. 마한시대(馬韓時代) 대마도 통치

제1절 대마도와 쓰시마(TUSIMA)는 韓나라식 표현

대마도(對馬島) 명칭은
마한(馬韓)에서 비롯됨

대마도(對馬島)라는 이름에 대한 여러 가지 추측 설이 있다.

　첫 번째 설은 대마도(對馬島)는 원래 우리 韓나라 마한(馬韓)의 영토였다. 마한과 서로 마주 대(對)하고 있는 섬(島)이다. 그래서 마한 시대부터 마주할 대(對)자와 마한 마(馬)자에 섬 도(島)자를 붙여서 대마도(對馬島)가 되었다.⁴²⁾

　두 번째 설은 대마도 중앙에 있는 아소만 오른쪽의 오자키(尾崎) 끝자락 산봉우리와 왼쪽의 마와리(廻) 끝자락 봉우리가 한반도 남해안에서 바라보면 마치 두 마리 말(馬)이 서로 마주보고 있는 것처럼 보이기 때문에 마주 할 대(對)자와 말 마(馬)자에 섬 도(島)자를 합성하여 대마도(對馬島)라고 불렀다.⁴³⁾

　세 번째 설은 대마도는 중앙 부분에 아소만이라는 큰 바다가 있어 우리 韓나라에서 보면 2개의 큰 섬으로 보인다. 2개의 큰 섬이 두 마리의 말이 서로 마주보고 있는 것처럼 보이기 때문에 마주할 대(對)자와 말 마(馬)자에 섬 도(島)자를 붙여 대마도(對馬島)라고 했다.⁴⁴⁾

　네 번째 설은 대마도 영산인 시라타케(白嶽;しらたけ:新羅山) 정상에 흰 바위가 2개 있는데 2개의 바위가 마치 두 마리의 백마(白馬)가 마주 대(對)하고 있는 것같이 보이기 때문에 마주할 대(對)자와 말 마(馬)자에 섬 도(島)자를 붙여서 대마도(對馬島)가 되었다.⁴⁵⁾

다섯 번째 설은 고대 한반도 마한에서 부산 절영도(絶影島;影島)와 함께 종마장(種馬場)으로 활용했기 때문에 말 마(馬)자가 들어가는 대마도(對馬島)가 되었다.
　이를 뒷받침 해주는 양심적인 일본학자 사문의당(沙門義堂)은 그의 저서 「일용공부략집(日用工夫略集)」에서 '대마(對馬)는 마한(馬韓)에 마주 대(對)하고 있다는 의미(意味)'46)라고 했다. 마한과 마주 대하고 있는 가까운 거리에 마한 사람들이 살고 있었기 때문에 지명의 점착성(粘着性)과 연고성(緣故性)에 의해 대마도(對馬島)가 되었다고 필자는 본다. 덧붙이자면 고대 지형에 이름을 붙일 때 그 모양새가 동물과 비슷한 경우 그 형상을 지명(地名)으로 사용했다. 예를 들면 용머리처럼 생긴 바위는 용두암(龍頭岩)·사자 모양의 산봉우리는 사자봉(獅子峰)·뱀처럼 생긴 긴 섬은 장사도(長蛇島)·말(馬) 귀(耳)처럼 생긴 산은 마이산(馬耳山)이라 명명했다. 대마도 이즈하라에 서 있는 거북(龜) 모양의 바위는 설 립(立)자와 거북 구(龜)자를 써서 테카미(立龜;립구)라 하고, 바다로 쭉 내민 곶(串)의 모양이 혀(舌) 같이 생겼기 때문에 혀 설(舌)자가 들어가는 시타자키(舌埼)가 되었다. 코처럼 길게 튀어나온 곶(串)은 장기비(長埼鼻)라고 하며 나가사키곶이라고 읽는데 나가사키곶이라 할 때의 곶과 우리나라에서 간절 곶(串) 할 때와 발음이 같지 않은가?
　일본에 말(馬)이 없던 2세기에 말마(馬)자가 들어가는 대마도란 지명이 생겼다는 것은 고대부터 말(馬)을 키우던 우리 韓나라에서 붙여준 명칭이란 증거 중의 하나가 아니고 무엇이겠는가. 그러나 첫 번째 설에 대해 대마도 3대 성인 중의 한 분인 수야마토쯔안(陶山訥庵)이 반론(反論)을 폈다고 대마도 재야

---

42) 永留久惠(昭和60) 「對馬の 歷史探訪」 P.36
43) 永留久惠(昭和60) 「對馬の 歷史探訪」 p.36
44) 林承國(檀紀 4344년) 「桓檀古記」 p.292
45) 5世紀 百濟 아직기가 日本에 말(馬) 2필을 보내기 前에는 動物 이름을 붙인 地名이 없었음. 따라서 2世紀에 말(馬)이란 動物 이름을 딴 對馬島라는 地名은 韓나라에서 作名한 것이라고 볼 수밖에 없다.
46) 李炳銖(2005) 「對馬島는 韓國의 屬島였다」 p.432

사학자 나가도메히사에(永留久惠)는 「신대마도지(新對馬島誌)」에서 밝혔다.47)
시대적인 공간을 살펴보면 우리 韓나라 삼한 시대는 기원 전후의 세기이고, 대마도 수야마토쯔안(陶山訥庵)은 서기 1657년에 출생하여 서기 1732년에 사망한 근세기 사람이다.

　대마도 성인인 수야마토쯔안(陶山訥庵)이 약 1600~1700년이나 굳어져 내려온 역사적 사실(歷史的史實)을 부정했다고 21세기 대마도 사람인 나가도메히사에(永留久惠)가 신대마도지(新對馬島誌)에서 그의 논박(論駁) 사실을 밝히는 것 또한 대마도 사람 특유의 이중성을 잘 나타낸 역사왜곡(歷史歪曲)의 한 장면이라고 본다. 왜 수야마토쯔안(陶山訥庵)이 반론을 했고 나가도메히사에는 수야마토쯔안을 지지하고 나왔을까? 대마도가 당시 조선(韓半島)의 부속섬(島)이 아니고 별개의 체제로 운영되었던 독자적인 자치주라는 점을 강조하기 위해 역사를 조작한 것이라고 볼 수밖에 없다.

　대마도라는 이름이 중국의 「위지왜인전(魏志倭人傳)」에 세계 최초로 실리(기록)게 된 동기는 말(馬)을 기르는 우리 韓나라 마한(馬韓)에서 이름을 지은 후 韓나라 사람들이 대마도(對馬島)라 부르고, 기록(記錄)된 것을 중국사관(史官)이 「위지왜인전(魏志倭人傳)」에 그대로 전사(傳寫)한 것이다.48) 왜냐하면 중국 사관(史官)이 대마도에 가서 보고 들은 것을 기록할 수 없었기 때문이다.

대마도라는 명칭은 한국 고대어 차용(借用)

일본 재야학자 출우홍명(出羽弘明) 씨는 대마(對馬)의 명칭은 한국어 고대형(古代形)의 차용어라고 했다.

　'對馬の 名稱は 韓國語の 古代形の 借訓……

　대마의 명칭은 한국어 고대형의 차훈……'49) 즉 우리 韓나라에서 붙여준 명칭이라고 했다.

쓰시마(つしま)도 한국어 '두 섬'에서 비롯됨

　원문: '"ツシマ"という名稱は, 韓國語で '二つの島'を表すTu-sēm ではないか

とう說が提出された。ことから, 日本語の島(シマ)は、韓國語の Tu-sēmから來たに ちがいないとし、ちなみに對馬(Tusi-ma)とは韓國語の sēmではないかというのである。韓國語の數詞で, 二つはTuであり, 島はSēmと發音する。[52]
해설: 쓰시마의 명칭은 한국어 두 개의 섬을 표현하는 〈Tu-sēm〉에서 생긴 것이다. 한국어 수사(數詞)에서 두(TU)와 도(島)는 섬(sēm)에서 온 것이 틀림없다. 대마(對馬), 일본어 쓰시마는 한국의 두 섬, 한국어 수사(數詞)로 두(2)는 [TU]이고, 섬(島)은 [Sēm]의 발음이다.

이상에서 대마도를 일본어로 쓰시마라고 하는 것도 한국어의 두 섬(二島)에서 기인(起因)한 것이라고 대마도 인 스스로 밝히고 있으니 대마도가 마한 시대부터 우리 韓나라 영토였다는 것을 알려주는 근거이다.

대마도 재야 사학자 나가도메히사에(永留久惠) 씨는 이어서,
원문: 韓國の南辺から對馬を見ると、南北二つの島にみえることがある。對馬は中央部の山が低いので、その部分が水平線下に沈沒し、北部の御嶽が際立って大きく見え、それに南部の白嶽以南ので、高山が對立的に見えるからである。
해설: 한국의 남부 해변에서 대마도를 보면 남북이 두 개의 섬으로 보인다. 대마도는 중앙부가 낮아 수평선 아래로 침몰되어 북쪽의 어악산(御嶽山)과 남쪽의 백악산(白嶽山)이 상대(相對)를 마주보고 있는 것처럼 보인다.

---

47) 永留久惠 (昭和60) 發行所 (資)杉屋書店, 印刷所 長崎 昭和堂「對馬の 歷史探訪」p36~7「對馬とは、馬韓に對する稱ならん」とした說が古くらあるが、これに對しては陶山訥菴の 論駁があり, さらに「對馬島誌」の 反論をもって結着をつけてよいはずである。
48) 전사(傳寫): 전할 전. 베낄 사.
49) 出羽弘明(2004)「新羅の神々と古代日本」p.14
50) 永留久惠(昭和60)「對馬の歷史探訪」p.36
51) 際:사이 제. 두 사물의 중간. ・茅:띠 모, 띠로 만든 집.
52) 永留久惠 (昭和60)「對馬の 歷史探訪」p.36

앞의 두 문장을 종합해서 정리해보면 쓰시마라는 명칭도 우리나라에서 대마도를 바라볼 때 섬이 2개로 보이는 대로 부른 것이 쓰시마로 되었다는 것을 확실히 증명해 준다. 좀 더 부언하면,

① 우리나라 남부지방에서 볼 때 남북 양쪽에 백악산과 어악산이 높이 솟아 있고, 중앙에 아소만(淺茅灣)이 있어 수평선보다 낮아 보이기 때문에 두 개의 섬으로 보인다.

② 우리나라에서는 마치 섬이 두 개인 것같이 보여 대마도를 두 섬이라고 했다.

③ 우리나라에서 두 섬이라고 부르는 것을 〈ㅁ〉받침 발음이 불가능한 일본인(왜구)들은 〈두 서무〉라고 발음했다.

④ 〈두 서무〉에서 서무의 일본식 발음은 시마(しま)라고 하므로 두시마로 되었다.

⑤ 〈두시마〉를 완전하게 일본식으로 표기하려 했으나 두 자가 없는 일본은 たちつてと중에서 두 자와 가장 가까운 음인 〈つ〉를 사용하여 쓰시마(つしま)로 표기할 수밖에 없었다.

⑥ 그러므로 〈두 섬〉에서 〈두 서무〉로 되었다가 다시 또 〈두시마(시마)〉가 〈つしま(쓰시마)〉로 된 것이다.

⑦ 〈つしま〉를 영어로 표현할 때 〈tusima〉라고 한다. 이때 영어의 초성 〔t〕자와 일본어 〔つ:쓰〕자는 컴퓨터 자판(字板)에서 동일(同一) 글자판을 친다.

참으로 신기한 것이 언어학적 발성법칙(發聲法則)으로도 위의 논리가 확실하다는 점을 증명해 준다.

⑧ 지금도 대마도에 가면 두시마(Tusima)라는 표기를 쓴다. 대표적인 것이 대마도에서 하나밖에 없는 대마교통주식회사(對馬交通株式會社)의 버스가 영어 표기를 Tusima Kotsu라는 상호를 달고(부착;附着) 운행 중이다.53)

일본자전(日本字典)에서 대마(對馬)를 쓰시마(つしま)라고 읽는 것은 예외

발음(例外發音)이라고 했다. 언어학적으로 볼 때 예외 발음이란 문자의 실제 발음과 다르게 나는 소릿값을 말한다. 실제로 對馬(대마)만 떼어서 읽어보라고 하면 쓰시마(つしま)라고 읽지 못하고 다이마(たいま)라고 읽는다. 따라서 대마(對馬)를 쓰시마(つしま)라고 읽는 것은 대마(對馬)의 쓰시마(つしま)라는 음가(音價)는 일본말(日本語)이 아니라 韓나라 말(語)이란 것을 증명해 주는 것이다.

제2절 역사적으로 대마도는 우리 韓나라 인들의 생활 공간

2세기 중국사서의 대마도 기록은
韓나라에서 전해준 것

근세에 발굴된 한단고기(桓檀古記)에 의하면 마한은 우리나라 한강 이남의 지역을 통괄 지배하던 고대 국가였다. 민족의 역사를 말살시킨 일제식민치하(日帝植民地治下)에서 공부한 일본대학 출신 학자들이 식민사관을 털어버리지 못한 채 집필한 국사책으로 공부한 세대는 삼한(三韓)은 한강 이남 지역을 마한·진한·변한이 나눠 지배하던 볼품없는 작은 나라로 배웠다. 삼한이 한반도 전체를 지배했고 특히 마한은 한강 이남을 통괄 지배한 고대 국가로 설정하고 본고(本考)를 서술한다. 마한이 대마도를 통치했다는 기록이 일목요연하게 정리된 것이 없기 때문에 여러 기록을 수집하여 우리 韓나라 국가인 마한이 대마도를 통치했었다는 점을 필자의 논리로 서술하고자 한다.

원문: 始渡一海 千余里至對海國 其大官曰卑狗 副曰卑奴母離 所居絕島 方可四百余里 土地山險 多深林 道路如禽鹿徑 有千余戶 無良田 食海物自活 乘船南北市糴.

---

53) Tusima Kotsu;사진은 필자가 소지하고 있음.

음독: 시일도해 천여리지대해국 기대관왈비구 부왈비노무이 소거절도 방가4백여 리 토지산험 다심림 도로여금록경 유천여호 무양전 식해물자활 승선남북시적.

日語解說:【そこから】始めて一つの海を渡リ千余里にして對馬(たいかい)國に到着する。この國の大官は卑狗(ひこ)といい、次官を卑奴母離(ひぬもり)という。住んでいる所は海に囲まれた孤島で、廣さは四百余里四方ほどである。土地は山が險(けわ)しく、深林が多く、道路は禽(きん)と鹿(ろく)通う小徑(こみち)のようで、狹く險しい。【人家】は千余戶である。良い耕地がなく、人々は海産物を食糧として自活しているが、船よって南北【の國々】から米穀を買い入れている。54)

이 부분의 역사적 시기(時期)를 계산하면 삼국 초기이지만 대마도가 우리 韓나라 땅이었다는 사실(史實)을 증명하고자 함이 본고(本考)의 목적이므로 대마도관광물산협회(對馬島觀光物産協會)에서 출간한 「대마도백과(つしま百科)」55)에 표시한 역사연대표를 중심으로 서술했음을 밝혀 둔다.

해설: (구야한국:가야국) 바다를 1,000리쯤 건너가면 대마도에 다다른다.56) 장관은 비구라고 하고 차관은 비노무이57)라고 한다. 절해고도로 면적은 4백 여 리이고 토지는 산악지대라 험악하며 숲이 앞을 가로 막고 도로는 새나 사슴 같은 것들이 겨우 다닐 수 있을 정도로 좁다. 1,000여 호가 거주하고 좋은 논밭이 없어서 해산물을 주식으로 한다. 때문에 배를 타고 남북의 이웃 국가로 오가며 쌀을 구입해 와서 부족한 식량을 보충한다.

대마도 백성에게 쌀(쏭)을
우리 韓나라에서 공급

승선남북시적(乘船南北市糴)은 대마도 사람들이 식량인 쌀을 어디서 어떻게 공급 받았는가에 대한 대답이다. 대마도 사람들은 배(艘)를 타고 남쪽과 북쪽 바다를 건너가서 쌀을 구입해 왔다. 이 사실을 대마도 재야 사학자들도 남쪽은 북규슈(北九州)이고 북쪽은 우리 韓나라 남부라고 했다. 당시 대마도의 중심지는 미진도정 계치(鷄雉;鷄知)였다.[58] 계치(鷄雉:鷄知) 서해안(西海岸)의 타루카하마(尊ヶ浜)에서 배를 타고 북쪽인 우리 韓나라 금주(金州·金海)로 쌀을 구입하러 왕래했다. 승선남북시적 시대는 일본열도 야요이 시대 후기인데 대마도는 야요이 후기부터 대륙인 우리 韓나라에서 쌀을 비롯한 식량과 문물을 보급 받았기 때문에 우리 韓나라 일부였다.[59] 조선 남부로 쌀을 가지러 갔다는 타루카하마(尊ヶ浜)는 계치 서쪽 해안으로 아소만 유람선과 관광낚시 배가 출항하는 부두다. 내륙 깊숙이 들어가 있기 때문에 오늘날에도 파도가 잔잔하며 위험이 없는 아주 좋은 항구 겸 어항이다. 타루카하마에서 10분만 나가면 탁 트인 아소만의 왼쪽은 오자키(尾崎)이고 오른쪽은 마와리(廻)이다. 직행하면 바로 한반도 남부 가라산도(巨濟島)나 금주(金海)에 도착한다.

마한 말(語)로 금주 쌀을 구입한 대마도
인은 한나라에서 건너간 마한인들

대마도 계치(鷄知) 서해(西海) 항구 타루카하마(樽か浜)에서 금주에 도착한 대마도 사람들이 마한 사람들에게 쌀(粺;白米)을 구입하려면 마한 말을 했을 것이다. 이에 대해 대마도 향토사학자 히노요시히코(日野義彦) 씨는 다음과 같이 적었다.

---

54) 藤田友治(2000) 東京 論創社 「魏志倭人伝の解明」 p.53~4
55) 對馬觀光物産協會 (平成20) 「つしま百科」 p.17
56) 新對馬島誌編輯委員會(1964) 「新 對馬島誌」 p.76
57) 비노무이(卑奴母離):비노모이(卑奴母離)가 아님.
58) 계치라는 韓字를 古代書에는 닭 계(鷄)字와 꿩 치(雉)字를 使用했는데, 現代는 알 지(知)자를 使用한다. 新羅 首都 鷄林 사람들이 移住하여 닭과 꿩을 飼育한데서 起源했다는 說이 가장 有力한 歷史的인 證據로 보인다고 筆者는 생각한다.
59) 永留久惠(平成6) 「對馬歷史觀光」 p.163

원문: 朝鮮半島で米を買う際の, 言葉による意志の疏通が可能であったことが推測される。[米を買う]際には、賣る國の言葉を使用しての商談と思われる。對馬の人々は、生きるための生活の手段として、おのずと對岸の朝鮮半島の人と交易した際, そこの言葉に通じていたといえよう。60)

해설:조선 반도에서 쌀을 구입할 때는 서로 말(語)이 통해야 했다. 때문에 쌀을 살 때 (쌀을) 판매하는 지역의 언어로 상담(商談)했을 것이다. 대마도인들은 생계 수단으로 마주 대하고 있는 조선 반도의 사람들과 교역할 때는 조선 사람들과 의사가 소통될 수 있는 조선어로 했을 것이 분명하다.

그리고 선임연구자인 부산대학교 이병선 박사는 그의 저서에서 '대마도는 7세기 말까지는 한국(韓國)의 속도(屬島)였다. 이 섬은 한반도(韓半島)의 한국(韓國 · 三韓 · 三國)과 같은 한국(韓國 · 韓鄕 · 韓島)이었다.'61)고 밝혔다. 이를 좀 더 구체적으로 추리해 보면 당시 대마도와 조선은 한집안 식구처럼 살았을 것이다. 따라서 서로 말이 통하는 한나라 백성들이었다.

마한인들이 대마도에 이주(移住)하여
대마도를 경영(經營)

마한의 최남단 해안인 거제도 · 가덕도 · 영도 · 도유삭(우암동 일대) · 해운대 등지에서 대마도는 육안(肉眼)으로 보인다. 그러므로 가까이 보이는 섬에 배를 타고 가보고 싶은 호기심이 일었을 것이다. 먼 옛날 마한(馬韓) 지역에서 건너간 이주민들이 대마도 · 일기도 지방에서 살고 있었다.62) 따라서 (한반도의) 마한 당국은 국민을 보호하고 안전을 책임질 책무를 다하기 위해 대마도에 살고 있는 마한 국민(馬韓人)을 지도했을 것이란 것은 당연한 이치다. 그런데 우리 韓나라의 정통성을 가장 위대하게 전개한 책인 「한단고기」에 마한 사람들이 대마도에 살러갔으며 대마도에 살고 있는 마한 사람들은 조국의 법률을 지켰다그 했으니 마한이 대마도를 통치했다는 것은 명백한 역사이다.

우리 韓나라 삼한 때 대마도에
금 · 은(金銀) 채굴 지도

우리나라와 일본과의 무역은 삼한 시대부터이다.[63] 삼국지위지 동이전(三國志魏志東夷傳)에 의하면 변진(弁辰)에서 철(鐵)이 생산되어 마한(馬韓)과 동예(東穢) · 왜(倭)까지 공급했고 중국에서는 주화(鑄貨)로 상거래할 때 교환 수단으로 사용했다.[64] 이러한 사실은 일본사서인 「고사기(古事記)」에 이른바 한서검(韓鋤劍) 한단석(韓鍛石)의 이름에서 살펴볼 수 있으며, 또한 「속일본기」의 양노(養老)6년인 서기 722년 3월 10일 조(條)에 보이는 한단야(韓鍛冶)를 비롯해 「일본서기(日本書紀)」의 신공기(神功紀)에 한향지도 시유금은(韓鄉之島 是有金銀)과 같은 표현으로 나타나고 있으니 일본 열도(本土)에 금과 은이 생산된 것은 700년대 초반이다. 반면 대마도에서 금과 은이 생산된 것은 600년대 후반이라고 「대마백과(つしま百果)」에서[65] 밝히고 있다. 그리고 우리 韓나라에서 금과 은이 생산되기 시작한 것은 삼한 시대 후기부터이고 가야 · 고구려 · 백제 · 신라 초기에 금과 은으로 만든 장신구가 등장했으며 6~7세기에는 금과 동을 배합하여 금동불상(金銅佛像)을 만들기 시작했다. 따라서 대마도가 일본 최초라고 자랑하는 금과 은 채굴을 전수한 것은 일본 열도가 아니라 우리 韓나라이다. 그래서 대마도의 금과 은 생산이 일본 본토보다 약 1세기 정도 빠르다. 그 이유는 우리 韓나라 사람들이 마한 시대에 대마도를 자주 왕래하면서 그 채굴 방법을 전수했기 때문이다. 대마도는 철(鐵)과 청동(靑銅)은 말할

---

60) 對馬鄕土硏究會(昭和59:1984)「對馬風土記」第20號 p.1~2
61) 李炳銑 (2005)「對馬島는 韓國의 屬島였다」p.13
62) 김화홍(1999) 서울「知와 사랑」p.324,「한단고기」태백일사 三韓管境本記 재인용.
63) 이현희(2010)「이야기한국사」p.52
64) 魏書「東夷傳」에 國出鐵 韓濊倭皆從取之 諸市買 皆用鐵 與中國用鐵又以供給二郡이라는 기사가 있다. 「羅鐘宇 前書」p.45 재인용.
65) 對馬觀光物産協會(평성20: 2008)「つしま百果」p.17

것 없고 금과 은 채굴 방법도 한반도에서 대마도로 건너간 마한인(馬韓人)들로부터 전수받았기 때문에 대마도(對馬島)가 마한의 통치하에 있었다고 판단할 수 있다.

마한의 소도(蘇塗)가 대마도의
소도(卒土·そと) 신앙

먼저 소도(蘇塗)에 대해 알아보면 한마디로 산천에서 제사(祭祀) 지내는 장소였다. 제사(祭祀)와 정치(政治)가 분리되지 못했던 마한을 중심으로 한 삼한(三韓)에서는 제사를 매우 중요하게 여겨 매년 한두 차례에 걸쳐 각 읍(邑)별로 제주(祭酒)인 천군(天君)을 선발하고 일정한 장소에서 제사 지내며 질병과 재앙이 없기를 빌었다. 이 제사 지내는 장소를 소도(蘇塗)라고 하는데, 그 명칭은 거기에 세우는 솟대(立木;립목)의 음역(音譯)이라는 설과 높은 터(高墟: 고허;높은 언덕)의 음역인 솟터에서 유래하였다는 설 등이 있다. 소도는 매우 신성한 곳이어서 제사에 참석하는 사람이 죄인이라도 제사 도중에 처벌하지 않았다. 이러한 설이 나라마다 있는데 일본 열도(본토)에서는 우리나라의 소도에 해당하는 것을 히모로기(神籬;신리;신의 울타리)라고 했는데,[66] 대마도에서는 우리 韓나라 마한의 풍속과 같은 발음인 소도(卒土)라 했다고 대마도 사학자가 스스로 밝히고 있으니 대마도가 제정일치 시대 일본 본토 소속이 아니라 우리 韓나라 마한(馬韓)의 제정일치 하에 예속되었다는 점은 부인할 수 없는 역사다. 아래 원문에서 직접 확인해 보자.

원문: (對馬島 最南端)豆酘の天山の南面を卒土山(そとやま)と秤し、その山腹に八町(八丁角)と言う聖地があるのだが、この卒土と前記馬韓の蘇塗は同音で、その地が同様の聖地だということは、偶然の一致ではないはずだ。韓語はよく知らないが、卒土とは、境外であろう。豆酘の卒土(現在淺藻)は豆酘の別邑(枝村)に相違ない。境内な天神を祭り、境外(そと)に鬼神を祭った豆酘の祭祀環境は馬韓の記述と同じになる。[67]

해설:상고 시대 대마도에 살기 시작한 사람들은 자연스럽게 하늘에 제사 올리는 행위인 천신제(天神祭)를 거행하게 되었다. 천신제 명칭을 소도(卒土)라고 했다. 대마도 소도(卒土)는 마한에서 건너온 소도(蘇塗)와 동일하다.

---

66) 李弘稙(1984)「國史大事典」p.756
67) 永留久惠(1994)「對馬 歷史觀光」p.111

제3장. 사국시대 대마도 통치

• 들어가기 전에
① 예부터 규슈(九州)와 대마도는 삼한(三韓)이 나누어 다스리던 땅으로 본래 왜인(倭人)들이 살던 땅이 아니었다.
원문: 自古仇州對馬 乃三韓分治之地也 本非倭人世居地.
② 가야국(伽倻國)을 빼고 삼국시대(신라·고구려·백제)로 왜곡한 것은 가야 지역에 임나 일본(任那日本)을 집어넣기 위한 일본학자들과 그에 부화뇌동한 친일학자들이 식민사관에서 저질러 놓은 역사 왜곡이다. 임나(任那)는 대마도를 말한다. 우리 韓나라 4국이 나누어 통치(分治)한 적이 있었다.

제1절 가야국의 대마도 통치

금관가야 대마도 지배

구야한국이라고도 칭하는 금관가야에서 1,000여 리 떨어진 바닷길을 한 차례 건너 대해국(對海國)에 이르니 사방이 400여 리쯤 되었고 그곳에 이미 조선 도래 인이 거주하고 있었다.'69) 이 글은 금관가야국 사람들이 대마도로 갔다는 중요한 기록이다. 금관가야 수도 금주에서 대마도에 갔더니 이미 건너온 금관가야 사람들이 살고 있었다는 것이다. 따라서 대마도는 5세기 초 이전에는 금관가야 땅이었으며 그 후 고구려 지배 하의 야마대연맹(邪馬臺聯盟)을70) 거쳐 5세기 말엽부터 백제 인이 주체가 되어 임나를 중심으로 대마도를 지배했다.71) 수로(首露)가 낙동강 하구 곡창 지대인 김해에서 서기 42년 3월 15일 금관가야국(金官伽倻國)을 건국하고 임금에 즉위했다.

　그 외 5가야국은 금관가야 수로왕(首露王)을 종주국의 왕으로 추대했다. 중국 역사책에서는 구야한국(狗邪韓國)이라고 지칭했다.72) 가야국의 영토는 동쪽은 황산강(黃山江;洛東江)·서남은 창해(滄海)·서북은 지리산(地理山;智

異山) · 동북은 가야산 · 남쪽은 대마도(對馬島)로 하였다. 서기 408년까지 대마도를 금관가야국이 통치했다. 그 흔적으로 대마도에 가면 가야라는 마을이 있는데 하대마도 미진도정의 고후나고시(小船越)를 지나면 한글과 일본 한자로 가야(賀谷)라고 표시되어 있다.

고대 가야(伽倻) 사람들이 이곳에 살면서 두고 온 고향 가야라는 이름을 남긴 것이다. 인간이 사는 지명은 거주자와 관련된 연고성(緣故性)과 점착성(粘着性)을 갖는다. 대마도에 가야란 지명이 지금까지 존재한다는 것은 이 두 가지 성질의 원리에 의한 것이다. 세계사적으로 볼 때 어느 한 곳의 거주자가 다른 곳으로 이동할 때, 이전에 살던 곳의 이름을 그대로 새로운 이주지(移住地)의 지명으로 사용하는 경우가 허다하다. 영국에서 미국으로 이주한 사람들이 영국에서 살았던 지방의 이름을 미국에서 그대로 사용한 사례(事例)로 스프링필드(Springfield)나 워크필드(Wakefield)와 같이 영국에서 필드(field)라고 불리던 지명을 미국에서도 그대로 사용하고 있는 것이 좋은 사례이다.[73]

대마도에도 연고성과 점착성의 원리가 적용된 지명이 많이 존재한다. 미네초(峰町)의 오오미(靑海) 마을에는 가야(伽倻)라는 단어를 후렴구로 노래하는 축제가 현존한다. 약 300년 전 오오미 마을 토박이 할아버지가 죽기 전에 유언을 남겼다. 아득한 옛날 여러 명의 신령이 볍씨를 가지고 와서 경작(耕作)할 적지를 찾아 대마도 전역을 순방했다. 그중 한 신령이 오오미(靑海) 마을을 둘러보며 이곳이 최적지구나 하는 생각을 하고 마을 주민들을 살펴보니 유순하고 부지런하므로 복을 내려야겠다 하며 볍씨를 주고 도작(稻作) 방법도 지도해 주었다. 앞으로 쌀 신(烝神)을 잘 모시지 않으면 마을에 재앙(災殃)이 닥칠 것이라는 예언까지 해주었다. 그 후 오랜 기간 동안 신령님이 시키는 대로 쌀 신

---

69) 김화홍(1999) 「대마도도 한국 땅」 p.328 「위지왜인전 태백일사 대진국본기」 재인용.
70) 邪 :간사할 사. 어긋나다. 기울다. 치우치다. • 也 :어조사 야. • 憂:근심 걱정할 우.
71) 김화홍(1999) 「대마도도 한국 땅」 p.61
72) 李弘稙(1984) 「國史大事典」 p.3
73) 嶋村初吉外 (2004) 福岡 (株) 梓書院 「對馬新考」 p.227

(米神)에게 제사를 모셨다.

그런데 근대에 와서 학(鶴)이 볍씨를 물고 왔다는 전설이 떠돌자 마을사람들은 이 말을 믿고 쌀 신령에게 제사를 지내지 않았다. 그랬더니 별안간 마을에 전염병이 만연하고 벼농사도 흉작으로 추수할 것이 없어지는 등 괴현상(怪現象)이 나타났다. 마을의 최고령 할머니 꿈에 쌀 신령(米神靈)이 나타나 "너희들은 나를 잊었구나."라는 말만 남기고 사라지자 온 주민이 진혼제(鎭魂祭)를 지내고 본래의 전설대로 쌀 신(米神)을 믿으며 추수 감사 제사를 올리기로 했다. 추수 감사제(秋收感謝祭)를 올리면서 "파도 타고 바람 타고 햇빛 타고 금 방석 구름 타고 볍씨를 안고 멀리서 오신 신령님이시여, 올해에도 신령님 덕분으로 풍년이 들었으니 감사하나이다. 내년에도 풍년이 들고 재앙이 없도록 해주소서. 가야 가야 가야"74) 라고 노래하며 제사를 지냈다고 한다. 여기서 주목할 점은 노래 내용도 파도 타고 바람 타고 오신 신령님이라고 했으니 우리 韓나라 남부 김해 지방에서 바람이 불 때 파도 타고 온 것이 틀림없다. 또한 후렴이 "가야 가야 가야"라고 했으니 가야국(伽倻國:가락국:駕洛國)에서 대마도로 이주한 가야 사람들이 고향을 그리워하면서 고국 가야를 노래한 것이 지금까지 전해오고 있다고 볼 수 있다. 따라서 이 마을은 가야인이 건너가서 터전을 잡아 살았고 가야국의 통치를 받았음을 추정함에 부족함이 없다.

제2절 신라의 대마도 통치

3세기 신라 일족이 대마도
쯔쯔(豆酸)에 살았다

3세기 신라(新羅)의 일족(一族)이 쯔쯔 지방(豆酸地方)에 살게 되면서 붉은 쌀(赤米)이 전해졌다고 한다. 붉은 쌀(米)은 고대에는 신성한 것으로 여겨져 축제와 의식에 사용되었으며, 오늘날 잔칫날이나 생일상에 올리는 팥밥은 이 붉은 쌀로 지은 밥을 좇아 한 것이라고 한다.75) 쓰시마 부산사무소에서 대마도

홍보책자에 신라인(新羅人)이 3세기 대마도 최남단 쯔쯔(豆酘)에 살았다고 분명히 밝혔다. 신라인이 대마도에 살았다는 증거로 이보다 더 확실한 그 무엇이 필요하겠는가.

대마도에 신라 계 고분(古墳)과 소지(燒址) 출토
대마도 중앙에 위치한 봉정(峰町;현 대마시 미네지소) 요시타(吉田) 치코나하나(チゴナハナ)에는 신라 계 분묘(新羅系墳墓)가 김해식 분묘와 함께 나란히 있고, 유물로 토기(土器)와 철모(鐵矛)·철검(鐵劍)·철서(鐵鋤)가 출토되었다.76) 하대마도 토요타마정(豊玉町) 사호우라(佐保浦) 근처 아까자키3(赤崎三) 지역에 신라인들이 토기(土器)를 소성(燒成)했다는 신라소지(新羅燒址)가 발굴되었다.77)

서기 193년 대마도 흉년으로 1,000여 명 신라(본국)로 환국
원문: 六月 對馬島人 大饑 來求食者 千余.78)

음독: 6월 대마도인 대기 래구식자 천여.

해설: 서기 193년(신라 제9대 벌휴니사금10)79) 대마도에 대맥(大麥)과 소맥(小麥)의 흉작으로 대마도 사람들이 먹고 살기 위해 1,000여 명이나 신라로 건너왔다.

대마도(對馬島) 생활이 어렵고 궁한 백성들이 해적 행위를 한 경우가 사서

---

74) 黃白炫((2006)「한얼이 숨 쉬는 대마도 역사 관광」 p.172~3
75) 쓰시마부산사무소(2010)「Tsushima Tour Guide Book」 p.9 •彌生 時代 BC 3세紀를 필자가 바로 잡았음.
76) 永留久惠(1994)「古代史の 鍵·對馬」 p.132 •鋤:호미 서.
77) 永留久惠(1994)「古代史の 鍵·對馬」 p.134
78) 永留久惠(1994)「古代史の 鍵·對馬」 p.105
79) 李弘稙(1984)「國史大事典」 p.573 •伐休王(벌휴왕):신라 9대 임금. •벌휴니사금(伐休尼師今):재위 184~195. 성은 昔氏(석씨) 昔脫解의 아들인 仇鄒角干 아들. •雛:나라 이름 추.

(史書)에 일일이 기록되어 있지는 않지만 대마도에 은거지(隱居地)를 둔 왜구들의 우리 韓나라80) 약탈이 수없이 많았다. 특히 4월과 6월에 약탈이 많은 것은 여름 작물인 보리(大麥)와 밀(小麥)을 수확하는 계절이기 때문이다. 토지가 척박한 섬이기 때문에 대맥(大麥)과 소맥(小麥)의 수확량이 적은 해(年)는 침범 횟수가 많았고 어쩌다 풍년이 들면 그 횟수가 적었다. 그러나 왜구가 아닌 대마도 주민들이 식량이 없어서 먹고 살기 위해 1,000여 명이나 신라에 무작정 갈 수 있었을까? 아마 신라에 갈 수 있었던 사람들은 신라와 특수한 관계에 있는 사람들일 수밖에 없다고 본다. 신라에 가면 식량을 주며 먹고살 수 있게 해주는 사람들이 있었기 때문에 갔을 것이다. 대마도를 은거지로 한 왜구들에게 약탈까지 당하고 있었던 신라에서, 1,000여 명의 대마도 사람을 받아줄 수 있는 사람들은 대마도로 건너가서 살고 있던 신라 사람들의 친척이 아니면 먹고살 수 있게 도와줄 이유가 없었을 것이다. 서기 2012년 현재 대마도에 생존해 있는 재야 사학자 나가도메히사에(永留久惠)는 일본 열도(日本列島)가 우리 韓나라보다 잘살게 된 20세기 이전까지는 식량을 사오거나 얻어오려면 조선에 가서 가지고 와야 먹고살 수 있었다는 역사를 아래와 같이 서술했다.

원문: 2000年の歴史の中で對馬が食糧を朝鮮に求めないのは20世紀後半の現代だけではないだろうか 日本列島に米が余っているからである.
해설: 대마도 2000년 역사상 조선에 식량을 의지하지 않게 된 시기는 일본 열도에 쌀이 여유가 있었던 20세기 후반인 현대뿐이다.81)

위 구절은 대마도인 재야사학자 나가도메히사에(永留久惠)가 밝힌 글로 대마도는 우리 韓나라의 식량 지원 없이 살아갈 수 없었을 때는 신라시대 뿐만 아니라 20세기까지 이어졌다고 참으로 통쾌하게 밝혔다. 그리고 첫 문장에서 신라로 갔다고 하려면 행(行) 자를 써야 하는데 '오다'의 뜻인 올 래(來) 자를 썼다는 것은 대마도를 주어로 해서 쓴 것이 아니라 신라를 주어(主語)로 해서 쓴 문장이다. 따라서 주격인 신라 사람들이 식량이 떨어진(枯渴:고갈) 대마도

동포를 불러들였다고 해석할 수도 있다.

신라, 대마도를 500년간 통치

원문: 凡は對馬の島は昔新羅國と同じていの所なりけり人のもそ所の土産もありとあるものきてい皆新羅に異らず.

해설: 무릇 대마도(對馬島)는 옛날 신라국(新羅國)과 같은 곳이다. 그곳에 사는 사람들의 모습이나 생산되는 토산물 등 모든 것이 신라와 같다.[82]

위 글은 카마쿠라(鎌倉) 중기(13세기 말)에 만들어진 11권의 사서(辭書)로 이루어진 저자 불명의「진대(塵袋)」라는 일본책에 나오는 구절이다.[83] 고대 일본인이 쓴「사서(史書)」에서 대마도는 곧 신라라고 증명해 주고 있다. 신라는 상대마도 사스나(佐須奈)의 시라에(白江)에서 2세기 말경에 통치를 시작하여 대마도에서 가장 넓은 들을 가진 사고(佐護)로 옮겼다가 540년경에 남하하여 계치임나(鷄雉任那)를 멸망시키고 점령해 그곳에서 약 150년 동안 대마도 전체를 통치했다.[84] 상대마도에서 하대마도로 이동하면서 대마도를 통치한 신라는 7세기 말에서 8세기 초까지 대마도를 500년간 통치했다[85]는 기록이다. 이러한 기록들은 신라인들이 대마도에 건너가 살면서 신라 문화를 남겼고 신라 사람들을 보호하면서 대마도를 통치했다는 역사적인 증거다. 그리고「삼국사기 권(卷)1」신라본기 혁거세거서간(赫居世巨西干) 38년 조에 호공(弧公)이란

---

80) 筆者는 中國 漢族이 세운 수많은 국가(三皇五帝·商·夏·周·殷·秦·漢·魏·隨·唐·宋·明·淸(滿洲族이지만 中國으로 統一시키기 위해 포함)와 구별하여 우리 民族인 桓因·桓雄·檀君(古朝鮮)·夫餘·伽倻·高句麗·新羅·百濟·渤海·高麗·朝鮮·大韓帝國, 大韓民國을 韓나라(韓國)로 本考에 統一하여 敍述함.
81) 永留久惠(1994)「古代史の鍵·對馬」p.105. 私にはそれも對馬の人たちではないかと思われる.
82) 韓日關係史研究會(2005)「獨島와 對馬島」p.126 하우봉「韓國人의 對馬島 認識」
83) 韓日關係史研究會(2005)「獨島와 對馬島」p.157 하우봉「韓國人의 對馬島 認識」
84) 李炳銑(2005)「對馬島는 新羅의 屬島였다」p.99
85) 李炳銑(2005)「對馬島는 新羅의 屬島였다」p.260 •弧:활 호.

43

사람은 그 족성(族姓)이 미상인데 본래 왜자(倭者)이다. 처음에 허리에 표주박을 차고 바다를 건너온 까닭으로 호공(弧公)이라 하였다. 이에 대하여「증보동국문헌비고(增補東國文獻備考)」에서는 '호공이 대마도 사람으로 신라에서 벼슬을 하였으니 당시 대마도가 우리 땅이었음을 알 수 있으나 어느 시기에 저들의 땅이 되었는지 알 수 없다.'고 기록했다. 또「신라본기」실성니사금(實聖尼師今) 7년 조(條)에 '왕은 왜인들이 대마도에 병영을 설치하고 병기와 군량을 저축하여 우리를 습격하려 한다는 말을 듣고 왜인들이 움직이기 전에 우리가 먼저 정병을 뽑아 격파하고자 하였다.'86)라고 했다. 내용을 음미해 보면 고대부터 대마도에 신라 사람들이 살고 있지 않았다면 왜인들이 대마도에 병영(兵營)을 설치하고 병기와 군량을 비축한 것은 신라가 관여할 바가 아니었다. 대마도에 신라인이 살고 있었기 때문에 일본 열도에서 왜군이 대마도에 진출하기 전에 격파하려고 했으므로 대마도는 신라인들이 살고 있는 신라국의 도서(島嶼)였다.

　　서기 894년 신라 진성왕 8년에 신라 군선 50척이 대마도에 도착하였고, 앞서 서기 873년 신라 경문왕 3년에 신라인 30명이 대마도에 표착된 적이 있었다. 왜 30명이 대마도에 표착됐을까? 탐라에 해조류를 채취하러 갔다가 풍랑에 휩쓸려 신라인이 살고 있는 대마도에 표착된 것이다. 대마도 상현정에는 유명한 센뽀마키산(千俵蒔山)이 있는데 대마도 최초 봉화대(烽火臺)를 만들었던 산이다. 봉화는 갑(甲)이란 산에서 불을 붙이면 을(乙)이란 산에서 갑(甲)산의 불을 보고, 을(乙)산의 봉화에 불을 붙여 병(丙)의 산에 있는 봉화에 불을 붙이도록 하는 것이다. 그렇기 때문에 갑산(甲山)에서 을산(乙山)이 보여야 하고 을(乙)산에서 병(丙)의 산이 보여야 한다. 그런데 센뽀마키산은 일본 열도 쪽은 보이지 않고 신라 쪽의 부산이나 가덕도·거제도 쪽만 보이는 산이다. 따라서 일본이 군사적으로 센뽀마키산에 봉화를 만든 것이 아니라 신라가 일본 쪽으로 진출하기 위함이거나 일본 쪽으로부터 적군이 신라를 향할 때, 봉화를 올려 신라 측에 신호를 보내기 위한 봉화였다고 볼 수 있다. 봉화(烽火)가 세워진 유적을 보더라도 대마도는 신라가 통치했던 우리 韓나라 영토였다.

서기 811년(헌덕왕3, 일본 홍인(弘仁)3년) 12월에 신라 선박 20여 척이 대마도(對馬島) 근해에 출현했고, 서기 813년에는 오도 열도(五島列島) 치하도(値賀島)에 신라 선박 5척과 신라군인 11명이 출현했다. 이에 대응하여 서기 835년에 일본은 이끼섬(一岐島)에 330명의 군사를 따로 주둔시켜 신라를 방어토록 했다. 계속해서 신라는 서기 869년 5월 22일 밤에 선박이 태재부의 외항인 하카타(博多)에 정박했을 때 신라 선박을 방어할 책임자인 대재대이등원원리(大宰大貳藤原元利)가 신라와 내통하여 이듬해 모반을 일으켰다고 하였다.87) 이에 당황한 일본은 서기 876년(貞觀18년)에 마쯔우라(松浦) 치가도(値嘉島)에 도사(島司)를 두었고, 서기 878년에는 산음산양(山陰山陽) 지방에88) 수비병을 두었으며, 서기 880년에는 산음제국(山陰諸國)에 연암 감시(沿岸監視)를 엄중히 하도록 명령했지만 서기 894년 4월과 9월에도 신라선(新羅船)이 대마도(對馬島)에 정박했다고 한다. 당황한 일본은 서기 894년에 폐지한 태재부의 궁사(弓師)를 부활시켰다고 한다.89)

서기 800년대 초·중기 전반에는 신라는 장보고(張保皐;寶高, ?~846, 문성왕9년)의 해상 장악으로 일본과 백제를 견제했다. 장보고90) 세력의 도움을 받아 당나라로 가곤 하던 일본의 견당사도 결국은 신라의 해상 장악으로 인해 중단된다. 한마디로 신라 군대가 대마도에 진주했을 때 일본 군대가 일기도에서 방어했다는 것만으로도 대마도는 신라의 국경선 안에 있었다. 대마도 토요타마정(豊玉町)에 와타즈미 신사가 있고 신사의 주신은 토요타마히메 노미코토다. 이 신사에는 5개의 도리이가 있는데 2개는 육지에 있고, 1개는 수륙경

---

86) 永留久惠(1994)「古代史の 鍵·對馬」p.105
87)「日本後紀」卷22, 弘仁3年 正月; 七日船二十餘艘在嶋西海中 ·「日本後紀」前篇 p.14, 弘仁4年 3月.
　　羅鐘宇(1996)「韓國中世對日交涉史硏究」P.26. 再引用 ·「三代實錄」卷16, 貞觀11月 6日 羅鐘宇. 前書 P.26
88) 훈슈 야마구찌 (本州 山口), 시마네현(島根縣) 지방을 指稱함.
89) 羅鐘宇 前書 P. 27
90) 文公社編輯委員會(1973)「世界人名事典」P.1391

계에 있으며 2개는 수중에 서 있어 모두 5개가 서쪽을 향하고 있는데 그 방향이 경주라고 한다. 사실인지 아닌지를 확인하기 위해 나경(일명 패철;佩鐵)으로 계측(計測)까지 해 보았는데 그 가리키는 방향이 신라의 수도였던 대한민국 경주임이 틀림없었다고 한다. 또 다른 설은 신라의 해상 왕 장보고(張保皐)가 중국과 일본 규슈(九州) 일부까지를 장악하고 있을 때 그의 대마도 현지 애첩(愛妾)이 토요타마히메 노미코토였다는 설도 있다. 이러한 설들을 뒷받침하는 지명으로 토요타마정(豊玉町) 서해안에 이토세(系瀬)라는 지명과 시라카타자키(白方崎)라는 곳(串)이 있다. 이토세(系瀬)의 이토(系)는 신라 계 어휘이고, 시라카타자키(白方崎)는 신라를 향해 기다랗게 뻗어 나온 곳(串)이란 뜻이다. 따라서 화타즈미신사의 5개 도리이(鳥居) 방향과 토요타마히메(豊玉姫)가 신라 장보고의 애첩이었다는 설, 이토세(系瀬)의 이토(系)가 신라 어휘란 점과 신라를 가리키고 있는 시라카타자키(白方崎)가 있다는 것들 또한 대마도를 통치한 신라의 흔적들이라고 볼 수 있다.

서기 1197년 일본 사람 현진, 대마도는 신라 사람이 사는 땅이라 함

원문: 對馬島者 高麗國之牧也 新羅住之[91]

음독: 대마도자 고려국지목야 신라주지

해설: 12세기 말(1186~1197, 고려 명종 17~27년) 「산가요약기(山家要略記)」에 의하면 '대마도는 고려국의 목장이요, 신라 사람들이 살았는데 개화천황(開化天皇) 시대 대마도로부터 일본 열도를 습격해왔다.'고 하였으니 대마도는 태고부터 신라 국경의 섬이었다. 「산가요약기(山家要略記)」의 내용 중에서 고려의 목이라고 하는 부분은 시대 순서를 생각해볼 여지가 있다. 「산가요약기(山家要略記)」는 서기 1186년에 쓰기 시작해서 1197년에 완결한 책이다. 저자는 일본 천태종 승려 현진(日本天台宗僧侶顯眞)이다.[92] 문제점은 고려(高麗)인데 해설은 고구려(高句麗)로 되어 있다. 그 이유는 신라·백제가 등장하는 시대는 소이 3국시대로 대마도에 3국이 모두 속지

(屬地)를 가지고 있었기 때문에 시대적으로 고려가 아니고 고구려(高句麗)라 하고 있는 점에 대해 필자는 고려(高麗)라고 생각한다. 그 이유는 서기 935년(신라 경순왕9년 · 고려 태조18년) 신라를 흡수한 왕건은 백제 · 고구려의 고토(古土)는 그때까지 지배해 온 호장(豪長)들이 계속해서 다스리는 호족정치(豪族政治)를 실시했기 때문에 신라의 영토였던 대마도 행정구역은 당연히 고려(高麗)이지만 주민은 신라 사람들을 계속해서 살 수 있도록 했기 때문이다.

서기 1740년(영조16년)에 발행한 「동래부지(東萊府誌)」에 의하면, [93]
원문 : 對馬島 卽日本國對馬州也 舊隷我鷄林 未知何時倭人所據
음독: 대마도 즉 일본국 대마주야 구 예아 계림 미지하시왜인소거
해설: 대마도는 즉 일본국의 대마주이다. 그러나 옛날에는 우리나라 계림(鷄林;新羅)에 소속되었는데 어느 때부터 왜인들이 점유하여 살고 있는지 알 수 없다.
여기서 우리는 대마도가 일본 땅이 되기 전에는 신라인들이 살면서 신라의 통치를 받았던 역사를 충분히 이해할 수 있다.

대마도는 신라의 대 일본 무역 항구

가야국이 신라에 흡수된 이후 3국은 모두 대륙인 중국과의 관계에 역점을 두었기 때문에 당시만 해도 해상의 야만국인 일본에는 별 관심이 없었다. 왜냐하면 삼국이 모두 안정된 정경생활(政經生活) 속에 당시 세계의 중앙인 당나라 불교문화 유입과 그 밖의 제반 문화 유입에 관심이 집중되어 있었기 때문이다. 특히 통일신라시대에는 일본과 상당기간 국교 단절이 있었지만 신라 상인

---

91) 藤定房著鈴木棠三編著東京 東京堂出版「對州編蓮畧」p.15. ·隷:붙을 예. 붙다. 따르다. ·據:의거할 거.
92) 정연규/http://blogdaum.net/"山家要略記(後鳥羽院 天台僧 顯眞撰之書) 云對馬島者 高麗國之牧也 新羅住之 開化天皇代 從此島 襲來 仲哀天皇 豊浦宮 幸行 對馬島 征伐新 羅意取此島"
93) 「東萊府誌」(1740) p. 23

들은 대마도를 기점으로 해서 이끼도(一岐島)·히라도(平戶)·장문(長門 ;시모노세키)·하카타(博多)의 무역소(貿易所)를 왕래하면서 사무역(私貿易)을 했다. 당시만 해도 문물이 빈약한 일본 열도였기 때문에 특히 규슈 사람들은 신라 상인들이 좋아하는 면(綿)을 7만 톤이나 집하(集荷)하였다가 신라 상인들에게 분배된 것을 볼 수 있는데,[94] 이는 당시 장보고의 해상 장악으로 대마도를 무역선의 정박지(碇泊地)로 활용하면서 왕성했던 신라 무역의 일면을 보여 주는 것이다. 신라 애장왕(哀莊王) 4년인 서기 803년 이후 일본 열도와 국교가 정상화되고 난 뒤 비교적 활발한 공사 간에 무역이 이루어졌다.

물론 그 출발 무역 항구는 대마도였다. 그 증거로는 일본인들이 대마도에 와서 신라어(新羅語)를 배우기 위해, 현대어로 표현하자면 신라어 통역학원 같은 신라어 역어소(新羅語 譯語所)를 증치(增置)하였다고 하는[95] 기록에서 우리는 신라가 대마도를 기점으로 한 대 일본(對 日本) 해상 무역(海上貿易)의 전진기지였음을 알 수 있다. 그 이유는 장보고(張保皐)의 해상 장악 활동 때문이라 하겠다.

장보고가 대마도와 완도를 장악하고 나서 청해진을 중심으로 대(對) 규슈(九州) 및 일본 열도 무역의 첫 시도는 서기 840년인 문성왕(文聖王) 1년이다. 일본 측 기록에 의하면 인신무 외교(人臣無外交)라는 당시의 관례에 따라 태재부 관아에 외교 사절의 교류는 없었지만 장보고 사신이 가지고간 무역품에 대해서는 국경 없는 교역을 허용했다고 한다.[96] 장보고의 청해진 세력 확장과 해상권 장악으로 개인 장보고의 무역 사절은 일종의 공적 성격(公的性格)으로 승격되어 규슈나 일본 열도에 파견한 장보고의 사절들을 회역사(回易使)라고 부른 데서도 알 수 있다.[97]

통일신라시대에 일본 열도로 수출한 무역 품목을 살펴보면 대체로 민중의 생필품은 별로 없고 귀족의 사치품이 대부분이었다. 8세기경부터 일기 시작한 일본의 장원제(莊園制)가 상당 수준 발달함에 따라 귀족들이 사치에 빠져 외국에서 선박으로 수입되는 외래품에 대한 욕구가 고조되었기 때문에 다양한 품목을 요구했다.

통일신라시대에는 동남아 열대지방에서 생산되는 향료와 염료가 포함되었는데, 선박 기술이 발달하지 못했던 일본 열도는 중국과의 무역에서, 동남아 기호품을 수입한 장보고 해상 무역단이 대마도(對馬島)에서 출항하여 규슈와 일본 열도에 교역품을 제공했다고 보는 것이 일반적인 사관(史觀)이다. 즉 신라의 대마도 지배가 규슈와 일본 열도의 귀족에게 사치품을 제공하는 무역선의 출항지 역할을 했다고 보면 무리가 없다.

지명의 연고성 · 고착성 · 보수성으로
신라 지명이 대마도 정착
지명이란 거주자와 관련된 연고성(緣故性) · 고착성(固着性) · 보수성(保守性)이 강하기 때문에 이주자(移住者)들에 의해 붙여진 지명은 좀처럼 지워지지 않고 오늘날까지 남아 전해지고 있다고 전장(前章)에서 언급한 바 있다. 한반도 삼국의 세력이 일본 열도로 건너간 발자취를 더듬어보면 대마도에 있었던 신라 · 고구려 · 백제의 카운티(County)는 한반도 본국(本國;신라 · 고구려 · 백제)의 분국(分國)으로서 역할을 했다. 그 사례가 현재 대마도는 말할 것도 없고 심지어 일본 열도(本土列島)에도 수없이 많이 나타나고 있다.[98] 다음은 그 사례들이다

1). 원(原)은 하라 · 바루 · 바라
우리 인간은 이동하면서 사회를 만들어 왔다. 그때마다 사회과학적 용어인 연

---

94) 「續日本紀」神護景雲 2年10月. 羅鐘宇 前書. 재인용 p.46
95) 「日本後紀」卷22 弘仁3年. 正月, 3月, 弘仁5年 10月, 弘仁6年 正月.
96) 「太宰府言藩外新羅臣 張保皐遣使獻方物 卽從鎭西 追却焉委人臣無頃外之交也」
「續日本後紀」卷9 承和7年 12月 己巳. 羅鐘宇 前書 재인용 p.47
97) 「續日本後紀」卷11 承和9年 正月. 羅鐘宇 前書 재인용 p.47
98) 李炳銑(2005) 「對馬島는 韓國의 屬島였다」 p.13
99) 점착성(粘着性::stickiness, ropiness, viscidity): ①달라붙는 성질(性質) ②감정적(感情的)인 움직임이 적고 지적인 작용(作用)이 느리며 때로 점착성 ③끈끈하게 착 달라붙는 성질

고성(緣故性)과 점착성(粘着性;stickiness, ropiness, viscidity)에99) 의해 이동 후에는 이동 전(前)에 구가했던 언어와 생활습관을 새로운 터전에 뿌리 내린 후 조금씩 변화하고 진화시켜왔다고 볼 때, 대마도에는 우리나라 남부지방의 방언을 어원으로 하는 단어들이 특히 많이 존재한다. 우리나라에서 들·들판·벌·벌판을 나타내는 한자어는 원(原) 자로 끝나는 단어가 많다. 창원(昌原)·칠원(漆原)·수원(水原)·철원(鐵原)·중원(中原)·회원(會原) 등이 그렇다. 마찬가지로 대마도에서도 원(原) 자가 붙은 곳들은 모두 들(벌판)과 관련된 지명이다.

대마도의 행정중심지인 이즈하라(嚴原)를 편의상 수도라고 하면 수도의 이름도 넓다는 의미의 엄원(嚴原)이다. 원(原) 자의 발음이 〈하라〉로 된 것이고, 엄원의 고대 명칭은 요라바루(與良原)였다. 이즈하라 하부에 시모바루(下原)가 있고 미쯔시마에는 게치바루(鷄知原)·쿠쯔바루(久須原)·사토바루(里原)·오오하라(大原) 등이100) 있다. 원(原) 자는 하라·바루·바라 등으로 소리 난다. 하라 또는 바루로 소리 나는 원(原) 자가 들어가는 곳은 대마도에서는 꽤 큰 들판(경작지)이 있는 곳이다. 그리고 대마도 최남단에는 소라바루(徐羅伐)라는 경작지가 있는데 이 경작지에서는 찰벼(찹쌀 벼) 농사를 짓고 명칭을 적미 신전(赤米神田)101)이라 하며 추수 후에는 적미 신사(赤米神事)라는 추수감사 행사를 한다. 그런데 이 적미(赤米)는 신라의 서라벌에서 가지고 왔기 때문에 언어의 연고성과 점착성(粘着性)에 의해 서라벌(徐羅伐)이 대마도식 발음으로 소라바루(そらばる)가 되어 신라어(新羅語)가 현재까지 전래되어 오고 있다.

2). 대마도에 신라인(新羅人)이 살면서 신라 이름의 지명을 남겼다

韓나라에서 대마도에 이주한 신라인들은 본국의 국명(國名)과 관련된 이름을 가장 많이 남겼다. 이즈하라 항구의 이즈하라병원 아래 신라산이라는 뜻인 시라키야마(白木山)가 있고, 그 아래 신라 신사라는 의미의 시라키신사(白木神社)가 지금도 있으며 건너편 마을이 신라마을이라는 시라코(白子;백자) 마을이다.102) 대마도 이즈하라(嚴原) 아수만(阿須灣)의 연안을 따라 동쪽으로 나아

가면 마가리(曲;まがり)라는 집락촌(集落村)이 있다. 지금도 대마도에는 해녀들이 살고 있는 마을이 있다. 앞동산에 작은 성(城)이 있고 제사를 모시는 백기신사(白崎神社)가 있다. 백기(白崎)는 시라키(しらき;新羅崎)로서 신라성 신사(新羅城神社)이다.103) 아직까지 전부 찾아내지는 못했지만 신라인들이 대마도에 살면서 수없이 많은 신라 이름의 지명을 남겼다. 대마도를 두루 돌아다니면서 찾아내고 문헌을 참고로 찾아낸 신라에 관련된 지명을 살펴보자.

① 시라코우라(白子浦):미쯔시마쵸(美津島町)
② 시라코사키(白子崎):미쯔시마쵸(美津島町)
③ 시라에(白江):미쯔시마쵸(美津島町)의 계치(鷄知)에 있는 작은 시내(川)
④ 소라바루(徐羅伐):이즈하라쵸嚴原町) 쯔쯔(豆酘)의 적미신전(赤米神田)
⑤ 세바루(瀨原):미쯔시마쵸(美津島町) 계치(鷄知)
⑥ 사부로(三郞原):이즈하라마치(嚴原町) 나무로(南室)
⑦ 시라코(白子):토요타마쵸(豊玉町) 카라스(唐洲)
⑧ 시라코(白子):미쯔시마쵸(美津島町) 타케시키(竹敷)
⑨ 시라키산(白木山, 白磯山, 新羅山): 이즈하라 동편(嚴原町東便)
⑩ 시라에(白江):카미아카타마치쵸(上縣町) 사스나(佐須奈)
⑪ 시라카타자키(白方崎):토요타마정(豊玉町) 이토세(系瀨) 전방의 지명

---

100) 嶋村初吉 外(2004) 福岡(株) 梓書院「對馬新考」p.226
101) 田:대마도나 일본에서 밭(전;田)은 벼농사를 짓는 논(답;畓)을 의미한다. •詔:고할 조, 알릴 조, 소개할 소 •宜:마땅할 의 •附:붙을 부 •府:곳집 부, 관청 부 •云:이를 운, 어조사 운 •是:옳을 시, 바를 시 •宣:베풀 선. 임금이 말하다. •勅:조서 칙. 임금의 명령을 적은 문서. •己:자기 기. 다스리다. •佐:도울 좌 •及;미칠 급. 이르다.
102) 出羽弘明(2004) 東京 同成社「新羅の神々と古代日本」p.16
103) 出羽弘明(2004) 東京 同成社「新羅の神々と古代日本」p.32

풍옥희(豊玉姬)도 신라계 제신(諸神)

대마도 신사(神社) 중에서 유명한 와다즈미 신사(和多都美神社)의 주신(主神)인 풍옥희(豊玉姬)도 신라 계 제신이라고 밝힌 일본학자가 있다. 이 일본학자는 '언화화출견명(彦火火出見命)과 풍옥희(豊玉姬)는 제신(諸神)으로서 와다즈미신사 조영(造營)에 천무천황(天武天皇) 계로 신라 계(新羅系)의 신(神)이라는 것이 더한층 명확(明確)하다.'라고 밝혔다.[104]

대마도에 신라인이 경작한 밭(畑:田)

원문: 阿須灣の 小浦という集落は新羅の人々が住んでいた。小浦には「シロキガワタ」という地名があるが、これは「新羅人が耕作していた畑」を意味するという。(シロキ)は「新羅」で「ガ」は 助詞で「ノ」、「ワタ」は畑 である。[105]

해설: 이즈하라(嚴原町) 아즈만(阿須灣)의 고우라에(小浦;소포) 집단 촌락(集團村落)에는 신라인들이 살았다. 또한 고우라(小浦)에는 「シロキガワタ(시로키와타)」라는 곳이 있다. 이것은 신라인(新羅人)이 경작했던 밭(田:畑)을 의미한다. 시로키(シロキ)는 신라(新羅)이고, 「가;ガ」는 조사(助詞)로써 「ノ;노」이며, 「ワタ;와타」는 밭(畑;田)이란 뜻이다.

대마도의 신라 계 성씨(姓氏)와 지명(地名)

우리 韓나라 선조들은 사국시대(四國時代)에 이미 성씨를 사용하였다. 그것은 삼국사기·삼국유사에서 근거를 찾아볼 수 있다. 우리가 잘 알고 있는 고구려 을지문덕(乙支文德)·연개소문(淵蓋蘇文)·백제의 흑치상지(黑齒常之)·부여충승(扶餘忠勝) 등에서 알 수 있듯이 당시 성씨는 외자(單字) 성씨보다 복수(複數) 성씨가 많았다. 일본의 왕실과 귀족들은 한국의 영향으로 오래전부터 성(姓)을 가졌으나 대부분의 서민들은 19세기 후반에야 성씨(姓氏)를 가진 것으로 보여진다. 그 이유는 일본 왕족(王族)은 우리 韓나라에서 건너간 선조이거나 그 후손들이기 때문이라는 설도 있다.

일본 열도 고대사에는 수많은 한국의 고관 명사들 이름이 나오고 있다. 일본의 「고사키(古事記)」에 의하면 일본 역사에서 가장 먼저 복(複) 성명으로 등장한 것도 백제인 수수허리(須須許里)이다. 일본의 고대 씨족을 기록한 사서(史書)로 주목받는 것이 서기 815년에 편찬된 「신찬성씨록(新撰姓氏錄)」이다. 이 성씨록에 등장하고 있는 고대 선조들은 신라·백제·고구려 왕족과 고관들의 후손이 대부분이다. 그리고 우리 韓나라 성씨와 유사 지명이 일본 열도 전역에 약 300여 개나 있다고 한다. 신라 계의 성씨와 지명으로 고착된 나카야마(中山)·사호(佐護)·감라(甘羅;舟志)·오우라(大浦)·시타유(志多留)·비자체(比自体;比田勝)·시타자키(舌崎)·야마다(山田)·토요하라(豊原) 등의 복성과 이토(系)씨 등 단성(單姓)이 있고 지명 또한 같은 케이스이다.[106] 특히 대마도 이즈하라(嚴原)에서 출생해 관립이리농림(官立裡里農林)과 가고시마농림(鹿兒島農林)을 졸업하고, 표현하고 싶지 않은 단어이지만 식민지시대 조선(朝鮮)에서 중등학교 교사로 재직하며 「교론(敎論)」이란 저서를 남긴 등정향석(藤井鄕石)씨는 대마도 쯔쯔(豆酘)에 있는 서라벌(徐羅伐)과 최북단 한기(韓崎)란 지명에 대해서 아래와 같이 말했다.

①ソラバル(徐羅伐)

원문: ソラバル(徐羅伐): 嚴原町大字豆酘にある地名。現在で「ソロバル」いう。昔 韓國 民の 居住していた 地名の 俗名である。[107]

해설: '서라벌은 이즈하라 쯔쯔(豆酘)에 있는 지명이다. 현재는 「소로바루」라고 읽는다. 고대 한국 사람들이 거주했던 지명의 속명(俗名)이다.'라는 해설은 대마도 지명의 일부가 고대 우리 韓나라 사람들이 살면서 연고성·점착성·고착성으로 남겨진 지명이란 점을 증거(證據)해 준다.

---

104) 出羽弘明(2004) 「新羅の神々と古代日本」 p.17~18
105) 出羽弘明(2004) 「新羅の神々と古代日本」 p.21
106) http://blog.naver.com/과 金化洪(1999) 「대마도도 한국 땅」 p.87을 참조하였음.
107) 藤井鄕石(昭和63) 「對馬の 地名とその 由來」 下卷 p.18

② カラサキ(韓崎)

원문: カラサキ(韓崎):上對馬町大字鰐浦の對馬の最北端の礁島で、陸地からは韓國の島であるかのような感があるのでこの名がある。[108]

해설: 상대마도 와니우라(鰐浦)가 있는 최북단의 암초(暗礁)로 대마도 육지에서 볼 때 한국에서 튀어나온 호미곶처럼 보이기 때문에 카라자키(韓崎)는 한국의 호미곶이란 이름이 붙은 섬이다.

상대마도 한국전망대에서 부산 쪽을 바라보면 암초 같은 섬이 있다. 대마도 사람들은 한국 쪽으로 가장 가까운 섬이기 때문에 한국에서 튀어나온 곳(호미곶)이라는 의미의 카라자키(韓崎)라고 불렀다. 그 이름이 지금까지 존재한다는 것은 상고시대부터 우리 韓나라에서 대마도에 정착한 사람들이 고향을 그리워하는 마음으로 고향인 韓나라를 바라보며 붙인 이름이 지금까지 전해오고 있다고 볼 수 있다.

경주 계림(鷄林)의 2가지
계치설(鷄知說)

현재 대마도에서는 계치를 한자로 닭 계(鷄)자와 알 지(知)자로 쓰고 있다. 신라가 대마도를 통치할 때 경주를 의미하는 계림(鷄林)에서 이주한 신라인들이 고향의 이름인 계림이라고 부른 데서 연유한다는 설이 가장 유력하다. 그러나 이곳에서 닭과 꿩을 많이 키웠기 때문에 닭 계(鷄)자와 꿩 치(雉)자를 써서 계치가 되었다고 하는 설도 있기 때문에 두 가지 설이 있다는 점을 밝혀둔다. 특히 우리나라에서 대마도를 탐방하신 분들 중에는 Storyteller(스토리텔러)가 계치를 우리나라 신라의 계림에서 유래한 지명이라고 설명하지 않으면 Storytelling(스토리텔링)을 잘못한다고 호통 치는 분들도 간혹 있다. 우리국민들 중에는 대마도가 언젠가는 되찾아야 할 잃어버린 우리 땅이라는 생각을 갖고 계신 분들이 많은 것이다.

제3절 고구려의 대마도 통치

「한단고기」 가라사대

「한단고기(桓檀古記)」에는 고구려가 대마도를 분치 십국(分治十國), 즉 대마도(對馬島)를 십국(十國)으로 나누어 다스렸는데 십국(十國)이 십향(十鄕)이다. 「일본서기」 흠명(欽明) 23년 기(紀)에 의하면 임나십국(任那十國)이 나오는데, 이 십국(十國)도 대마도 십향(十鄕)을 지칭하는 것이고 한단고기(桓檀古記)의 십국(十國)과도 같은 것이다. 이 십향은 후에 팔향(八鄕)을 거쳐 팔군(八郡)으로 바뀌었고, 근대에 대마도는 2군(郡) 6정(町) 체제가 되었다가 서기 2004년 3월 1일자로 대마시(對馬市)가 되면서 1시(市) 6개 지소(支所)로 바뀌었다.109) 한단고기에 광개토대왕은 대마도를 정벌해 이를 직할했다고 했다. 이병선 박사는 대마도의 니위(仁位)가 고구려에 속했다는 기록과 '관병운운 추임나가라(官兵云云 追任那加羅)'의 광개토대왕비문과 대마도에 고려산(高句麗山)의 지명이 있는 점으로 봐서 대마도가 고구려 치하(治下)에 있었음을 넉넉히 짐작할 수 있다고 했다.110)

그리고 분치 십국(分治十國)이란 대마도는 산세가 험하고 육로가 없기 때문에 강 하구가 비교적 넓은 지역에 바다를 전방으로 마을이 형성되어 있다. 각 마을끼리 상호 연락이 잘 안될 때이므로 10개 지역(County)의 수장(首長)들이 자기 지역을 통치했을 것이다. 따라서 이를 십국 분치로 본다. 이 부분이 이해가 잘 안될 수도 있지만 대마도에 가서 실제로 섬을 둘러보며 지형을 자세히 관찰해보면 A강 하구의 마을과 B강 하구의 마을 사이에 산세가 험해 통래(通來)가 거의 불가능 한 곳이 많다. 그래서 이 마을에서 저 마을로 갈 때 배를 이용할수밖에 없던 사국시대의 교통수단을 상상해보면 당시 분치 십국 설은

---

108) 藤井鄕石(昭和63) 「對馬의 地名과 그 由來」 下卷 p.9
109) 李炳銑(1987) 「對馬島는 韓國의 屬島였다」 p.40 「任那國과 對馬島」 p.228~234 參照. 再引用.
110) 李炳銑(1987) 「對馬島는 韓國의 屬島였다」 p.254

충분히 이해가 된다. 상기(上記)를 한단고기에서는 다음과 같이 이야기했다.

「한단고기 고구려본기6(桓檀古記 高句麗本紀六)」에서의 고구려 대마도 통치 내용
원문: 永樂十年三加羅盡歸我 自是海陸諸倭悉統於任那 分治十國 号爲聯政. 然直轄於高句麗 非烈帝所命 不得自專也.[111]
음독: 영락십년삼가라진귀아 자시해륙제왜실통어임나 분치십국 호위연정 연직할어고구려 비열제소명 부득자전야.
해설: 영락10년에[112] 대마도 삼가라가 모두 고구려에 귀속하였다. 이때부터 해상과 육상의 모든 왜가 임나에 통합되었다. 십국으로 나누어 연정으로 통치하였다. 그러나 고구려에 직할되어 제왕의 명령하는 일이 아니면 마음대로 할 수 없었다.

고구려 광개토대왕 10년의 역사이다. 앞에서도 십국 분치가 등장했지만 고구려 광개토대왕 시대인 서기 400년대 사국(四國) 중에서 지리적으로 가장 북부에 위치한 고구려까지도 대마도를 통치했다는 통쾌한 역사적 내용이다. 대한민국 동포는 대마도가 과거부터 우리 韓나라의 모든 국가가 통치했던 엄연한 우리 영토였다는 사실에 주목하고 계속하여 이 분야의 연구가 필요하다고 본다.

고구려 계 성씨와 지명(地名)
우리 韓나라 고구려 계의 성씨로 고마(高麗)·나가세(長背)·나니와(難波)·고부(後部)·다카이(高井)·다카다(高田)·쿠와하라(桑原)·아사케(朝明)·요시이(吉井) 등의 복성과 고(高)·오(王)·시마(島)씨 등의 단성과 지명이 일본 전역에 널려 있다.[113] 일본 열도와 오끼나와 및 남방으로 가는 길목인 대마도에 남긴 고구려 계의 유사 성씨와 지명으로는 뉘위(仁位)·노부(濃部)·우무기(卯麥)·고즈나(小網)·사시카(佐志賀) 등이라고 볼 수 있다.[114]

고구려 2대 유리왕(瑠璃王) 묘호와 같은
유리전(瑠璃殿) 당호가 있다

대마도에서 약 900년 간 섬의 정치·경제·사회의 중심지 역할을 한 이즈하라(嚴原町) 시가지에 있는 국분사(國分寺)의 보물창고에는 650년이 넘은 목조약사여래불상과 고려팔만대장경사본을 보관하고 있다. 그런데 이 보물창고의 당호(堂號)가 유리전(瑠璃殿)이다. 왜 하필 고구려 2대왕인 유리왕(瑠璃王) 명(名)과 같은 당호일까? 이것은 아무리 생각해도 고구려의 대마도 통치가 남긴 문화유산이라고 볼 수밖에 없다.

제4절 백제의 대마도 통치

대마도에 1500년 전 백제인이 심은 은행나무

서기 2012년 3월 17일 현재 대마도 동해안 상대마도정 최하부 킨(琴)이란 어촌에 일본에서 가장 오랜 된 나무인 최고 수령목(最古樹齡木)이 있다. 1500년 전 백제에서 전래된 은행나무라고 안내판에 선명하게 적혀 있다. 안내판은 일본어·영어·한어(韓語)로 되어 있다.

① 한국어 안내문
　『긴노오이쵸는 높이가 23m, 둘레가 12.5m나 되며 1500년 전에 백제(百濟)로부터 전해진 일본에서 가장 오래된 은행나무입니다. 고문서에 '바다에서 보면 나무가 울창해 산과 같으니'라고 기록되어 있을 정도로 웅대한 모습을 자

---

111) 李炳銑(1987) 「對馬島는 韓國의 屬島였다」 p.269
112) 永樂十年 廣開土大王10年 西紀 400年, 新羅 奈勿45. 百濟 阿莘王9年. 日本은 歷史記錄이 없을 시대임.
113) blog.naver.com/
114) 김화홍(1999) 「대마도도 한국 땅」 p.87을 참조하였음.

랑하고 있었지만, 1798년 낙뢰를 맞아 가지가 꺾이고 나무 안이 타버렸습니다. 재난은 계속되어 1950년 태풍 29호로 기둥나무가 부러졌습니다. 그러나 경이로운 생명력으로 지금도 성장을 계속하고 있습니다. 은행나무와 같은 종에 속하는 나무는 1억5000만 년 전에 지구상에 출현하여 쥐라기부터 백악기에 걸쳐 전성기를 맞이한 후, 빙하기 등 환경변화에 의해 현재 남아있는 종을 제외하고 멸종되었습니다. 현재의 은행나무는 중국 남동부에서 살아남은 종으로 보이며 불교의 전래와 함께 한반도를 경유하여 일본 각지에 퍼졌다고 합니다. 대륙과의 창구 쓰시마 그 안에서도 쓰시마의 대목이라고 칭해지는 긴노오이쵸는 일본에 존재하는 가장 오래된 은행나무라고 할 수 있습니다. 생명력이 강하고 종자의 발아율도 높은 은행나무는 강한 영력(靈力)을 가진 것으로 여겨져 신사 불당 등의 장소에만 심어졌던 것으로 보입니다. 사계절 내내 매력적인 표정을 보여주는 나무인 은행나무를 앞으로도 소중히 보살펴 나갑시다.」

115) 1500년 전 우리 韓나라 백제에서 전래(傳來)된 은행나무는 대마도에 살고 있던 백제인(百濟人)이 심었고(植樹), 지금도 대마도에 살아있다는 것은 1500년 전에 백제가 대마도를 통치했다는 명백한 증거(證據)가 아닐 수 없다.

② 백제를 삭제한 일본어 안내판 나가사키 지정 천연기념물, 대마도 긴의 은행나무

  1. 지정 년 월 일: 쇼와36년 11월 24일.

  2. 지정지: 나가사키현 상대마 대자금 675번지.

  3. 설명: 위 현(나가사키) 일대에서 집을 지을 때 나무의 상태가 좋고 나쁨이 반복 되어 불려진 지도키패(地搗き唄)가 있다.

「긴의 은행나무는 대마도의 대목. 둘레가 36길.」 36길이라고 전해지지만 정확히 12.5m이다. 국가 지정 은행나무의 거목은 전국에서 20그루 정도 있지만, 이 수(雄)나무는 이와테현 쵸센지의 은행나무(둘레 14m)에 이어 두 번째로 크다고 전해지고 있다. '바다에서 보면 무성한 산 같다.'라고 문화6년(서기 1809년)에 적힌 대마도 기사에 의하면 수령은 1500년이라고 전해진다. 관정

10년(서기 1798년) 낙뢰 때문에 가지가 꺾이고 속이 타서 작은 구멍이 생겨 최근까지 이나리 사당으로 모셨다. 후에 다시 살아나 높이 40m까지 성장했지만 쇼와25년 9월 12일~15일, 대마도 전 지역에 맹위를 떨친 키지마 태풍(태풍 29호) 때문에 기둥나무가 부러졌다. 길가의 악조건에서 낙뢰를 맞았음에도 불구하고 수세가 왕성한 것은 경이롭다. -쇼와 57. 4. 1. 카미쓰시마마치 교육위원회-

③ 문제점

여기서 필자가 문제점으로 지적하고 싶은 점은 대마도 사람들이 관광지 안내판을 새로 만들면서 우리 韓나라와 관련된 역사를 삭제해 버렸다는 점이다. 실례로 하대마도 코모다 하마신사에 가면 대마도 2대도주 종조국이 서기 1274년 10월 5일 침략한 여·몽 연합군과 용감하게 싸웠지만 패배했다는 역사를 과거에는 사실대로 기록했었다. 그런데 서기 2011년에 새로운 안내판을 만들면서 고려군에게 패배했다는 역사를 숨기기 위해 여·몽 연합군을 모두 삭제하고 원구(元寇)에게 패배했다고 역사를 왜곡한 새 안내판을 세웠다. 또 카미자카공원(上見坂公園)에도 우리 韓나라와 관련되는 내용인 종가십만석석고와 초대도주 종중상이 삭제된 새 안내판을 세웠다. 이곳의 은행나무도 새로 세운 일본어 안내판에 백제를 삭제한 목적은 한국어를 모르는 대마도인(對馬島人)들이 은행나무를 관람할 때, 1500년 전 우리 韓나라 백제인이 심은 은행나무란 역사적 사실을 알 수 없게 하려는 데 있다고 본다.

우리나라 백제 비구니가 서기 656년에 창건한
수선사가 남아 있는 대마도

수선사(修善寺)에는 아사순국(餓死殉國)하신 애국지사 최익현 선생님의 순국

---

115) 현지에 설치된 안내판의 내용이다. 필자(황백현)가 이를 사진으로 보관하고 있다.

비가 있다. 백제 비구니가 창건한 절로 우리 韓나라 대한민국 애국동포에게 널리 알려진 사찰(寺刹)이다. 그러나 이 사찰이 서기 652년(656년)116) 백제 귀족 비구니가 와서 구몬인(クモンイン ;九品院)이란 암자로 시작했다는 사실은 잘 모른다. 창건자의 명칭이 법묘(法妙)라는 설은 서기 2012년 2월 1일 현재 주지직(住持職)을 맡고 있는 고지마 히로시(小島宏)의 주장이고, 서기 1723년 대대로 하치만궁 신사 궁사직(宮事職)을 맡아온 가문의 등정방(藤定房)이 쓴 「대주편연략(對州編年畧)」에 의하면 '창건자가 제명천황3년 병진 백제 비구니 법명이 대마도에 유마경을 가지고 와서 중국 오(吳)나라 말로 전파한 것이 대마도에 중국 오(吳)나라 말이 최초로 전해지게 된 것이다.'라고 했다.

원문: 齊明天皇三年丙辰 百濟尼法名於對馬 以吳音誦維摩經 是吾國吳音之始也 於當州始傳之故 吳音號對馬讀云々 又或云法明菴蹟今之修善菴之地也 又彼寺以法明尼爲開基 又今之寶泉寺之上山也云爾.117)

음독: 제명천황3년병진 백제니법명어대마 이오송유마경 시오국오음지시야 어당주시전지고 오음호대마독운운 우혹운법명암적 금지수선암지지야 우피사이법명니위개기 우금지보천사지상산야운이.

해설: 초대 주지 법명비구니에 이어 2대 주지 묘향비구니(妙享比丘尼) · 3대 주지 묘선비구니(妙禪比丘尼) · 4대 주지 묘지비구니(妙智比丘尼) · 5대 주지 묘혜비구니(妙惠比丘尼) · 6대 주지 묘각비구니(妙覺比丘尼) · 7대 주지 묘련비구니(妙蓮比丘尼) · 8대 주지 묘수비구니(妙壽比丘尼) · 9대 주지 묘본비구니(妙本比丘尼) · 10대 주지 묘칭비구니 (妙稱比丘尼).118)

백제 여승 10명이 대마도에 건너와서 구품원(九品院)의 주지직(住持職)을 하며 유마경을 중국 오나라 언어로 암송하면서 불교를 전파했다. 1명당 10년씩 주지직을 수행했다면 100년이 되고 20년씩 주지직을 수행했다면 200년, 30년씩을 전파했다면 300년이 된다. 적어도 100년에서 300여 년 동안은 백제 비구니들이 대마도에 창건한 암자를 드나들면서 불교를 전파했다는 계산이

나온다. 백제가 대마도에 절을 짓고 200~300년 동안 왕래하면서 불교를 전파했다는 것은 대마도가 서기 1246년 우리나라 송중상(宋重尙)이 건너와 성을 종씨로 개명하여 종씨 대마국(宗氏對馬國)을[119] 건설할 때까지는 국경이란 개념이 전혀 없이 우리 韓나라 백성(백제인)이 왕래하며 살았던 우리 땅이었다고 확신할 수 있다.

「일본서기(日本書紀)」에 왈(曰)

하대마도 계치는 백제의 영토였다는 기록이 「한단고기(桓檀古記)」에 있다. 이 기록이 「일본서기」의 기록과 현재 발굴된 유적과 일치한다. 다음이 「일본서기」 서기 543년에 해당하는 흠명 4년기(欽明四年紀) 내용이다.

원문: 冬十一月遣津守連詔百濟曰 在任那之下韓百濟郡令城主, --中略-- 是日聖明王[120]聞宣勅己 歷問三佐平內頭及諸臣曰 詔勅如是 當復何如 三佐平等答曰 在下韓之我郡令城主,

음독: 동십일월견진수연조백제왈 재임나지하한백제군령성주, --중략-- 시왈성명왕 문선칙기 역문삼좌평내두급제신왈 조칙여시 당부하여 삼좌평등답왈 재하한지아군령성주,

해설: 동짓달 11월 진수연을 보내 백제를 조(詔)하기를 임나의 하한(下韓)에 있는 백제의 군령과 성주는, -- 중략-- 백제국 성명왕이 조칙을 듣고 삼좌평과 모든 신하들에게 조칙이 이와 같으니 어떻게 해야 할 것인가 하

---

116) 서기 652년 창건 설은 2012년 2월1 일 현 주지(住持) 고지마 히로시(小島宏)의 주장이고, 656년 설은 藤定房(1723)「對州編年畧」p.55
117) 藤定房著(1723)「對州編蓮畧」p.39
118) 2011년 12월 1일 現 住持. 小島宏 씨의 傳言임.
119) 필작 2012년 발굴한 「東萊府誌」의 내용을 기초하여 서술하였음(後記 高麗의 對馬島 統治편 參照 要望).
120) 聖明王은 百濟 27代 王(554~598). •悉:다 실. 모두, 남김없이.

고 물었다. 삼좌평은 하한(下韓)에 있는 백제군령과 성주.

좀 더 부연하면 임나지하한 백제군 군령 성주(任那之下韓 百濟郡君令城主)에서 임나는 대마도를 말하는 것이고 하한(下韓)은 하대마를 지칭한다. 백제의 군령과 성주는 계치에 있는 백제군의 군령과 성주를 말한다. 우리가 추리할 수 있는 것은 대마도에 백제의 통치력이 미치는 백제 직할 군(郡)이 있었다는 점을 확인할 수가 있으니 백제 또한 현재 대마도 미진도정 계치 지역을 통치했다.

성(城)으로는 현재 일본 국가특별사적으로 받들고 있는 금전산성(金田山城)을 지칭한다고 볼 수 있다. 서기 660년 백제가 멸망한 후 서기 663년 일본에 거주하는 백제 유민과 나·당 연합군에 패하고 일본과 대마도로 패주한 백제 군대(百濟軍隊)가 연합군을 편성하여 백제 재건을 목적으로 한반도 백강까지 진출해 백병전을 벌였지만 신라군에 패하고 대마도로 건너가 나·당 연합군의 추격을 막아내기 위해 축성한 백제식 산성이라고 말하는 그 성일 것이다. 이 성(城)은 지금 일본인들이 말하는 시기보다 훨씬 이전에 대마도를 통치하던 백제 군령 대장과 백제인들이 축성한 백제식 산성이다.

일본의 건국 역사는 전쟁으로 시작된다. 그래서 초대 천황이 신무천황(神武天皇)으로 무술 무(武)자가 들어 있다.[121] 글자를 풀어보면 무술이 신(神)의 경지에 이를 정도의 무인 천황(武人天皇)을 상징한다고 볼 수 있다. 그래서인지 일본 역사는 각 지역별로 무장(武將)들이 군웅할거하다가 서기 1192년[122] 미나모토 요리토모(源賴朝)가 정이대장군(征夷大將軍)으로 쇼군(將軍)이 되어 실권을 잡고 천황을 허수아비로 만든 역사가 서기 1868년 1월 3일 명치유신이 성공할 때까지 계속된다. 그렇다보니 규슈에서 시작하여 일본 열도와 시코쿠(四國)를 배경으로 서로 배신과 반목으로 죽이고 죽는 역사가 반복되었다.

일본이 무력으로 합병시킨 오끼나와는 서기 1879년까지 상씨(尚氏)가 대대로 임금을 하던 유구국(琉球國)이라는 독립 국가였다.[123] 그러나 일본 열도를 제외한 멀리 떨어진 대마도나 북해도까지는 세력이 미치지 않았고, 동경에서

950km나 떨어져 있는 대마도는 안중에도 없었다. 그러나 대마도는 우리나라와 가까운 거리에 있어 청명한 날이면 육안으로 보이고 우리 韓나라 사람들이 건너가 살았다는 기록이 여기저기에서 수없이 나오고 있으니 우리 韓나라 통치하에 있었음이 분명하다. 그중에는 백제인이 살았기 때문에 백제도 대마도를 일정 지역을 통치했다고 볼 수 있는 증거가 하나씩 나타나고 있다.

삼국사기를 쓴 김부식은 대륙을 향한 사대사상에 눈이 먼 세계관 속에 있었기 때문에 해적들의 소굴인 대마도는 자연히 역사에서 빠뜨리고 말았다. 그러나 「한단고기」에 백제 등이 대마도를 통치했다는 역사가 실려 있으니 불행 중 다행이다. 「한단고기」에는 대마도에 임나와 함께 백제・고구려・신라가 있었다고 했고, 사호가라(佐護加羅)・인위가라(仁位加羅)・계치가라(鷄知加羅)가 있었다고 했다. 또한 가라(加羅)는 수읍(首邑)이라는 뜻이 있어 이 셋을 삼가라라고 하여 韓나라의 삼한(三韓)과 구별하기 위해 삼한(三汗)으로 표기해 대마도가 고대에 우리 韓나라 땅이었다는 역사를 확인할 수 있도록 해놓았다. 부산대학교 이병선 박사는 그의 저서에서 고대 대마도는 우리 韓나라였다고 밝히고 있다.124) 일본 「서기(書紀)」 계체기(繼体紀)에 백제국(百濟國)이 나오고, 「흠명기(欽明紀)」에는 백제군이 나오는데, 이는 그 내용으로 보아 대마도는 한반도 백제국의 속군125)으로 백제(百濟)의 통치를 받았다고 볼 때 백제는 대마도 통치국이 된다. 재미있는 우연의 일치가 되는 것을 소개하면, 한단고기에 한웅천황(桓熊天皇)이 나오고, 일본에 문자를 전한 왕인 박사는 전라도 영암 출신이고, 경남 지리산 정상은 천왕봉(天王峰)인데, 전남 영암 월출산의

---

121) 武:굳셀 무. 군인, 무인(武人:군인)
122) 1192년으로 된 책과 1197년으로 된 책이 있다.
123) 琉球國:일본 규슈 가고시마(鹿兒島)에서 臺灣까지 연결되어 있는 50여 개의 群島. 7세기 이후 우리 韓나라에 朝貢을 바쳐 왔다. 14세기 中國 明나라의 册封을 받았다. 1871년에 일본의 침략으로 식민지가 되었다가 1879년 일본국 오키나와현(沖繩縣)이 됨. 세종 때 通信使 李藝가 우리 韓나라에서 14세 때 노예로 팔려간 함창현 출신 전충언(全忠彦)을 쇄환해 온 것으로 유명함.
124) 李炳銑(2005) 「對馬島는 韓國의 屬島였다」 p.38~39
125) 李炳銑(2005) 「對馬島는 韓國의 屬島였다」 p.273

정상(頂上)은 천황봉(天皇峰)이다. 따라서 일본 국왕을 천황(天皇)이라고 부르는 것은 일본에 문자(文字)를 전수한 왕인 박사가 천황봉(天皇峰) 아래 출신이란 점이 우연치고는 석연치 않다. 따라서 일본 국왕을 천황(天皇)이라고 하는 것이 백제에서 전수된 것이라고 한다면 너무 억지일까?

백제 계 성씨와 지명

고대 일본은 벼슬한 사람 관명과 성명을 중부덕솔 목협금돈(中部德率 木傀今敦) 등과 같이 백제와 똑같이 사용했다. 즉 관직 명칭, 성씨와 이름의 3요소를 갖추고 있었다. 학계에서는 고대 나라(奈良) 시대 직제 등이 일본 조정의 실권을 가진 백제인에 의해 만들어졌다고 본다.[126] 일본 왕족은 성씨가 없다.(源씨라는 설도 있음) 그러나 백제 계의 성씨로 쿠다라(百濟)·이와노(石野)·오오카(大丘)·마쓰다(沙田)·스기노(菅野)·오카야(岡屋)·하루노(春野)·오하라(大原)·나카노(中野)·쿠니모토(國本)·나가다(長田) 등의 복성과 단성(單姓)인 하야시(林)·후미(文)씨 등은 일본 열도에 지명으로도 널리 존재한다. 그리고 일본으로 건너가기 전에 대마도에 남긴 성씨와 뿌리를 같이하는 다(田)가 들어가는 지명으로는 와카다(若田)·코모다(小茂田)·구다(久田)가 있고, 그 외 싸쓰세(佐須瀨)·요라(耶良)·다테라(龍良)·시토미(士富) 등도 있다.[127]

대마도를 지배한 백제 가계(百濟 家系)

(1) 아비류(阿比留) 씨는 우리 韓나라 가계(家系)

① 아비류(阿比留) 씨에 대해 살펴보면, 고구려(高句麗) 시조 주몽에게 온조와 비류 두 아들이 있었다. 장남 온조(溫祚)는 하남 위례성(河南 慰禮城)에 도읍을 정하고 백제(百濟)를 건국하여 번창했고, 비류(沸流)는 미추홀(彌鄒忽)에 정착했지만 온조에 밀려 국가로 성공하지 못했다. 그러자 비류의 후손들은 여러 성씨로 분화되면서 일부는 백제 근초고왕 때 일본으로 건너가 일왕태자의 스승이 되었으며, 왕인 박사를 일본으로

초청토록 추천한 아직기(阿直岐)와 아자개(阿字蓋)·아비류(阿比留) 등으로 분류된 것이다. 이들 중 아비류(阿比留) 씨는 바다를 건너 대마도에 정착해 하나의 부족으로 세력권을 형성한 후 대마도를 통치하는 초대 대마도주인 대마수(對馬守)가 되었다. 아비류(阿比留) 씨는 서기 1246년 종중상(宗重尙)군과 대마도주 자리를 놓고 카미자카(上見坂)에서 격전 끝에 도주 자리를 종씨에게 빼앗기고 일부는 나가사키 5도 지역의 섬으로 이주하여 일부는 대마도에 그대로 살았다. 현재도 대마도 인구의 30-40%는 아비류(阿比留) 씨이다.

② 또 다른 학설로는 아비류가 지리적인 환경으로 자연스럽게 대마도에 도해(渡海)한 고조선 계128)라는 지적도 있다. 이들은 곡창지대인 우리나라 금주(金州)129)에서 바라다 보이는 곳이기 때문에 금주를 중심으로 한 경상도 사람들이 건너가서 옹기종기 살고 있었을 것이다. 여기에 백제 건국에서 밀려난 비류 계가 남하해 대마도로 건너가 먼저 도해하여 원주민이 된 고조선 계 아비류 가(古朝鮮系 阿比留 家)를 추스르면서 씨족이 가장 많은 아비류(阿比留) 가문으로 발전해 촌장(村長)이 되어 자연스럽게 대마도 통치자가 되었으리라고 본다.130)

③ 신숙주의 「해동제국기」에 의하면, 대마도는 8향(鄕) 82포(浦)로 구성되었다. 각 포(浦)에 살고 있던 사람들마다 포(浦)를 성(姓)으로 사용했다. 우우라(大浦)에는 우우라(大浦) 성씨가, 북쪽 항구로 유명한 히타카츠(比田勝)에는 히타카츠(比田勝) 성씨가, 우찌야마(內山)에는 우찌야마(內山) 성씨가, 아지로(網代)에는 아지로(網代) 성씨가, 오오야마(大山)에는 오오야마(大山) 성씨가 살고 있는 것처럼 대마도에는 대마도 지명을 사용

---

126) 일본 속의 한국 성씨/http://kin.naver.com/
127) 김화홍(1999) 「대마도도 한국 땅」 p.87을 참조하였음.
128) 서울大學校 國史學科 秋季定期踏査 小册子(2008) p.29
129) 金州:경남 김해를 칭함. 현재 부산광역시 대저 녹산, 명지 지역이라고 볼 수 있음.
130) 金聖昊 著 「비류 백제와 일본의 국가 기원」을 참조하여 기술하였음.

한 성씨가 대부분이다. 그러나 아비류(阿比留) 씨는 대마도에 아비류(阿比留)라는 지명(地名)이 없기 때문에 성씨(姓氏)로 사용하지 않은 것은 우리나라 성씨의 케이스와 같다. 따라서 아비류 씨가 우리나라에서 대마도로 건너간 성씨라는 점을 한 번 더 증명해 준다.

④ 대마도 아비류(對馬島 阿比留) 씨들이 일본에서 백제 계(百濟系)로 유명한 아소(蘇我) 씨 후예 중의 한 가계(家系)라고 한다는 설도 있다.

⑤ 전북대학교 하우봉 교수는 "헤이안 시대 후기에서 카마쿠라(鎌倉時代) 초기까지 대마도 지배자는 아비류(阿比留)였다."고 했다.131)

⑥ 아바류(阿比留) 씨는 대마도를 433년간 통치했다.132)

⑦ 일본 시코쿠(四國) 출신인 규슈산업대학교 오서 세츠코(長節子) 박사도 "대마도 재청내부에서 지위(序列)는 아비류(阿比留)가 최상위이고, 차석이 등원(藤原;후지하라)이었으며 유종(惟宗)은 제3위였다."고 했다.

원문: 在廳 內部での 彼等の 地位の 序列は, 阿比留が 最上位で、藤原 がこれにつぎ、惟宗は 第三位であることがわかる。133)

⑧ 대마도판 삼국사기에 해당하는 「대주편연략(對州編年畧)」에는 '대마도 초대 수(守)가 아비류 숙칭모였고, 종씨가 대마도주로 등장하는 서기 1246년 이전까지 대마도 마지막 수(守)도 아비류였다. --중략-- 서기 1346년까지 아비류 재청(在廳)이 있었다.'고 했다.

원문: 對馬守 對馬守阿比留 宿秤某,134) 以阿比留氏 任對馬守 貞和二年堂州 再廳135)

위 글을 종합해 정리하면 서기 1246년 대마도 이즈하라 카미자카(嚴原町 上見坂) 전투에서 종중상(宗重尙)에게 토벌(討伐) 당하기 전까지 아비류(阿比留) 씨가 대마도 통치자였다.

(2) 동경 지바현 아비류(畔蒜) 씨와 대마도 아비류(阿比留) 씨는 다른 씨족(氏族)

「신대마도지(新對馬島誌)」에는 서기 817년·서기 857년·서기 1019년 3회에 걸쳐 도이구(刀伊寇)가 대마도를 침범했을 때 동경 옆의 찌바현(천엽현;千

葉縣) 주변 생국상총(生國上總)의 아비류(畔蒜) 지역에 살고 있던 아비류(畔蒜) 씨들이 중죄(重罪)를 지어 사형수(死刑囚)로 수감되어 있었는데, 이들에게 죄를 사면해 주는 조건으로 1,000km 이상 멀리 떨어져 있는 외딴섬 대마도에 침범한 도이구(刀伊族;女眞族)를 격파하라고 보낸 사람들이 대마도에 도착해서 자리를 잡고 살면서 현재 대마도의 아비류(阿比留) 씨 선조라고 말하고 있다. 이들이 지명 이름을 사용한 아비류(あびる)의 한자는 아비류(畔蒜)이다.136) 그러나 대마도 아비류(あびる) 씨는 한자가 아비류(阿比留)로 문자(文字)가 서로 다르다. 같은 발음이라도 한자가 다르면 동족(同族)이 아니다. 따라서 동경(東京) 근교 찌바현(千葉縣) 아비류(畔蒜) 씨는 대마도 초대 수(初代守;島主)의 후손인 현존 아비류(阿比留) 씨가 아니다. 마치 우리 韓나라 정(丁)씨와 정(鄭)씨·조(趙)씨와 조(曺)씨가 발음은 같지만 완전히 다른 가문(家門)인 것과 같다.

---

131) 한일관계연구회(1997) 「독도와 대마도」 p.158 하우봉 「한국인의 대마도 인식」 再引用
132) 齊藤準人(1977) 동경 講談社 「國境線 對馬」 p.18.
133) 長節子(昭和62) 東京 吉川弘文館 「中世 日朝關係と 對馬」 p.6
134) 藤定房著 鈴木棠三編著(昭和47) 「對州編年畧」 p.9
135) 藤定房著 鈴木棠三編著(昭和47) 「對州編年畧」 p.14
136) 永留久惠(1994) 「古代史の 鍵·對馬」 p. 255

제4장. 고려의 대마도 통치

제1절 대마도주 종(宗)씨 시조는 우리 韓나라 송(宋)씨

우리나라 송씨가 대마도로 건너가 종(宗)씨로 바꿔 대대로 도주를 세습했다. 그 시조는 부산 화지산에 장사지냈다.

■ 세상에 전하기를 도주 종씨(島主宗氏)는 그 선조가 원래 우리나라 송(宋)씨인데 대마도에 들어가서 성을 종(宗)씨로 바꾸고 대대로 도주가 되었다.

원문: 對馬島[137]

卽日本國對馬州也 舊隷我鷄林 未知何時爲倭人所據 自釜山浦都由朔 至島之船越浦 水路凡六百七十里 島中分爲八郡 人戶皆沿海浦南北三日程東西或一日 或半日程 四面皆石山 土瘠民貧 以煮鹽捕魚販賣爲生 世傳宗氏 其先本我國宋姓人 入其島變宗 世爲島主 宗慶死 子靈鑑嗣 靈鑑死 子貞茂嗣 貞茂死 子貞盛嗣 貞盛死 子成職死而無嗣 丁亥年 島人立 貞盛母弟盛國子貞國爲島主 貞國死 子材盛嗣 萬曆壬辰前 平秀吉滅之 以平義智代之 或言義智雖改平姓 而其實宗(宋)氏云 義智死 子義成嗣 義成死 子義眞嗣 一說云 材盛死 (子)義成嗣 關伯源義尹. 特賜名義字 及府名屋形 屋形乃尊稱也 義成死 弟四郞殿之子盛長嗣 盛長死 弟能登守之子 將盛嗣 將盛死 叔父晴康嗣 晴康死 子義調嗣 爲人共象 故至今稱美 後號一鴻 義調死 將盛之子調尙嗣 調尙死 弟義純嗣 義純死 弟義智嗣 義智嗣 義智死 子義成嗣 義成死

子義眞嗣 壬午年退休 其子義倫嗣 義倫死 弟義方代襲 義方死 弟平方代襲 而改名平義誠 郡守以下土官 皆島主所署 亦世襲以土田 鹽戶分屬之 爲三番 七日相遞 曾守島主之家 郡守各於其境 每年踏驗損實 收稅取三分之一 又三分其一. 輸二于島主自用其一 島主牧馬之場四所 可二千餘匹馬多曲背 所産 柑橘木楮 南北有高山 皆名天神 南稱子神 北稱母神 俗尙神. 家家以素饌祭之 山之草木禽獸 人無敢犯者 罪人走入神堂 則亦不敢追捕 島在諸島要衝 諸商之於我者 必經之 皆受文引而後 乃過去 島主以下 各遣使船 歲有定額 以島最近於我 而貧甚 歲賜米有差 其南又有 一岐島 距船越浦四十八里 自 一岐 經多島 至赤間關又六十八里 赤間關乃日本西崖也.

음독: 즉 일본국 대마주야 구예아계림 미지하시위왜인소거 자부산포 도유삭 지도지선월포 수로범육백칠십리 도중분위팔군. 인호개연해포남북삼일 정동서혹일일 혹반일전 사면개석산 토척민빈 이저염포어판매위생 세전종씨 기선본아국송씨인. 입기도변 종세위도주 종경사 자영감사 영감사 자정무사 정무사 자정성사 정성사 자성직사이무사 정해년 도인입 정성모제성 국자정국위도주 정국사 자재성사 만력임진전 평수길멸지 이평의지대지 혹언의지수개평성 이기실종(송)씨운 의지사 자의성사 의성사 자의진사 일설운 재성사 (자)의성사 관백원이윤 특사명의자 급부명옥형 옥형내존칭야 의성사 제사랑전지자성장사 성장사 제능등수지자 장성사 장성사 숙부청강사 청강사 자의조사 위인공상 고지금칭미후호일홍 의조사 장성지자조상사 조상사 제의순사 의순사 제의지사 의지사 자의성사 의성사 자의진사 임오년 퇴휴 기자의륜사 의륜사 제의방대습 의방사제평방대습 이개명평의성 군수이하토관 개도주소서 역세습이토전 염호분속지위삼번 칠일상체 증수도주지가 군수각어기경 매년답험손실 수세삼분지일 우삼분기일 수이우도주자

---

137) 釋尾春芿(明治四十五;兼大正元;1912) 朝鮮古書刊行會「新增東國輿地勝覽」卷之二十三 p.256~7 「東萊府誌」p.23~24

용기일 도주목마지장사소 가이천여필마다곡배 소산감귤목저 남북유고산 개명천신 남칭자신 북칭모신 속상싱 가가이 소찬제지 산지초목금수 인무 감범자 죄인주입신당 칙역불감추포 도재제도요충 제상지어아자 필경지 개수문인이후 내과거 도주이하 각견사선 세유정액 이도최근어아 이빈심 세사미유차 기남우유 일기도 거선월포사십팔리 자일기경다도 지적간관우육십팔리 적간관내일본애지 ○ 시견하.

해설:138) 일본국 대마주(對馬州)이다. 옛적에는 우리 계림(鷄林;신라)에 예속되었으나 어느 때부터 왜인이 점거하게 되었는지 알 수 없다. 부산포 도유삭(都由朔)으로부터 대마도의 선월포(船越浦)까지 수로로 무릇 670리가 된다. 섬을 나누어 8군(郡)으로 삼고 인호(人戶)는 모두 연해의 포구에 있다. 남북은 3일 거리이고, 동서는 하루 거리 또는 반나절 거리로 사면이 모두 돌산으로 땅이 척박하고 백성이 가난하여 소금을 굽고 고기를 잡아 팔아서 생업으로 삼는다.

세상에 전하는 말로는 종씨(宗氏)는 본래 우리나라 송씨(宋氏)인데, 섬에 들어가 종(宗)으로 바꾸어 대대로 도주(島主)가 되었다고 한다. 도주 종경(宗慶)이 죽고 아들 영감이 대를 잇고, 영감이 죽자 아들 정무(貞茂)가 대를 이었으며, 정무가 죽고 아들 정성(貞盛)이 대를 잇고, 정성이 죽자 아들 성직(成職)이 대를 이었으며, 정성이 죽자 후사가 없어 정해년에 섬(대마도) 사람이 정성의 외삼촌인 성국(盛國)의 아들 정국(貞國)을 도주로 삼았다. 정국이 죽자 아들 임성(林盛)이 승계하였으나 만력임진(萬曆壬辰) 전에 평수길(平秀吉)이 이를 멸하고 평의지(平義智)를 대신 도주로 세웠는데, 더러는 말하기를 의지(義智)는 비록 성을 평(平)으로 고쳤으나 실은 종씨(宗氏)였다고 한다. 의지가 죽자 아들 의성(義成)이 대를 이었고, 의성이 죽고 아들 의진(義眞)이 대를 이었다. 일설에 의하면 임성(林盛)이 죽고 의성이 대를 잇자 관백 원의윤(關伯 源義尹)이 이름 의(義)자와 부명옥형(府名屋形)을 내리니 옥형은 곧 존칭이다. 의성이 죽자 아우 사랑전(四郎殿)의 아들 성장(盛長)이 대를 이었다. 성장이 죽자 아우 능등수(能登守)의 아들 장성(長盛)이 대를 잇고, 장성이 죽으니 숙부 청강(晴康)이 대를 이었고, 청강의 뒤를 이어 아들 의조(義調)가 도주가 되었다. 의조는 사람됨이 출중하여 지금도 칭송을 받고 있으며 뒤에 호를 일구(一 鷗)라 하였다. 의조(義調)가 죽으니 장성의 아들 조상(調尙)이 대를 잇고, 조상(調尙)이 죽자 아우 의순(義純)이 대를 이었다. 의순(義純)이 죽고 아우 의지(義智)가 대를 이었고, 의지가 죽으니 아들 의성(義成)이 대를 잇고, 의성이 죽고 아들 의진(義眞)이 대를 이었으나 임오년에 퇴휴(退休)하고 그 아들 의륜(義倫)이 대를 이었다. 의륜(義倫)이 죽고 아우 의방(義方)이 대를 잇고, 의방(義方)이 죽자 아우 평방(平方)이 대를 이어 이름을 평의성(平義誠)이라 개명하였다. 군수 이하 토관(土官)은 모두 도주가 임명(署名)하였고 세습적으로 토전(土田)과 염호(鹽戶)를 분속(分屬)하였다. 3번(三番)으로 정하여 7일간씩 교대로 집을 수호한다. 군수(郡守)는 각기 그 경내를 답험손실(踏驗損實)하여 세금으로 1/3을 거두고 그중 1/3을 도주에게 보내고 나머지 1/3을 자신이 쓴다. 그리고 도주의 목마장(牧馬場)이 4군데 있는데 말(馬)이 2,000여 필이나 된다. 많은 말(馬)들은 등이 굽어 있다.

산물은 감귤(柑橘)과 목저(木楮)이다. 남북에 높은 산이 있어 모두 이름을 천신(天神)이라 한다. 남쪽을 자신(子神)이라 칭하고 북쪽을 모신(母神)이라 칭한다. 풍속(風俗)으로 신(神)을 숭상하여 집집마다 소찬(素饌)으로 제사를 모신다. 산의 초목과 금수(禽獸)는 누구도 감히 범하지 못한다. 죄인(罪人)이 신당(神堂)에 들어가면 감히 잡아내지 못한다. 섬(대마도)이 여러 섬들의 요충지에 있어 우리나라로 오는 상인들은 반드시 경유해야 한다. 모두 도주의 문인(文引)을 받은 후에 지날 수 있다. 도주 이하 각기 사선(使船)을 보내는데 해마다 증액이 있다. 섬이 우리나라와 가장 가깝고 몹

---

138) 「東萊府誌」 p.98~100

시 가난하기 때문에 쌀을 차등 하사한다. 섬 남쪽에 또 일기도(一岐島)가 있는데 선월포(船越浦)에서 48리가 된다. 일기도(一岐島)로부터 박다도(博多島)를 경유하여 적간관(赤間關)에 이르는데 68리가 된다. 적간관은 일본의 서쪽 해안(海岸)이다.139)

■ 대마도주 종씨 시조는 화지산(和池山)에 장사 지냈다.
원문: 和池山140)
在府西十里 有鄭文道墓 舊傳 對馬島主 宗氏之祖 亦葬此山 今失其處 術士謂鄭氏子孫多大拜 宗氏亦世襲島主 其貴略敵云.
음독: 화지산
재부서십리 유정문도묘 구전 대마도주 종씨지조 역장차산 금실기처 술사위정씨자손다대배 종씨역세습도주 기귀약적운.
해설: 부의 서쪽 십리에 정문도(鄭文道)의 묘가 있다. 구전(舊傳)에 대마도주 종씨(宗氏)의 조상도 이산에 장사 지냈다 하나 지금은 그곳을 알 수가 없다. 술사(術士)가 말하기를 정씨의 자손은 큰 벼슬을 받은 자가 많고 종(宗)씨 역시 대대로 도주를 세습하니 그 귀함이 서로 비슷하였다.141)

■ 화지(和池)와 대마도주에 관한 또 하나의 기록142)
① 부산 서면 하얄리아 부대 자리에는 일제시대 경마장(競馬場)이었던 곳에 자연 못인 화지(華池)가 있었다.
② 화지 못 가운데 조그마한 산이 솟아 있었고 그 산 위에는 큰 묘가 하나 있었다.
③ 전해오는 이야기로 묘(墓)가 대마도주의 시조 무덤이라는 전설이 있다.
④ 이로 인한 「신증 동국여지승람」 동래현 산천 조에 대마도는 신라 땅이라 하고,
⑤ 「동래읍지」에는 '대마도주의 시조묘(始祖墓)가 화지산에 있다.'라고 했다.

(1) 800년 전후 우리나라의 송(宋)씨가 대마도로

「동래부지」에 송씨가 대마도로 건너가서 대대로 도주를 세습했다고 했으니 그 개연성(蓋然性)을 살펴보자.143) 동래부지는 동래부가 관할하는 지역을 위주로 서술한 인문지리다. 화지(和地;華地)는 동래부의 서쪽, 오늘날 양정 동래 정씨 시조선영(始祖先塋)이 있는 곳이다. 지금으로부터 900년 전 고려 의종 7년에 144) 동래현(東萊縣)에 고공익 현령이 부임했을 당시 정문도(鄭文道)는 이방으로 현령을 보좌하고 있었다. 사후(死後)에 자손이 화지산(華池山;和池山)의 명당(明堂)에 장사 지냈다. 이후 정문도 후손들은 출세하여 정승이 17명, 대제학이 2명, 문과급제 198명을 배출한 보기 드문 향호 세족이다.145) 그리고 전술(前述)한 동래부지(東萊府誌)에서 '대마도주 종씨(宗氏)의 조상도 이 산에 장사 지냈다고 하나 지금은 그곳을 알 수가 없다. 술사(術士)가 말하기를 정씨 자손은 큰 벼슬을 받은 자가 많고 종(宗)씨 역시 대대로 도주를 세습하니 그 귀함이 서로 비슷하였다.146)'고 했으니 동시대 인물이다. 당시 항해(航海)는 조류(潮流)를 따라 보이는 곳만큼만 왕래하던 시대였다. 따라서 동래부 관내에 살고 있던 송(宋)씨가 대마도로 건너가서 본국의 송씨와 차별화시키기 위해 성(姓)을 종(宗)씨로 바꿔 도주가 되었다고 볼 때 우리 韓나라 송(宋)씨가 지금으로부터 약 800여 년147) 전후에 대마도로 건너가 대마도주(對馬島主)의 시조(始祖)가 되었을 개연성(蓋然性)이 충분하다.

---

139) 「東萊府誌」 p.98~100
140) 「東萊府誌」 p.22 · 「港都釜山」 第1號 p.100
141) 「東萊府誌」 p.96 화지(華池=和池)
142) 文泰光(2011) 「釜山의 갈맷길」 p.202
143) 개연성(蓋然性): ① 꼭 단정(斷定)할 수는 없으나 대개 그러리라고 생각되는 성질(性質).
② 어떤 일이 일어날 수 있을 것이라는 가능성.
144) 800여 년 전이라는 추정은 대마도 초대 도주 종중상을 송중상으로 보고 계산한 필자의 사견(私見)임.
145) 國際新聞(2012년 5월 17일) 28면:주영택이 발로 찾은 부산의 전설보따리 〈22〉 화지산의 정묘(鄭墓)편을 일부 인용.
146) 「東萊府誌」 p.96 화지(華池=和池)
147) 國際新聞(2012년 5월 17일) 28면과 화지산 서편에 거주하는 宋氏가문의 내력을 조사하여 필자가 추정한 연대임을 밝혀둔다.

(2) 종씨 시조 종중상(宗重尙)은 그 이름부터 우리나라 형.
「대마도 역사서(對馬島 歷史書)」에 초대 도주는 종중상(宗重尙)이다.
  ① 송(宋)자를 종(宗)자로 변형해도 자연스럽고 종중상(宗重尙)보다 송중상(宋重尙)이 어감도 일본인 이름 같지 않고 분위기도 우리나라 사람 이름 같이 훨씬 자연스럽다.
  ② 또 무거울 중(重)자와 상스러울 상(尙)자는 일본 이름에는 잘 쓰지 않는 글자이지만 우리나라 이름에는 많이 쓰는 글자이다.
  ③ 특히 상(尙)자는 경상도(慶尙道)의 상(尙)자와 같다. 따라서 우리나라에서 건너가 도주가 된 송중상(宋重尙)이 성(姓)을 종(宗)으로 바꿔 종중상(宗重尙)이 되었다는 동래부지의 기록이 확실하다고 봐야 한다.

(3) 왜 초대도주 종중상이란 현판을 뽑아 버릴까?
21세기(2012년) 현재 대마도에서는 저들의 초대도주가 종중상(宗重尙)이라고 한 역사서와 각처의 안내판에 적혀 있던 이름을 삭제(削除)하는 기이(奇異)한 작업이 벌어지고 있으니, 우리는 더욱더 종중상이란 성명이 원래 송중상에서 개성(改姓)한 것이기 때문에 지워버리려고 하는 것이라 단정하면 무리일까?

  ① 카마자카 전망대(上見坂 展望臺)의 초대도주 종중상이란 안내판을 뽑다
    목적: 대마도 초대 도주 종중상을 왜곡하기 위해서
    원문: 上見坂公園·嚴原は宗家十万石の城下町。この地は宗重尙(宗家初代)氏と阿比留平太郎氏が對馬地頭の運命をかけて激しい戰いを展開した場所である。當時在廳阿比留氏の屋形は鷄知(現在美津島町)にあり阿比留の軍勢はこの地に陳を備え迎え撃つ態勢をとつた。その時宗氏は豆酘から府中(現嚴原町)に兵を進め鷄知に向け進んだのである。かくてこの地一帶の高原を血に染めて激しく戰いやがて勝敗ありて宗氏の勝ちとなったのである。以後この地を在廳落としの古戰場とも云う。又この地は戰前對馬要塞地の一角として堅固たる軍用地であった。高く低く連なる山なみの起伏その向

こうに天下の景勝地淺茅灣を望む。北に朝鮮半島, 南に九州まさに天然の公園地である。嚴原町148)

해설: 카미지카공원·이즈하라는 종가십만석의 조카마치다. 이곳은 대마도 초대 도주 종중상 군대(軍隊)와 아비류 평태랑 군대(軍隊)가 대마도주 자리를 서로 차지하려고 운명을 걸고 격전을 했던 장소이다. 당시 미쯔시마 계치에 관아(官衙)를 두고 있던 아비류 군대는 진격해오는 적군(종중상 군)을 맞아 싸울 태세를 갖추고 있었고 종중상 군대는 쯔쯔에 상륙하여 이즈하라를 거쳐 계치를 향해 진격해 오고 있었다. 그리하여 이곳 고원 일대를 피로 물들일 만큼 전투가 치열했는데 결국 아비류 군대를 토벌한 종중상은 대마도 초대 도주 자리를 차지했다. 이후 이곳은 아비류 씨가 몰락한 고전장(古戰場)으로 회자(膾炙)되고 있다. 또한 이곳은 제2차 대전 때 견고한 요새로 구축되었으며, 높고 낮은 연산(連山)이 만들어 낸 경승지 아소만과 북쪽은 한반도, 남쪽은 규슈까지 보이는 아름다운 자연공원이다.

② 종중상이 대마도 초대 도주라고 적혀 있었던 이 안내판은 서기 2011년 말에 뽑아 버리고, 지금은 한국 관광객이 읽을 수 있도록 한글로 아래와 같이 역사를 왜곡한 안내판을 새로 세웠다.

왜곡한 내용: '포고 358m의 이 구릉(丘陵)은 자이쵸우토시라는 명칭으로 전해진다. 1246년 치쿠젠에서 온 고레무네시게나오의 군대가 당시 쓰시마 통치자 아비류를 여기서 격전 끝에 무너뜨려 종(宗)씨가 쓰시마 도주의 자리에 올랐다는 역사가 오랫동안 전해져 왔지만 이것은 사실이 아니라는 것이 역사 연구로 판명되었다.'고149) 왜곡했다.

---

148) 내용이 담긴 사진은 필자가 보관하고 있음.
149) 내용을 담은 사진은 필자가 보관하고 있음.

(4) 대마도 역사 왜곡의 극치, 시조(始祖;初代 島主)를 바꾸다.

21세기 현재 대마도에서 가장 권위 있는 재야사학자인 나가도메 히사에(永留久惠)는 그의 저서 「대마국지(對馬國志)」에서150) 초대 도주가 종상이 아니라고 왜곡했다.

① 그가 잘못된 〈종가 역대 도주 일람표〉라고 밝힌 부분
원문: 初代 重尙 →2代 助國 → 3代 盛明 → 4代 盛國 →5代 經茂
일어발음: しげひさ→すけくに→もりあきら→もりくに →つねしげ
음독: 초대 중상 → 2대 조국 → 3대 성명 → 4대 성국 →5대 경무

② 그가 종중상을 삭제하고 고친 〈종가 역대 도주 일람표〉
원문: 初代 資國 → 2代 右馬太郎 → 3代 盛國→ 4代 經茂 → 5代 澄茂
일어발음 : すけくに →うまたろ → もりくに →つねしげ → すみしげ
음독: 초대 자국 → 2대 우마태랑 → 3대 성국 → 4대 경무 → 5대 징무

여기서 필자는 종중상(宗重尙)이 초대 도주였다는 역사를 증명함으로써 저들이 종중상을 말살하려는 의도가 종중상(宗重尙)이 송중상(宋重尙)이라는 사실을 알고 있다는 점을 역으로 증명하려고 한다.

(5) 종중상이 대마도 초대 도주였다는 증거
① 소화 3년(서기 1928년) 대마도 상현군 사스나 사호(對馬島 上縣郡 佐須奈 佐護)에서 출생하여 대마고등학교를 졸업하고 향토사(鄕土史) 연구에 일생을 바친 오오이시(大石武)는 대마도 초기 도주 계보에서 초대 도주가 종중상(宗重尙)임을 분명히 밝히고 있다.151)

1대	2대	3대	4대	5대	6대
중상(重尙)→	칠랑조국(七郎助國)→	성명(盛明)→	성국(盛國)→	경무(經茂)→	뢰무(賴茂)
	(小茂田浜戰死)		(妙意)	(宗慶)	

76

② 대마도 출신 H. Saito(齊藤準人)는 저서「國境線 對馬」에서 대마도 초대 도주를 종중상(宗重尙)이라고 했다.

원문:――前略―― 重尙は將兵二百人を率いて對馬に渡リ、(阿比留)平太郎を討ち滅.ぼした。――中略―― 對馬の八鄕を統治させ、自國の奉を繼がせた。對馬の統治權を握った重尙は、初めて宗氏を名乘った。こうして明治四年の 廢藩置縣まで宗氏三十五代, 六百二十年間の 對馬治政が 續いたわけである。152)

해설:'――前略―― 종중상은 장병 200명을 인솔하고 대마도에 건너와서 (아비류)평태랑을 토벌하여 멸망시켰다. ――중략―― 대마도의 8향(八鄕)을 수중에 넣고 통치권을 장악한 종중상은 종씨 초대 대마도주가 된 후 명치40년(서기 1871년) 폐번치현까지 종씨 35대로 620년간 대마도를 종씨가 통치했다.'에서 종중상이 초대 도주란 점을 증명했다.

③ 대마도주 가문인「대마 종가 자료전(對馬宗家資料展)」에 종중상(宗重尙)이 대마도 초대 도주(初代島主)라고 아래와 같이 증거했다.

원문: 宗氏の初代 重尙153) (종씨의 초대 중상)

해설: 대마도 초대 도주는 종중상(宗重尙)이다.

④ 종중상(宗重尙)은 대마도 초대 도주였다.

신대마도지에 종중상은 대마도 계치에 관아를 두고 대마도를 지배하던 아비류(阿比留) 가계를 척결하고 종씨로 최초의 대마도 통치자가 되었다154)고 증언(證言)해 주고 있다.

---

150) 永留久惠(2009)「對馬國志」p.1
151) 大石武(평성13)「元寇倭寇そして賀茂事件」p.117
152) 齊藤準人(昭和52·1977) 東京 講談社「國境線 對馬」p.19
153) 長崎縣立對馬歷史民俗資料館(昭和58)「對馬宗家資料展圖錄」「對馬の考古資料年表」p.2
154) 新對馬島誌編輯委員會(1964)「新對馬島誌」p.204

(6) 문 : 왜 초대 도주 무덤이 대마도에 없을까?

　답 : 우리나라 부산 화지산에 있었으니까.

　　서기 1274년(高麗 元宗15년;對馬島 宗助國1년) 10월 5일 이즈하라 사수포(嚴原町 佐須浦;현 고모다하마;現小武田濱)에 상륙한 3만 명의 여·몽 연합군(麗蒙聯合軍)과 80기의 기병대를 이끌고 혈전을 벌이다가 장렬(壯烈)하게 전사한 대마도 제2대 도주 종조국(宗助國)은 두상(頭上)이 묻힌 곳과 흉상(胸像)이 묻힌 곳에 각각 2개의 무덤이 있다. 그러나 초대 도주 종중상(宗重尙)은 무덤이 없다. 필자도 2대 도주 무덤은 있는데 왜 초대 도주는 무덤이 없을까 매우 궁금하게 생각했다. 그런데 그 해답을 서기 2012년 3월 25일 동래부지에서 초대 도주 무덤이 대한민국 부산 화지산(和池山)에 있었으니 대마도에는 없을 수밖에 없다는 점을 알게 되었다.

　　대마도주 종씨(宗氏) 조상도 화지산(和池山)에 장사 지냈는데 지금은 그곳을 알 수가 없다. 그리고 종(宗)씨 역시 대대로 도주를 세습하니 그 귀함이 동래 정씨와 비슷하였다는 기록은 우리나라 전통 풍속이다. 우리나라 고풍(古風)은 객지(서울 등)에 나아가서 높은 벼슬에 올라 소위 출세한 후 죽으면 시신을 고향으로 모셔 명당에 자리 잡고 있는 선영하(先塋下)에 묘를 쓴다. 송씨가 대마도로 건너가서 대마도주가 된 것은 객지(客地)에 나아가 출세한 케이스다. 따라서 사망 후 시신을 모시고 귀국하여 고향 선산인 화지에 묘를 썼다고 했으니 우리나라 고금의 전통 풍속과 100% 일치한다. 장례 풍속으로 견주어 봐도 송(宋)씨가 대마도로 건너가서 종(宗)씨로 개성(改姓;성을 바꿈)한 후 대마도주(對馬島主)를 대대로 세습했다는 기록이 정확하다고 보지 않을 수가 없다.

　　이와 같이 대마도는 종씨 이전에는 주몽의 아들 비류가 건너가서 아비류(阿比留)가 되어 대마도를 통치했고, 서기 1246년부터는 우리나라 송씨가 건너가 성을 종씨로 바꿔 대대로 도주를 세습했다는 역사를 동래부지가 증명했다. 그러므로 대마도는 태초부터 우리 韓나라 통치하의 부속 섬이었다가 서기 1868년 10월 8일 제34대 마지막 도주가 명치천황에게 봉서(封書)를 바쳐 일본중앙정부가 직접 관리할 때까지, 대마도는 우리의 종속섬으로 우리 韓나라 통치하에 있었던 도서(島嶼)라고 자신 있게 말할 수 있다.

제2절 대마도는 고려의 행정 구역

대마도는 고려시대 경상도 소속

① 대마도는 경상도 안찰사가 관장하면서 만호를 파견하여 다스리던 엄연한 고려의 속도(屬島)였다.155)
② 대마도는 고려국의 목이요, 신라 사람들이 살고 있다.
원문: 對馬島者高麗國之牧也 新羅住之156)

　　대마도 사람 등정방(藤定房)이 서기 1723년(조선 경종3년)에 저술한 대마도 역사의 Bible이라는 「대주편연략(對州編年畧)」에 의하면 '고려 명종27년(서기 1197년)은 일본 열도 후조우 천황 건국 8년에 초대 쇼군(將軍) 미나모토 요리토모(源賴朝)가 권력을 잡고 천황 집권 체제에서 막부 체제로 넘어가는 전환기였다. 정치와 사회가 혼란스러운 때 일본 천태종 승려 현진(日本天台宗僧侶 顯眞)157)이 서기 1186년(고려 명종16년)에 쓰기 시작하여 서기 1197년(고려 명종27년)에 완성한 「산가요약기(山家要略記)」에 대마도는 고려국의 목이요, 신라 사람들이 살고 있다(對馬島者高麗國之牧也 新羅住之).'158)라고 했다.

　　서기 1186년에 쓰기 시작하여 서기 1197년에 완결한 「산가요약기」에서 두

---

155) 김화홍(1999) 「대마도도 한국 땅」p 李嶺「韓日關係史の硏究」東京大學校 博士學位論文 再引用.
　　★관찰사가 아니고 안찰사임.
156) 藤定房著 鈴木棠三 編 (昭和47:1972) 東京 東京堂出版 「對州編蓮畧」p.15
157) 정연규/http://blogdaum.net/ 「山家要略記」"(後鳥羽院 天台僧 顯眞撰之書)云對馬島者 高麗國之牧也 新羅住之 開化天皇代 從此島 襲來 仲哀天皇 豊浦宮 幸行 對馬島 征伐 新羅意取此島"
158) 藤定房著 鈴木棠三編.(昭和47:1972) 東京 東京堂出版 「對州編蓮畧」p.15

가지를 살펴보아야 한다. 하나는 고려가 왕건(王建)이 건국한 고려인지 고구려(高句麗)를 의미하는 것인지, 또 하나는 고려의 목(牧)이 행정구역상의 목(牧)인지, 말(馬)을 기르는 목장을 말하는 것인지 정확하게 검토해 볼 필요가 있다. 왜냐하면 목(牧)이 목장(牧場)일 때와 행정구역 목(牧)일 때와는 해석과 시대가 달라지기 때문이다. 결론부터 말하면 필자는 고려(高麗)는 왕건(王建)이 건국한 고려(高麗)라 보고, 목(牧)도 행정구역을 지칭하는 목이라고 판단한다. 그 근거는「산가요약기」를 쓴 승 현진(僧 顯眞)이 살고 있었던 시대와 당시 우리 韓나라 행정구역을 비교해 보면 고려 6대 성종2년(서기 983년 2월)159)에 행정구역으로 12목을 설치했다. 현진은 고려목이 설치되고 난 후 서기 1186년 출생해 서기 1197년에 사망했다.「산가요약기」는 서기 1186년에 쓰기 시작해서 서기 1197년에 완결했기 때문에 시기적으로 보면 현진 승려가「산가요약기」에 쓴 고려목은 행정구역상의 고려 12목160) 중의 하나임에 틀림없다.

　왕건이 경순왕으로부터 신라를 양위 받아 행정구역은 고려식으로 개정했지만 통치는 건국 전의 호족들이 그대로 자기 지역을 통치하도록 했다. 따라서 대마도는 거리상 가장 가까운 경상도 진주 목(牧)에 예속시킨 다음 예전부터 대마도에 살고 있던 신라 사람들을 그대로 살 수 있도록 했기 때문에 대마도는 고려국의 목이요, 신라 사람들이 살고 있다(對馬島者 高麗國之牧也 新羅住之)고 기술했을 것이다. 그래야 말이 되는 이유는 사국시대(四國時代)에 이어 고려시대에도 대마도는 고려의 통치를 받은 우리 영토였다는 논리에 일관성을 유지할 수 있기 때문이다. 이 부분을 길게 설명하는 이유는 산가요약기의 고려목을 고구려의 목장이라고 한 책이 많기 때문이다.161)

　결론적으로 목장이 아니고 고려의 지방 행정구역상의 목(牧)이다(예: 진주목·상주목 등등). 서기 1180년대부터 1200년대까지 몇 십 년간 대마도가 고려의 목으로 고려의 통치를 받았다고 봐야 한다. 실례를 살펴보면 광종(光宗) 24년(서기 972년) 고려의 남경부사(南京府使)가 대마도에 도착했는데 구주의 태재부에서 천황이 거처하는 교토(京都) 중앙정부에 그 사실을 보고했다고162) 하고, 또 다른 일본 측 기록에 의하면 서기 997년(고려 성종16년)에 고려가 단독으로 구주를 침략한 후 양측이 긴장 상태를 유지했다고 기록했다.[163] 또 한편으로 대마도와 고려의 지리적 관계를 다음과 같이 표현했다.

원문 : 上見坂の 展望は 一望千里 高麗筑紫[164]
음독 : 상견판의 전망은 일망천리 고려측자
해설 : 카미자카 전망대에서 저 멀리 고려국(高麗國)이 보인다.

한반도에서 배를 타고 아소만을 거쳐 대마도로 건너가 계치(鷄知;鷄雉) 부근에 정착한 고려인(高麗人)들이[165] 고향이 그리울 땐 주위에서 가장 높은 카미자카(上見坂;加美自可) 정상에 올라가서 바다 건너 고향을 바라보았을 것이다. 그렇기 때문에 카미자카 전망대에서 남쪽으로는 구주의 축자(筑紫)가 보이고 북쪽으로 고려(高麗)가 보인다고 했으니 대마도는 韓나라 고려 백성들이 상주하는 고려의 통치력이 미치는 행정구역이었다는 말이다.

고려 표류민을 송환한 대마도인에게
식량 하사

대마도에 표류된 고려 백성을 처음으로 송환해 준 것은 서기 929년 정월 13일이다. 탐라국(耽羅國;제주도)에 해조(海藻)를 교역하러 다니던 고려인(高麗人)들이 대마도 하현군 사스나(佐須浦)에 좌초되었을 때, 대마도수(對馬島守) 판

---

159) 李弘稙(1984)「國史大事典」p.1868
160) 高麗6代 成宗이 982년 2月에 行政區域을 全國에 12牧을 設置했다. 高麗12牧은 양주 · 해주 · 광주(廣州) · 충주 · 청주 · 공주 · 진주 · 상주 · 전주 · 나주 · 승주 · 황주이다.
161) 李炳銑(2005)「對馬島는 韓國의 屬島였다」p.253
162)「日本紀略」後編6, 天綠3年 9月, 羅鐘宇 前書 p.37 再引用.
163)「百練抄」長德3年 10月 羅鐘宇 前書 p.38
164) 永留久惠(1994)「對馬 歷史 觀光」p.104
165) 韓半島 南海岸에서 觀測되는 對馬島로 건너간 古代 우리나라 사람들이 馬韓時代 以前부터이겠지만 便利上 對馬島라는 섬(島)의 이름을 馬韓에서 作名했다는 설로부터 對馬島 歷史가 始作된다는 데 根據를 두고 있기 때문이다.

상경국(坂上經國)은 표류민(漂流民)을 잘 보호하고 식량까지 주며 의통사장 금망통(擬通詞長苓望通)과 검비위사진자경(檢非違秦滋景)을 파견하여 서장(書狀)을 가지고 금주(金州;金海)로 보냈다.

서기 1034년(덕종3년)에는 대마도주가 규슈 카고시마(大隅)에 표류된 고려인을 송환하였고, 서기 1036년(정종2년) 7월에는 표류된 고려인 겸준(謙俊) 등 11명을 송환해 주었으며, 서기 1049년(문종3년) 11월에는 대마도관(對馬島官)이 수령 2명을 보내 태풍에 표류된 김효(金孝) 등 20인을 금주로 보내주었다. 서기 1051년(문종5년) 7월과 서기 1060년(문종14년) 7월에는 동남해선병도부서사(東南海船兵都部署司)가 대마도에서 태풍으로 표류된 위효남(位孝男)을, 서기 1078년(문종32년) 9월에는 표류민 18명을 고려로 송환했다.[166] 고려에서는 보답으로 많은 양의 식량을 주었다. 대마도는 7~8월의 태풍으로 대마도나 구주 또는 일본 열도에 표류된 韓나라 사람들을 송환해 주면 고려 조정에서 반드시 회사(回賜;식량 하사)가 있었다. 그 이유는 대마도가 고려의 종속도서(從屬島嶼)이기 때문에 표류민을 본국에 송환해 주었고, 종주국에서는 고마움의 표시로 대마도주에게 식량을 하사하였으며 대마도에서는 이를 받아 생계수단으로 삼았다.

진봉선은 무역선이 아니라 조공선

대마도와 고려의 관계를 살펴보는데 가장 먼저 나오는 것은 대마도가 고려와 진봉선 무역을 했다는 사록(史錄)이다. 먼저 진봉(進封)이 무역인지 조공인지 그 정의부터 정확하게 살펴보자. 진봉은 물건을 싸서 임금에게 진상(進上)하는 것으로[167] 조공품(朝貢品)을 마련하여 정성스럽게 포장해서 임금에게 바치는 공물이다. 공물(貢物)은 왕실이나 궁내 관서에 필요한 물품을 지방 군현에 부과해 바치게 했던 물품이다. 따라서 진봉선(進封船)은 임금이나 조정에 바칠 공물(貢物)을 실어 나르는 소(艘)[168]를 말한다. 그러나 일본인 학자들이 진봉선 조공을 사무역(私貿易)이라고 강조하는 까닭은 진봉선(進奉船)이란 용어는 조공이란 의미가 있기 때문에 대마도는 고려의 종속섬(從屬島)이었다는 역사를 감추려는 의도에서 조작한 말이다. 신라 말기인 9세기와 고려 초인 10세기 동안 한·일 관계는 지금까지 상식적으로 알고 있는 것과는 전혀 다른 우리의 빛나는 해양사를 자랑할 수 있는 위대한 시대라고 나종우(羅鐘宇) 교수는 그의 저서에서 시원하게 밝히고 있다.[169]

    무역은 국경을 넘어서 다른 나라들과 이루어지는 상거래를 말한다.[170] 무역선이란 상거래를 위한 상품을 우리나라에서 다른 나라로 실어 나르는 선박이다. 그러므로 임금이나 조정에 바칠 공물을 싣고 대마도에서 출항하여 고려로 가는 진봉선은 고려 임금에게 바칠 공물을 실은 조공선(朝貢船)이지 무역선이라고 말할 수 없다.

    따라서 대마도와 고려 사이에는 진봉선 무역이란 표현은 잘못된 것이다. 진봉선 조공으로 보는 것이 옳다. 대마도는 고려에 조공(진봉)선을 보내 경제적 회사(回賜)로 생계(生計)를 유지했고, 고려는 대마도로부터 진봉선 조공을 받으면서 경제적 회사로 대마도를 통치했던 종주국이었다고 보는 것이 주체성 있는 학자와 국민의 태도라고 필자는 생각한다. 왜냐하면 통치를 받지 않으면 조공을 바칠 필요가 없지 않겠는가? 본서의 첫머리에서 언급했듯이 대마도는 147km나 멀리 떨어진 규슈 대신 49.5km 밖에 안 되는 한반도의 고려에서 부족한 쌀(白米)과 필요한 생필품을 회사 또는 구입해 가는 것이 훨씬 경제적이다. 경제란 높은 곳에서 낮은 곳으로 흐르는 물과 같아서 먹거리 역시 높은 고려에서 낮은 곳인 대마도로 흘렀다는 것이다.

    진봉선 조공의 시대를 살펴보면, 나종우(羅鐘宇) 교수는 「한국중세 대일 교섭사 연구(韓國中世對日交涉史研究)」에서 11세기 후반부터 13세기까지로 보

---

166) 「高麗史」 卷7~9. 羅鐘宇 前書 p.43~44 再引用.
167) 李熙昇(1982) 民衆書林 「국어대사전」 p.3504
168) 艘:배 소. 배를 고대 서적에는 船보다는 艘(배 소)자를 많이 사용했다.
169) 羅鐘宇(1996) 「韓國 中世 對日 交涉史 研究」 p.21~22
170) http://blog.naver.com./

앉고, 이영(李領) 씨는 동경대학교 박사학위 논문 '동지나해에 있어서 려·일 관계사 연구(東 シナ海における 麗·日 關係史の硏究)'에서 고려 의종23년인 서기 1169년부터 원종7년인 서기 1264년 4월까지로 약 95년간으로 추정했다.171) 두 사람이 똑같이 약 100년 간 진봉선 조공이 진행되었다고 주장했다. 따라서 대마도는 사국시대에 이어 고려시대에도 토산물을 바치고 쌀과 콩을 회사 받아 갔던 고려의 종속도서였다. 회사(回賜)란 조공을 바친 대가(對價)로 종주국에서 종속국에 내리는 하사품이기 때문에 무역과는 판이한 차이가 있다. 대마도에서 종주국인 고려에 진봉선으로 조공을 바친 사례를 보면,

① 문종3년(서기 1049년) 11월, 대마도관(對馬島官)이 수령 명님(明任) 등을 보내 우리나라에서 표풍(飄風;회오리바람) 당해 간 사람 20명을 돌려보내니 명임(明任) 등에게 차등 있게 물품을 주었다.172)
② 문종14년(1060년) 7월, 대마도에 표류되었던 고려의 표류민을 데리고 고려국에 송환시켜 주고 회사품(回賜品)을 받아갔다.173)
③ 문종36년 11월, 대마도에서 토산물을 보내왔다.174)
④ 선종2년 2월, 대마도에서 사신을 보내 감귤(柑橘)을 진상했다.175)
⑤ 선종3년 3월, 대마도에서 사신을 보내 방물을 바쳤다.176)
⑥ 선종4년 7월, 대마도 원평(元平) 등 40명이 와서 토산물을 바쳤다.177)
⑦ 선종6년 8월, 대마도 상인이 토산물을 바쳤다.178)
⑧ 원종8년 8월, 대마도 사람들이 무역을 위해 금주를 왕래했다.179)
⑨ 공민왕17년 7월, 대마도에서 사신을 보내 토산물을 바쳤다.180)
⑩ 공민왕17년 11월, 대마도 만호 숭종경(崇宗慶=宋宗慶)이 사신을 보내 예물을 가지고 왔다. 그 대가(代價)로 쌀 1,000석을 하사(下賜)했다.181)

당시 대마도의 인구가 얼마인지는 정확하게 알 수는 없지만 백미(白米) 1,000석 정도면 대마도 인구의 몇 달치 식량으로 충분했을 것이다. 또 백미를 1,000석(千石)이나 줄 수 있는 관계는 단순한 조공에 대한 하사품이 아니라 고려에서 대마도 백성을 먹여 살려야 할 또 다른 의무(義務)가 있었을 것이다. 그것은 고려 백성이 손을 뻗으면 닿을 것 같은 가까운 거리인 대마도에 살

고 있었기 때문이다. 고려의 통치권 내에서 대마도가 고려에 쌀이나 콩 등의 식량을 의지하면서 살아갈 수밖에 없었던 단면을 보여준 것이다.

중국 당나라의 찬란한 문화가 세계의 중심으로 자리 잡고 있었던 통일신라 시대인 8세기 말부터 신라는 중국 외교에 집중하다보니 자연히 일본과 남방 외교에 소홀했다. 그러던 중 통일신라가 사치와 부패, 무능으로 혼란했던 서기 935년 4월 26일 신라 56대 경순왕이 왕위 등극 9년에 고려 왕건에 투항하고 말았다. 이때가 고려 태조18년으로 고려의 국정이 서서히 안정돼 갔다. 이때 바다 건너 일본 열도 남해에서는 해적의 수령인 후지와라 스미토모(藤原純友)가 반란을 일으켰고 대마도는 아비류 씨가 계치 지방에서 세력을 형성해 지두(地頭;島主) 노릇을 할 때였다. 이러한 정황 속에서 대마도 상인들은 대한해협을 건너 식량이 풍부한 한반도에 출입하기 시작하여 고려 중기 문종 때(서기 1047~1082)에 들어서는 대마도 상인들의 대 고려 활동이 활발해졌다. 전북대학교 하우봉 교수의 연구에 의하면, 「고려사」 권25 원종4년 4월조에 양측(兩側)이 통교(通交;交易)한 이래 해마다 상례로 진봉하는데 한 번에 배 두 척을 넘지 못하게 하였다. 만일 다른 배가 다른 일을 빙자해 고려의 연안 고을에서 소란을 피울 때는 대마도 측을 엄벌에 처하고 출입을 금할 것이라는 훈시

---

171) 韓日關係史硏究會(2005) 지성의 샘 「독도와 대마도」 p.157
172) 「高麗史節要」卷之四 宗仁孝大王三年 冬 十一月. 對馬島官 遣首領明任等 送我國飄風人二十 賜明任等物有差.
173) 「高麗史節要」卷之五 文宗十四年 庚子 秋 七月條. 對馬島歸 我飄風人.
174) 「高麗史節要」卷之五 文宗三十六年 壬戌 十一月條. 對馬島 遣使 獻土産物.
175) 「高麗史節要」卷之六 宣宗二年 乙丑 二月條. 對馬島 遣使 進柑橘.
176) 「高麗史節要」卷之六 宣宗三年 丙寅 三月條. 對馬島遣使 獻方物.
177) 「高麗史節要」卷之六 宣宗三年 丙寅 三月條. 對馬島 遣使 獻方物.
178) 「高麗史節要」卷之六 宣宗六年 己巳 秋 八月條. 對馬島商人來獻土物.
179) 「高麗史節要」卷之十八 元宗八年 丁卯 春 正月條. 但對馬島人 時商因人貿易 往來金州耳.
180) 「高麗史節要」卷之二十八 恭愍王十七年 戊申 秋 七月條. 對馬島 遣使 獻土物.
181) 「高麗史節要」卷之二十八 恭愍王十七年 戊申 十一月條. 對馬萬戶崇宗慶遣使來聘賜米一千碩〈石이 아니고 碩이였음. 필자는 崇宗慶이 宋宗慶이라고 본다. 이유는 글자 모양이 비슷하기 때문에 誤記일 것이다.

(訓示)를 했다고 밝혔다. 진봉선 조공은 일시적인 사무역이 아니라 외교 의례의 형식을 갖춘 공식적이고 정례적인 조공 체제였고 조공(朝貢;進封)을 바치는 쪽은 대마도라고 밝혔다. 고려 조정에서는 대마도의 조공(진봉)을 받기 위해 금주(金州)인 김해에 객관을 설치하고 대마도가 종주국에 바치는 공문서를 접수하여 처리하는 금주방어사(金州防禦使)의 관장 하에 일종의 왜관인 금주 객관을 설치하여 대마도 백성들이 살도록 했다. 이는 우리나라에 만들어진 최초의 대마도인 자치구역(왜관)이었다.

두 번째가 조선시대 임진왜란 전까지 서울 예장동에 있었던 동평관이고, 세 번째가 부산 왜관이다. 다시 말하면 대마도인들을 위한 왜관은 ①금주 객관(金州客館) ②서울 동평관 ③부산 왜관 등 3곳이 있었다. 대마도 백성들이 고국에서 식량과 생필품을 구입해 대마도로 가져갈 수 있는 시장(市場) 겸 주거지였다. 서기 1229년 고려 고종14년 5월 14일 전라주찰사(全羅州擦使)가 일본 태재부에 보낸 서찰에 대마도 사람들은 옛날부터 우리 韓나라에 공물을 바치면서[182] 살아간다고 했다. 당시 대마도주를 대마도 구당관(對馬島勾當官)이라고 불렀으며 일본 열도에서도 일본 열도의 행정 체제와는 다르게 대마도주를 대마도사(對馬島司)라고 불렀다.

이 시기의 대마도 지배자는 아비류(阿比留) 가계(家系)였다.[183] 우리 韓나라 고려가 대마도로부터 진봉선 조공을 받는 종주국으로, 대마도를 종속국으로 통치했음이 틀림없음을 증명하는 또 하나의 증거물로 대마도에서 고려에 보내 조공(진봉선)하는 상품들을 살펴보자.[184]

고려사에 나오는 대마도 백성들이 바친 방물은 나전(螺鈿)·경갑(鏡匣)·즐상(櫛箱)·연상(硯箱)·서안(書案)·화병풍(畵屛風)·일본선(日本扇)·향로(香爐)·궁전(弓箭)·수은(水銀)·진주(眞珠)·유황(硫黃)·나갑(螺甲)·도검(刀劍)·우마(牛馬)·해조(海藻)·법라(法螺)·채재(彩材)·용두두기(龍頭頭器)·갑위(甲胃)·검(劍)·장검(長劍)·감귤(柑橘)·감자(柑子)·채단(彩緞)과 원료품·미술 공예품·무기류·식물류·가축·직물 등 다양했다. 그리고 호초(胡椒)·단목(丹木)·침향(沈香)·각뇌(서각;犀角)·소목(蘇木) 등이 있으며 헌토물(獻土物)은 주로 남방의 기호품이었다. 고려에서의 회사물(回賜物)은 인삼(人蔘)·사향(麝香)·홍화(紅花)·호표피(虎豹皮)·면유(棉油)·마포(麻布)·면포(綿布)·대장경(大藏經)·경전(經典)·전적(典籍) 같은 물품과 쌀, 콩과 같은 곡물·화면(華綿;목화)·대릉(大綾;비단)·중릉(中綾;비단) 등 중국 또는 실크로드(Silk Road)를 넘어 온 서역 물건을 하사품으로 주었다.[185] 대마도 백성들은 남방 기호품을 종주국(宗主國;高麗)에 바치고 식량과 생필품을 하사 받아갔다는 것은 섬사람들의 먹거리를 상국(上國)인 고려에 의지했다는 것이고 고려의 종속국이었다는 특별한 의미를 지니고 있다.

대마도는 고려의 대 일본
문화 수출 기지

고려와 일본 열도의 무역 관계는 모두가 일본이 고려에 먼저 내왕한 교역이었다. 일본 열도는 규슈 태재부에서 항상 고려의 태도에 민감할 수밖에 없었고 고려의 호감을 사려고 많은 노력을 했다. 서기 1076년인 고려 문종36년 10월 일본 승려 25명이 불상(佛像)을 만들어 전라도 영광에 와서 국왕 문종(文宗)의 만수무강 축원을 서울에 가서 바치기를 간청하여 허락하였다.[186] 또한 문종33년 11월에는 일본상인 후지하라(藤原) 등이 와서 법라(法螺) 30매와 해조(海藻) 300다발을 흥왕사에 보시(布施)하여 문종 대왕을 위해 만수무강(萬壽無疆)을 빌었다.[187] 이를 일본인들은 상인으로서가 아니라 고려 불교의 갈앙

---

182) 羅鐘宇 前書 p.41 彼國 對馬島人古來貢進邦物 歲修和好.
183) 한일관계사연구회(1997) 「독도와 대마도」 p.158 하우봉 「한국인의 대마도 인식」 再引用.
184) ・螺:소라 나. ・鈿:비녀 전. ・匣:갑 갑. 작은 상자. ・硯:벼루 연. ・扇:사립문 선, 부채 선. ・箭:화살 전. ・緞:비단 단. ・椒:산 초, 나무 초. ・犀:코뿔 서.
185) 羅鐘宇 前書 p.59 대릉(大綾)·중릉(中綾)은 비단의 일종.
186) 「高麗史節要」 卷之四 文宗 仁孝大王 三十年 冬十月條 有司 秦日本國 僧俗二十五人 到靈光郡 告白 爲祝國 王壽 雕成佛像 請赴京 以 獻 制許之 ・雕:수리할 조 ・赴:나아갈 부
187) 「高麗史節要」 卷五 文宗 仁孝大王三十三年 冬 十一月條 日本商客藤原等 來以法螺三十枚, 海藻三百束 施興王 寺爲王 祝壽.

(渴仰)이라고 한 점을 볼 때188) 고려 불교문화를 흠모(欽慕)하는 정도가 상상을 초월했다고 추측된다.

    이러한 정황으로 보면 고려불교의 일본 열도 전수도 대단했고 일본 승려의 고려 불교에 대한 구법심(求法心)도 대단했다. 대각국사(大覺國師) 의천(義天)이 완성한 속장경(續藏經)이 고려의 대 일본 국경인 대마도에서 일본에 기증되었다고 봐야 한다. 일본의 도다이지(東大寺)에는 속장경 인본(印本) 일부와 목록(目錄)인 신편자종교장총록(新編者宗敎藏總錄)이 전하고 있다.189) 이러한 불교경전은 모두 대마도 승려의 손에 의해 규슈나 일본 열도로 전수되었다고 볼 수밖에 없다. 그 이유는 일본 열도의 고려 경전을 누가 언제 어떻게 해서 가져갔는지 기록되어 있는데, 대마도의 불경과 불상에 대해서는 경전 몇 권을 제외하고는 133체의 불상과 국보급 경전 등이 어떤 경로를 통해 전수되었는지 전혀 알 수 없다는 점이 대마도가 불교 문화적으로도 고려와 한 가족처럼 주고받았기 때문에 기록을 남길 필요가 없었기 때문이라 생각된다.

    고려시대를 전후해 고려가 대마도 국경에 보관시킨 중요 경전과 불상은,

① 현재 상대마도정 킨(琴) 소재 장송사(長松寺)에 보관 중인 고려판 대반야경(高麗版大般若經)은 고려 초기(11세기) 고려의 국가사업으로 판각(板刻)된 것인데, 고려 초기 목판 인쇄본으로는 아주 귀중한 희귀본으로 판명되었다. 만약 이것이 대한민국에 현존한다면 당연히 국보에 해당한다고 한다. 이 경전은 지금은 없어진 구강교사(舊江敎寺)에서 보관했던 것인데 어떤 경로로 현재 장송사에 보관 중인지 대마도 사학자들도 알지 못하고 있다.

② 상대마정 니시도마리(西泊)의 서복사(西福寺)에 원판 대반야경 600권이 보관 중이다.

③ 이나(伊奈)의 묘광사 뒷산에는 중국 항주에서 인쇄되어 우리 韓나라의 국경인 대마도에 도래한 고려국 임천사 주지 대덕정유(高麗國臨川寺住持大德正柔)로부터 받은 것을 전주(全州) 호장(戶長) 박환(朴瓛)의 미망인 이씨(李氏)가 시주한 것을 보관 중이다.

④ 쯔쯔(豆酘)의 관음당(觀音當)에는 합천 해인사 대장경과 동일한 고려판 대장경 5,000여권이 있다.

⑤ 이즈하라 보천사(寶泉寺)는 고려제동조여의륜관음상(高麗制銅造如意輪觀音像)을 소장하고 있다.

⑥ 구네이나카(久根田舍) 은산신사(銀山神社)에 있는 동조여래신라불상과 대흥사(大興寺)의 고려불상은 한·일 양국 학자들이 공동 조사한 결과 중요문화재로 충분한 가치가 있다고 판정했다.[190]

⑦ 미진도정 죠하치만구찌(城八幡宮)에는 신라 금동불상(金銅佛像)이 있고 궁(宮) 밖에는 고려불상이 있다.[191]

⑧ 토요타마쵸 수림사(修林寺)에는 조선왕조 초기에 건너온 고려 불상이 있고 대마도에는 신라·백제·고려·조선 불상(佛像)이 들어온 순서대로 있다.[192]

⑨ 고즈나(小綱) 관음사(觀音寺)에는 고려국 서주(瑞州;충남 서산) 부석사(浮石寺)의 동조관세음보살좌상(銅造觀世音菩薩坐像)이 있다.[193] 21세기인 지금도 이것을 보려고 충청도 서산에서 신도들이 대마도를 왕래한다.

⑩ 미네(峰町)의 미륵당(彌勒堂)에는 8세기 통일신라시대의 동조아미타입상(銅造阿彌媚陀立像)이 있다.[194]

⑪ 사가(佐賀)의 엔쯔지(圓通寺)에는 고려범종(高麗梵鐘)과 고려약사여래불상(高麗藥師如來佛像)이 있다.[195]

---

188) 井上秀雄 上田正昭 編 前書 p.152. 羅鐘宇 前書 P.66 再引用.
189) 羅鐘宇 前書 p.66~67
190) 永留久惠(平成6)「對馬歷史觀光」p.137
191) 永留久惠(平成6)「對馬歷史觀光」p.187
192) 永留久惠(平成6)「對馬歷史觀光」p.251
193) 永留久惠(平成6)「對馬歷史觀光」p.259
194) 永留久惠(平成6)「對馬歷史觀光」p.285
195) 永留久惠(平成6)「對馬歷史觀光」p.297

⑫ 소선월 매림사(小船越梅林寺)에는 8세기경에 제작되었다는 탄생불을 보관하고 있다. 이 사찰은 서기 538년 백제 26대 성왕(聖王)에 의해 일본에 불상과 경전이 전파되어 최초로 불교가 전해지는 연고지에 건립된 고찰이다.

⑬ 이즈하라 시내에 있는 300년 전 조선 무역으로 갑부가 되었다는 시케무라 씨 댁에는 국보급인 동조석가여래좌상과 석조보살현좌상 등 문화재급 불상이 4점이나 있다.

위에서 열거한 것과 열거하지 못한 것을 합친 총 133체의 불상은 우리 韓나라에서 대마도에 보관시켰다고 봐야한다. 신라·백제·고려시대의 불상과 경전이 대마도에 이렇게 많이 남아있다는 것은 규슈나 일본 열도 상인들이 고려의 국경인 대마도에서 규슈와 일본 열도로 경전과 불상을 가져갔다는 증거이고 또한 대마도는 고려시대 초기와 중기까지는 고려불교에 예속된 섬으로 종교 의식을 함께 했다는 증거다.

고려관직 대마도 구당관 수직자는 우리나라 백제 계
아비류(阿比留)

고려사에 의하면 서기 1085년 고려 선종2년에 대마도주(對馬島主)를 대마도 구당관(對馬島勾當官)이라 불렀는데 이 점이 시사하는 바가 참으로 흥미롭다. 대마도 구당관이 대마도주였다는 증거는 제주도의 성주를 탐라 구당사(耽羅勾當使),[196] 일기 도주를 일기도 구당관이라고 했던 점에서 찾아볼 수 있다.[197] 구당관은 고려시대 변방 지역이나 수상 교통의 요충지를 관장하는 행정과 군사 책임자들에게 붙인 관직이다. 이를 감안하면 탐라·대마·일기도의 지배자에게 고려가 구당사 혹은 구당관이라는 명칭을 사용한 역사를 이해할 수 있다. 앞 세 개의 섬 중 대마도는 고려의 속령으로 고려의 통치 하에 둔 것이 틀림없다. 그리고 서기 1085년(고려 선종2년) 대마도 구당관은 아비류(阿比留) 씨 가계였다.

고려 후기 대마도 만호는 우리나라에서 건너간 송(宋)씨가 개성(改姓)한 종씨

서기 1368년(공민왕17년) 11월 대마도 만호 벼슬을 하는 숭종경(崇宗慶;송종경:宋宗慶)이 사신을 보내왔다.198) 관직이 고려의 무관직(武官職)인 만호(萬戶)란199) 점에 유의하면서 살펴보자. 특히 공민왕 시대에 대마도인들을 관리하기 위한 대마도인 만호부(對馬島人萬戶府)가 있었다.200) 고려시대 만호 벼슬은 오늘날 별(星)이 하나인 준장(准將) 또는 2개인 소장(少將)에 해당한다. 준장과 소장은 사단장급으로 지역사령관이다. 대마도주가 고려의 만호 직을

---

196) 李熙昇(1982) 「국어대사전」 p.371
197) http://cafe.naver.com/han9000/103 對馬島도 韓國 땅 (2004.10. 23 11.08)
198) 「高麗史世家」 卷41 恭愍王17年(1368) 11月 丙午-"對馬島萬戶 崇宗慶 遣使來朝-"에서 崇宗慶은 宗, 慶은 5代 島主 宗經茂다.(大石武 앞의 冊 p.117)
199) 앞으로 본 졸고(拙稿)와 고려시대와 조선시대에 대마도가 우리나라의 속주였다는 사실을 이해하는데 萬戶職을 갖는 당시의 시대적 배경을 충분히 이해하는 것이 좋을 것이라고 생각되어 설명을 상세하게 적는다. 만호는 고려·조선시대 무관직의 벼슬이다. 몽골식 명칭으로 1281년(충렬왕7년) 고려와 원(元)의 연합군에 의한 일본 정벌, 즉 동정(東征)을 할 때에는 중군(中軍)·좌군·우군에 3개의 만호를 두었을 뿐이었는데 그 후 개경(開京)의 순군만호(巡軍萬戶)를 비롯해 함포(合浦)·전라(全羅)·탐라(耽羅)·서경(西京) 등에 5개 만호가 증설되었다. 그러나 지방의 만호는 거느리는 군대도 없이 금부(金符)만 차고 다니는 유명무실한 것으로 되었다. 본래 만호·천호(千戶)·백호(百戶)는 관령(管領)하는 민호(民戶)의 수를 표시하는 말이었으나 후에 민호의 수효와는 관계없이 진장(鎭將)의 품계를 나타내는 말로 변하였다. 육군에서보다는 수군(水軍)에서 이 관직명이 오래 남아 있었다. 조선 전기에는 만호·부만호(副萬戶)·천호·백호의 관직을 두었으나 점차 정리되었다. 수군의 만호(萬戶)는 육군의 병마동첨절제사(兵馬同僉節制使)와 같이 종4품 무관직이다. 다음은 조선시대 만호·첨사 등의 직위 비교표이다.

수군절도사(수사·좌수사·우수사)	정3품	당상관, 절충장군
절제사(병마수군)	정3품	당하관, 어모장군
첨절제사(첨사)	종3품	건공장군, 보공장군
수군우후	정4품	진위장군, 소위장군
만호	종4품	정략장군, 선략장군

이상 정3품 당상관부터 종4품까지 장군임. 정5품부터 종6품까지는 교위, 정7품부터 종9품까지는 부위. 현재와 비교하기는 어렵지만 부위는 위관급, 교위는 영관급, 장군은 장군급임. 정3품·종3품은 소장, 정4품·종4품은 준장으로 보면 됨. 정2품 도총관은 대장, 2품 부총관은 중장으로 보면 될 것임.
200) 만호는 원나라 간섭 시대에 생긴 고려의 관직이다. 한편 「고려사」 세가 공민왕 5년 10월조와 번역 전 최유(崔濡) 「고려사 절요」 공민왕12년 6월조. 하우봉 앞의 논문 p.158.

받았다는 것은 대마도 지역의 사령관으로 대마도를 방위하는 변방 지역사령관이다. 다시 말하면 만호는 고려의 관직이다. 고려 장군이 국경인 대마도를 방위했으므로 대마도는 고려의 통치력이 미치는 종속국이었다는 결론이 나온다.

　이때의 대마도의 주도 세력은 대마도주하면 떠올리는 종씨가 등장하기 전(前)이다.「대주편연략」에서 증명하는 우리나라에서 건너간 비류 백제(沸流百濟) 계의201) 아비류(阿比留) 씨였고, 202) 서기 1246년(고려 고종 33년)부터는 우리 韓나라 송(宋)씨가 건너가서 성(姓)을 종(宗)씨로 바꾸고 대대로 대마도주를 세습했다고 했다. 따라서 서기 1368년(공민왕17년) 11월에 대마도 만호 벼슬을 받은 숭종경(崇宗慶)은 우리나라에서 건너간 송종경(宋宗慶)이라고 봐야 한다. 고려와 대마도 관계를 종합해 보면 대마도는 고려의 종속 섬(島)이었다. 초기 지배자(支配者)는 우리나라 아비류(阿比留) 씨였고, 후기 지배자는 송(宋)씨가 건너가서 개성(改姓)한 종씨(宗氏)였다. 불교 국가인 본국 고려(高麗)의 범종과 경전(經典)으로 불교를 숭배하며 고려의 관직인 구당관(勾當官) 및 만호(萬戶)라는 벼슬로 다스리는 고려의 통치 질서 아래에 있었던 대마도였다는 결론(結論)을 내릴 수 있다.

고려 꿩(高麗雉:コライキジ)이
대마 시조(對馬市鳥)라?

서기 2004년 3월 1일 상현군(上縣郡)과 하현군(下縣郡)이란 2개의 군(郡)이 합쳐 하나의 대마시(對馬市)로 승격된 후(後) 대마시(對馬市)를 상징(象徵)하는 시의 새(市の鳥)를 코라이키지(コライキジ;高麗雉)로 지정했다. 그러나 우리 韓나라에서 건너간 고려 꿩(高麗雉)을 21세기 대마시(對馬市)의 새(鳥;조)로 지정했다는 것 자체가 이상하게 생각된다. 아마 대마도가 원래 우리 땅이었기 때문에 하늘의 뜻(天理)에 의한 것이 아닌가 한다. 우연의 일치치고는 너무나 감이 다르기 때문이다. 고려 꿩(高麗雉)의 발음도 우리나라 고려(高麗)의 일본식 발음인 코라이(高麗)와 꿩의 일본식 발음인 키지(雉)를 합성(合成)한 코라이키지(コライキジ;高麗雉)라고 했으니 말이다. 참고로 대마도에서는 고

려 꿩이 에도시대 중기인 17세기 우리 韓나라 조선(朝鮮)에서 유입된 새(鳥)라고 한다.204) 일본에서는 꿩(雉) 종류를 현의 새(縣鳥)로 지정한 곳은 미와자키현(宮崎縣)·오카야마현(岡山縣)·군마현(群馬縣)·아키다현(秋田縣)이다. 그리고 일본의 새(國鳥:국조)도 꿩(雉)이다.205)

제3절 대마도 은거 왜구 토벌과 남방 진출

서기 1387년 8월 정지(鄭地) 장군,
대마도 은거 왜구 토벌과 남방 진출 시도206)

대마도가 독립 경영 체계로 바뀐 것은 우리 韓나라 송(宋)씨가 부산 도유삭(都由朔;현 부산광역시 남구 우암동 일대)에서 건너가 종씨로 개성(改姓)한 종중상(宗重尙) 때로 당시 대마도수(守)인 아비류를 카미지카 전투에서 격침시키고 종씨 대마국(宗氏對馬島國)을 탄생시킴으로써 서기 1246년부터 대마도에 최초로 종씨 정권(宗氏政權)이 들어섰다. 정지 장군이 대마도와 이끼도 두 섬에 기반을 두고 준동하는 왜구를 섬멸하겠다고 진언한 것이 우왕3년인 서기 1387년 여름이다. 왜 정지 장군이 왜구의 은거지인 대마도와 일기도를 정벌하여 왜구를 섬멸하겠다고 상소를 올렸는지 배경을 알아보자. 당시 왜구가 적고 큰 무리로 연안을 침범하여 식량·인명·가옥 등에 피해를 주는 것은 다반사

---

201) 金聖昊 沸流 百濟와 日本의 國家 起源(서울:指紋社,1985) p.155. p.1~2(表紙 裏面 地圖) 百濟國권. 「東北至新羅 西渡海至越州南渡至倭國」〈舊唐書百濟伝〉
202) 하우봉 앞의 논문 p.129, p.159.「宗氏家譜」등에 나와 있는 守護의 繼承에 관한 내용이 반드시 역사적 사실과 一致하지 않음은 알려진 바이다. 宗經茂는 종씨로써는 最初로 對馬島의 守護代가 된 인물이고 그 시기는 14세기 중반이다.(中村榮孝「ツシマの 歷史的 位置」,「日本歷史」1949) ·漕:나를 조. ·船:배 선.
203) 「東萊府誌」p.22~24
204) 黃白炫(2008)「對馬島百科」p.90
205) 東京學習研究所 東京「읽고 보고 즐거운 日本地圖帳」p.48~66.
206) 南方: 北方에 對稱語로 使用한 것임. 赤度 近處의 熱帶地方의 南方이 아님.

였고, 심지어 목사(牧使)까지 사살하고 도주하는가 하면 급기야 호남지방의 중심지인 전주까지 함락시켜 국기(國紀)를 문란하게 했다. 정지 장군이 왜구 섬멸 작전을 상소할 수밖에 없는 10년 동안 왜구의 고려 침범 사례를 살펴보자.

① 서기 1367년(공민왕16년): 3월에 왜구가 강화도를 약탈했다.

② 서기 1368년(공민왕17년): 1월에 일본 열도에 사신을 보내 왜구 금압을 요청했고 윤7월에 강구사 이화생을 대마도로 보내 왜구 금압을 요청했다.

③ 서기 1369년(공민왕18년): 11월에 왜구가 충청도 조운선(漕運船)을 약탈했다.

④ 서기 1370년(공민왕19년): 내포(內浦)·선주(宣州)에 왜구가 침입했다.

⑤ 서기 1371년(공민왕20년): 왜구가 3월에 해주(海州), 7월에 예성강까지 침입하여 아국 병선(我國兵船) 40척을 불사르고 도주하는 등 피해가 극심했다.

⑥ 서기 1372년(공민왕21년): 2월에 백주(百州), 3월에 순천(順天)과 장흥(長興), 6월에 안변(安邊)과 함주(咸州)에 왜구 피해가 극심했다.

⑦ 서기 1373년(공민왕22년): 6월에 한양부(漢陽府)가 왜구에게 살상 약탈을 당해 피해가 심했고 7월에는 왜구가 교동(喬桐)과 서강(西江)에 침범했으며, 9월에는 해주목사 엄익겸(嚴益謙)을 살해했다.

⑧ 서기 1374년(공민왕23년): 왜구가 경상도에서 고려 병선(高麗兵船) 40척을 불태웠다.

⑨ 서기 1375년(우왕1년): 통신사 나흥유(羅興儒)를 일본 열도에 파견해 왜구 금압을 요청했고, 5월에 왜구 등경광(藤經光)이라는 자는 부하 수십 명을 거느리고 투항했다가 7월에 해상을 통해 도주했다. 그 후 왜구 침범이 빈번해지고 연안 피해가 극심했다.

⑩ 서기 1376년(우왕2년): 7월, 부여·공주 등지에 침범한 왜구를 최영 장군이 홍산(鴻山)에서 대파했다. 그러나 왜구는 계속해서 9월에는 고부(古阜)와 태산(泰山)에 침입하여 관청을 불사르고 전주를 함락했다. 윤9

월에는 왜구로 인해 조운(漕運)을 중단해야 했다.

⑪ 서기 1377년(우왕3년): 5월, 왜구로 인해 내륙인 철원으로 천도론(遷都論)까지 등장했다. 5월에는 이성계가 지리산에서 왜구를 대파했고 박위 장군은 황산강에서 왜구를 격파했다. 6월에는 안길상(安吉祥)을 금구(禁寇)차 일본으로 급파하였고 10월에는 정몽주를 일본에 파견하여 왜구금압을 요청했다. 이 해(年)에 황해·경기·삼남 지방에 침범이 극심하여 백성들의 피해 또한 극심했다.[207]

정지(鄭地)[208] 장군의 지위가 예의판서(禮儀判書)와 순천도병마사(順天道兵馬使)였다.[209] 장군이 대마도와 이끼도에 은신처를 마련한 채 준동하는 왜구 토벌 상소를 보면,

원문: 鄭地上書 自請東征日 倭非擧國爲盜 其國叛民 分據對馬一岐兩島 隣於合浦 入寇無時若聲罪大擧 覆其巢穴 則邊患永除矣[210] 且今水軍 非辛巳東征 蒙漢兵不習舟楫之比也 順風而往則 二島一擧可滅.[211]

음독: 정지 상서 자청동정왈 왜비거국위도 기국반민 분거대마일기양도 린어합포 입구무시 약성죄대거 복기소혈즉 변환영제의 차금수군 비신사동정 몽한병불습주즙지비야 순풍이왕즉 이도일거가멸.

해설: 정지가 글을 올려 동쪽을 치기를 자청하여 말하기를 "왜국은 온 나라가 도둑이 된 것이 아니고, 반란을 일으킨 그 나라의 백성들이 대마도와 일기도 두 섬을 나누어 점령해서 합포와 가깝기 때문에 시도 때도 없이 들어와 도둑질하는 것이니, 죄를 성토해 크게 군사를 일으켜 소굴을 없애버리면

---

207) 李弘稙(1984)「國史大事典」p.1906~1908
208) 鄭地 將軍(忠穆王 三年) 羅州生. 유물:정지 장군 환삼「고려사」p.113 列傳26 鄭地傳.
209)「高麗史節要」卷之三十 禑王三年 十二月條.
210) 矣:어조사 의. ・蒙:입을 모. 덮다. ・楫:노 즙. 배 젓는 기구.(노 집).
211)「高麗史節要」卷之王 三十二年 禑王3 秋 八月條.

변방 근심이 영구히 없어질 것입니다. 또 지금의 수군은 신사년212) 동정할 때에 배에 익숙하지 못한 몽고 병사나 중국 한(漢)나라 병사와는 비교가 안 되오니 순풍을 만나서 가면 두 섬을 한꺼번에 섬멸(殲滅)할 수 있습니다."

마산 합포(合浦)에서 직선거리에 있는 이소만 입구의 오자키(尾崎)는 대마도의 왜구 소굴(巢窟)이었고 이끼도(一岐島)와 히라도(平戸島) 3섬(島)을 왜구 3도라고 하며 히라도 건너가기 전(前) 마쯔우라(松浦)도 왜구의 집단 서식처(棲息處)였다.

특히 신사년(辛巳年)이라고 한 것은 여·몽(麗蒙) 연합군이 마산 합포를 출발하여 대마도 사가(佐賀)를 점령한 후 규슈(九州) 하카다항(博多港)까지 진격한 제2차 여·몽군(麗蒙軍)의 일본 정벌을 가리키는 것이다. 왜구의 은거지(隱居地)를 섬멸(殲滅)하여 국기(國基)를 튼튼히 하겠다는 정지 장군의 애국 충절을 읽을 수 있다. 그런데 현재 우리 韓나라 중·고등학교에서 국사(國史) 교육의 소홀로 정지 장군의 대마도와 이끼도 토벌은 배우지도 않고 있으니 참으로 안타깝다. 참고로 필자가 본고를 쓰기 위해 각지를 탐방하면서 얻은 자료에 의하면 정지 장군의 대마도와 이끼도 토벌은 우리 韓나라에서 왜구 토벌을 위해 대마도와 이끼도까지 나아간 최초의 군사적 진출이란 점이 매우 중요한 의미가 있다. 우리 韓나라 역사는 모두 북방으로 진출한 전쟁사만 나열되고 있는 현실에 비추어볼 때 최초의 남방 해양으로 진출한 케이스로 차원이 다른 대단한 의의가 있다고 본다.

참고로 덧붙이면, 히라도(平戸)에 가면 고려마치(高麗町)와 고려묘지(高麗墓地)가 있다. 주민들의 설명은 임진왜란 때 조선에서 데리고 온 도공(陶工)들과 그 후손들이 지금까지 살고 있기 때문에 붙여진 이름이라고 했다. 그들이 죽은 후 집단 매장한 묘지가 고려인묘지(高麗人墓地)이고, 현재 30여 가구의 후손들이 일본 이름을 사용하면서 일본인으로 살고 있지만 고려(조선)에서 집단으로 이주해 온 韓나라 조선(고려) 사람들의 후손들이기 때문에 고라이마치(高麗町)라고 한다. 이러한 정황을 볼 때 대마도와 이끼도(一岐島) 그리고 마쯔우라(松浦)와 히라도(平戶)에 본거지(本據地)를 둔 왜구가 우리 韓나라(高麗·朝鮮)를 수시로 침범하여 극심한 피해를 입혔기 때문에 정지 장군이 대마도와 이끼도의 왜구를 섬멸(殲滅)하겠다고 출전고를 올린 것이다. 그리고 이 4~5곳에는 당시 왜구에 잡혀간 우리 韓나라 백성들이 집단으로 살았기 때문에 고려촌(高麗村;町)과 고려인묘지(高麗人墓地)가 현존하게 된 것이다.

서기 1389년(창왕·공양왕1년),
박위 장군 대마도 왜구 섬멸과 제2차 남방 진출

경상도 관찰사 박위 장군이 대마도 왜구를 섬멸하러 갈 때쯤 왜구의 고려 침범 사례를 살펴보면,

① 서기 1379년(우왕5년): 5월, 왜구가 진주·풍천에 침입해 관아와 민가를 불살랐다.

② 서기 1380년(우왕6년): 8월, 왜구 500척이 충남 서천군 진포구(鎭浦口)에 들어와 약탈을 자행했고 선주(善州)·상주(尙州)도 불태웠다. 이성계는 운봉에서 왜구를 대파했다.

③ 서기 1385년(우왕11년): 왜구가 전국적으로 창궐하여 피해 극심. 그러나 이성계 파가 정권 야욕으로 중앙정부와의 갈등이 있어 왜구 토벌이 소홀해지면서 국민이 도탄에 빠진 채 수년 동안 혼란이 계속되었다. 창왕이 왕위를 1년을 못 채우고 공양왕이 보위에 올랐다.213) 이때 애국자인 박위 장군이 100여 척의 함선에 10,000명의 병사를 이끌고 대마도로 진격하여 왜구 선박 300여 척을 불태우는 등 크게 이기고 수백 명(數百名)의 고려인 포로를 구출했다. 박위 장군의 대마도 정벌은 특히 우왕 재위 14년간 378회나 침입한 왜구의 본거지인 대마도 오자키(尾崎) 등지를 초토화시키고 왜구의 은거지(隱居地)를 완전히 없애버리기

---

212) 西紀 1281年 麗·蒙聯合軍 日本 2次 征伐을 말함. 1次 西紀 1274年 10月 5日.

위해 왜구의 집과 은거지(隱居地)들을 불태웠다. 박위 장군의 대마도 정벌 원문을 보면,

원문: 二月, 慶尙道元帥 朴葳 以兵船一百艘 擊對馬島 燒倭船百艘廬舍殆盡. 元帥金宗衍·崔七夕·朴子安等繼至 搜被虜民百餘以還. 昌賜葳衣服鞍馬銀錠之 人以爲葳但燒廬舍舟楫 實無俘獲.[214]

음독: 경상도원수 박위 이병선일백소 격대마도 소왜선백소여사태진 원수 김종연 최칠석 박자안 등 계지 수피로민백여이환 창사위의복안마은정지 인이위위단소여사주즙 실무부획.

해설: 2월, 경상도 원수 박위(朴葳)가 병선 100척을 거느리고 대마도에 있는 왜구의 은거지를 쳐서 왜구의 배 300척과 그들의 거처인 집들을 불살라 거의 없애버렸다. 원수 김종연·최칠석·박자안 등이 잇따라 사로잡혀 갔던 백성 100명을 찾아 돌아왔다. 창왕((昌王)이 박위 장군에게 의복과 안마(鞍馬), 은정(銀錠)을 하사(下賜)하여 높이 칭찬했다. 사람들은 말하기를 박위는 다만 집(廬舍;여사)과 배(舟)를 불살랐을 뿐이고, 왜구와 무관한 선량한 백성은 살려주고 함부로 재물은 빼앗지 않았다. 박위 장군 대마도 정벌에서 주목할 점은 왜구 배(船)만 300척을 골라서 소각했다는 점이다. 전쟁이 나면 동서고금을 막론하고 정복자는 피정복자의 재물은 말할 것도 없고, 주변까지 초토화(焦土化)시켜 무구한 백성들의 목숨과 주택·선박 등을 닥치는 대로 약탈, 방화하고 심지어 부녀자(婦女子)를 겁탈(劫奪)하는 것 또한 상례(常例)였다. 그러나 박위 장군은 고려에 침범해 피해를 입혔던 왜구의 선박만 골라서 300척을 소각하고, 선량한 대마도 주민의 주택·선박·재물·인명은 피해를 입히기는커녕 오히려 보호하고 왔다고 했다.

바로 이점에 주목해 볼 필요가 있다. 대마도가 평소에 고려 조정에 진봉선 조공을 바치는 고려의 종속도(從屬島)였기 때문에 무고한 백성의 목숨과 선박·재물을 보호해준 것이다. 그리고 우리 韓나라 외교전쟁사(外交戰爭史)에

서 볼 때, 두 번째 대규모의 남방 군사 진출로도 그 의의(意義)가 매우 크다고 본다. 요약해보면 고려는 초기에서 중기까지 진봉선 조공에 대한 회사(回賜) 또는 진헌 회사(進獻回賜)로 대마도를 통치했다. 말기에는 정국 불안(政局不安)으로 국내 문제가 왜구의 침입을 막는데 군력(軍力)을 치중하지 못하여 왜구로 인한 백성의 피해와 고충이 극심했다. 정지 장군이나 박위 장군 같은 애국 충신이 대마도에 본거지를 둔 왜구를 두 번이나 토벌하여 소탕했다는 것은 우리 韓나라의 남방 해양 진출 시도라는데 큰 의의를 둘 수 있다.

---

213) 창왕은 1388년 6월 이성계에 의해 왕위에 오른 후 1389년 11월에 폐위 당하고 공양왕 승계. 1389년은 창왕1년도 되고 공양왕1년도 되는 해임. *박위: ?~1398(태조 7). 고려 말~조선 초 무신. 본관은 밀양. 우달치(迂達赤)로 등용되었다가 김해 부사에 올라 왜적을 격퇴하였다. 1388년(우왕14년) 요동정벌(遼東征伐) 때 이성계(李成桂)를 따라 위화도(威化島)에서 회군, 최영(崔瑩)을 몰아낸 뒤에 경상도도순문사(慶尙道都巡問使)로 전함 100여 척을 이끌고 대마도(對馬島)를 쳐서 적선 300여 척을 불태워 크게 이겼다. 뒤에 판자혜부사(判慈惠府事)가 되어 이성계와 함께 창왕을 폐하고 공양왕을 추대한 공으로 지문하부사(知門下府事)가 되고 충의군(忠義君)에 봉해졌으며 공신이 되었다. 1390년(공양왕2년) 김종연(金宗衍)의 옥사에 연루되어 풍주(豊州)에 유배되었으나 곧 사면되어 회군공신(回軍功臣)이 되고 조선 초에 참찬문하부사(參贊門下府事)를 거쳐 양광도절도사(楊廣道節度使)가 되어 왜구를 물리쳤다. 이때 밀성(密城:지금의 밀양)의 소경 이흥무(李興茂)의 옥사에 연루되어 구금되었다. 대간(臺諫)과 형조에서 대역죄로 논의되었으나 태조의 호의로 석방 서북면도순문사(西北面都巡問使)로 나갔다가 사헌부의 거듭되는 탄핵으로 파직되었다.
• 錠:제기 이름 정, 신선로 정. • 廬:오두막집 여. • 楫:노 즙. • 蔵:초목이 무성할 위. • 艘:배 소. • 燒:사를 소. • 殆:위태할 태. • 至:이를 지. 새가 땅에 내려앉다. • 搜:찾을 수. • 被:이불 피, 잠옷 피. • 虜:포로 로. • 獎:권면할 장. • 喩:깨우칠 유. • 但:다만 단. • 俘:사로잡을 부, 포로 부. • 獲:얻을 획.
214) 「高麗史節要」卷之三十四 恭讓王元年 己巳 二月條.

제5장. 조선의 대마도 통치

제1절 태조5년 김사형 장군, 대마도 왜구 토벌

**김사형 장군 대마도 · 이끼도 왜구 토벌과
남방 진출**[215]

- 출전 일시 : 서기 1396년(태조5년) 12월 3일
- 출전 배경 :「고려사」에 의하면, 우리 韓나라에 왜구(倭寇)의 최초 침입을 서기 1223년(高麗 高宗10년)으로 본다. 왜구의 우리 韓나라 침범이 고려(高麗)가 쇠망(衰亡)하게 되는 원인 중의 하나가 되기도 했다. 사실 조선 태조 이성계(서기 1335년 11월 11일~1408년 5월 24일) 역시 함경도 변방을 지키는 무장(武將)이었으나 왜구 격퇴(擊退)의 공로가 인정되어 중앙정부에서 기반을 굳힌 무반(武班)이다. 서기 1392년 7월 17일 개성(開成) 수창궁(壽昌宮)에서 공양왕(恭讓王)으로부터 선위(禪位) 형식으로 왕위에 올랐다. 처음에는 민심의 동요를 염려하여 국호(國號)를 그대로 고려(高麗)로 두었다가 서기 1393년 2월 15일 조선(朝鮮)이라 고쳤다.[216] 왜구(倭寇)는 이렇게 비정상적(非正常的)으로 고려(高麗)에서 조선(朝鮮)으로 정권(政權)이 바뀌는 혼란기(混亂期)를 틈타 더욱더 맹렬히 韓나라 각처(各處)를 침범(侵犯)해 왔다. 당시의 왜구의 침범(侵犯) 실상을 살펴보자.

① 태조2년(서기 1393년) 1월 28일, 동평현(東平縣)의 부산포(富山浦)에 왜구가 쳐들어와 천호(千戶) 김남보(金南寶)와 사졸(士卒) 10여 명을 죽

였다.217) 동평현은 현재 부산광역시 부산진구 가야동(伽倻洞) · 당감동 (當甘洞) · 개금동(開琴洞) · 부암동(釜岩洞) 일대. 당시는 부산(釜山)이 란 행정구역이 없었다. 서기 1966년 2월 22일 필자가 진주에서 부산에 처음 이주한 곳이 가야동이었다. 당시 부산진구 가야동 소재 가야초등 (伽倻初等)학교를 동평초등(東平初等)학교라고 불렀다.

② 태조2년(1393년) 3월 15일, 고만량 만호 신용무(申用茂)가 왜구에 패하여 병선 3척을 빼앗겼다. 군율(軍律)에 따라 참형에 처했다.218)

③ 태조2년 4월 20일, 양광도 안렴사 조박(趙璞)이 왜구 30여 척의 배가 연해에 정박하고 상륙해서 행패를 부렸다고 보고했다.219)

④ 태조2년 5월 7일, 왜구 13척이 고만량(高灣梁)에220) 침범했다. 만호 최용유(崔用濡)가 싸우다가 두 아들과 함께 전사했고 왜적은 배 5척을 빼앗아 도망갔다는 첩보가 접수되었다. 특히 최용유가 죽었다는 말을 듣고 태조는 "국가에서 근심하는 바가 왜구보다 심한 것이 없다."라고 탄식했다.221) 왜구에 의한 최용유 부자(父子) 전사(戰死)가 김사형 장군의 대마도 왜구 토벌(討伐)의 원인이 되었다.

⑤ 태조2년 10월 19일, 이성만호(泥城萬戶) 이귀철(李龜鐵)이 왜구를 쳐서 적의 머리 40여 급(級)을 베었다는 서북면 체복사 장원경(張元卿)의 보고를 받자 기뻐하며 즉시 첨절제사 백언린(白彦麟)을 시켜 귀철(龜鐵)에게 의복 · 술 · 내구마(內廐馬)를 하사(下賜)하고 원경(元卿)에게도 의복과 술을 내려주게 하였다.222)

---

215) 南方 進出이란, 북방에 대한 남쪽 해양으로의 진출을 의미하는 뜻임.
216) 李弘稙(1984) 三榮出版社「國史大事典」p.1598
217)「太宗實錄」太宗三卷 二年 春 正月 辛亥條.
218)「太祖實錄」太祖二卷 三年 三月 庚申條.
219)「太祖實錄」太祖三卷 二年 夏 四月 甲午條.
220) 高灣梁:忠南 保寧郡 周浦面 高蠻里(충남 보령군 주포면 고만리).
221)「太祖實錄」太祖三卷 二年 五月 辛亥條.
222)「太祖實錄」太祖三卷 二年 冬 十月 辛卯條.

⑥ 태조3년(서기 1394년) 7월 13일, 우리나라에서 보낸 승 범명(僧 梵明)이 일본 열도 구주 절도사 원요준(源了俊)의 사신과 함께 왜구에게 잡혀 갔던 남녀 659명을 데리고 입국했다.²²³⁾

⑦ 태조3년(서기 1394년) 7월 14일, 왜구가 해주(海州)에 쳐들어와 우리 병선 한 척을 빼앗아 돌아갔다. 첨절제사 김빈길(金贇吉)이 추적하였으나 잡지 못했다.²²⁴⁾

⑧ 태조3년 10월 9일, 왜구가 감북포(甘北浦)에 침입해 전함 3척을 불태우고 군인 12명을 죽였다. 천호(千戶) 노윤(盧允)이 물에 빠져 헤엄쳐 나왔다. 대호군(大護軍) 김단(金端)을 보내 조사했다.²²⁵⁾

⑨ 태조4년 8월 9일, 경상도 관찰사는 "왜구가 부성포에 들어와 배 1척을 불사르고 군사 3명을 죽였다."²²⁶⁾고 보고했다.

⑩ 태조5년 6월 15일, 전라도 진도 만호 김보계(金寶桂)가 왜구 10여 명의 목을 베었다.²²⁷⁾

⑪ 태조5년 7월 11일, 이자영(李子瑛)이 일본에서 왔다. 당초에 자영(子瑛)이 통사(通事)로 예빈소경(禮賓少卿) 배후(裵厚)와 함께 섬라곡국(暹羅斛國)에 회례사(回禮使)로 갔다가 사신 임득장(林得章) 등과 더불어 돌아오다 전라도 나주 바다 가운데에 이르러 왜구에게 붙잡혀 죽고 자영만 사로잡혀 일본으로 갔다가 돌아왔다.²²⁸⁾

⑫ 태조5년 8월 23일, 왜구가 영해성을 함락하였다.²²⁹⁾ 영해성은 경북 영해다.

⑬ 태조5년 10월 27일, 왜구가 동래성을 포위하였다가 이기지 못하고 물러가면서 병선 21척을 불살랐다. 수군 만호 윤형(尹衡)과 임식(任軾)이 전사하였다.²³⁰⁾

⑭ 태조5년 11월 5일 왜구가 평해성을 포위하였다.²³¹⁾ 평해성은 오늘날의 경상북도 울진군 평해읍을 지칭(指稱)한다.

⑮ 태조5년 11월 17일, 왜구가 울진현을 침략하였다.²³²⁾ 울진현은 오늘날 경북 울진군을 말한다.

왜구의 침노가 이렇듯 극심하자 고려시대부터 왜구를 무찌르는데 공적이 큰 태조는 건국 후에도 계속되는 왜구의 연안 노략질을 그대로 둘 수 없어 친구이자 개국공신인 문하 우정승(門下右政丞) 김사형233)을 오도 병마도통처치사에 임명한 후 예문춘추관 태학사 남재(南在)는 도병마사, 중추원 부사 신극공(辛克恭)은 병마사, 전 도관찰사 이무(李茂)는 도체찰사로 임명해서 5도의 병선을 모아 대마도와 일기도(一岐島)의 왜구를 토벌하라 보낼 때 임금이 남대문 밖까지 나가 전송하면서 김사형에게 부월과 교서를 주고 안장 갖춘 말·모관·갑옷 그리고 궁시·약상자를 내려주었으며, 신극공(辛克恭)을 재무로 삼고 모관·갑옷·궁시를 내렸다.234) 김사형의 대마도 왜구 토벌에 대한 전과는 잘 알려져 있지 않지만 귀국할 때 임금이 동대문 밖까지 나가서 맞이하였다고235) 했으니 조선 초기에 왜구를 크게 무찌르고 특히 이끼도까지 진출했다

---

223) 「太祖實錄」太祖 五卷 三年 七月 庚戌條.
224) 「太祖實錄」太祖 五卷 三年 七月 辛亥條.
225) 「太祖實錄」太宗 五卷 三年 冬 十月 癸丑條.
226) 「太祖實錄」太祖 七卷 四年 八月 庚午條.
227) 「太祖實錄」太祖 九卷 五年 六月 辛丑條.
228) 「太祖實錄」太祖 九卷 五年 秋 七月 丙寅條.
229) 「太祖實錄」太祖 九卷 五年 八月 戊申條.
230) 「太祖實錄」太祖 九卷 五年 冬 十月 辛亥條.
231) 「太祖實錄」太祖 九卷 五年 十一月 己未條.
232) 「太祖實錄」太祖 九卷 五年 十一月 辛未條.
233) 김사형(金士衡); 본관 안동. 자 평보(平甫). 호 낙포(洛圃). 시호 익원(翼元). 음보(蔭補)로 앵계관직(鶯溪館直)이 된 후 감찰규정(監察糾正)을 거쳐 공민왕 때 문과에 급제하였다. 1377년(우왕3년) 집의(執義) 개성부윤이 되었으며 이어 교주강릉도도관찰출척사(交州江陵道都觀察黜陟使), 1390년(공양왕2년) 밀직지사(密直知使)로 대사헌을 겸하다가 문하부지사(門下府知事)로 특진했고, 뒤에 삼사우사(三司右使)가 되었다. 서기 1392년 여러 장상(將相)과 함께 이성계(李成桂)를 추대하였다. 문하시랑찬성사(門下侍郞贊成事)로 판상서사사(判尙瑞司事)와 병조전서(兵曹典書)를 겸임하였으며, 개국 공신 1등에 책록되고 이어 문하우시중(門下右侍中)에 상락백(上洛伯)으로 봉해졌다. 1399년(정종1년) 등극사(登極使)로 임명되어 명나라에 다녀와서 문하부판사(門下府判事)가 되고, 1401년(태종1년) 좌정승(左政丞), 이듬해 영사평부사(領司平府事)로 부원군(府院君)이 되어 공직에서 물러났다. 벼슬을 하면서 한 번도 탄핵받은 일이 없다.
234) 「太祖實錄」太祖 九卷 五年 十二月 丁亥條.
235) 「太祖實錄」太祖 十二卷 六年 春 正月 癸未條.

는 것은 이성계의 남방 진출 의지(意志)가 강하게 작용한 것이라고 볼 수 있다.

그런데 우리 韓나라에서는 조선 태조5년 김사형 장군의 대마도 토벌은 잘 알려져 있지 않지만 대마도 역사책(對馬島史書)에 '서기 1396년 12월, 조선국 이성계 문하 정극 김사형을 병마도통처치사로 삼아 5도 병선을 집합하여 본도(對馬島)에 쳐들어왔다(朝鮮國李成桂門下政丞金士衡を兵馬都統處置使もなし五道の兵船を集めて本島に寇236)せんもせしがらずして止みたり。)'237)라고 기록되어 있다. 특히 우리나라의 교육에서는 다루지 않은 부분이 대마도사서(史書)에 기록되어 있다는 점을 어떻게 봐야 할까?

韓나라 군사 징벌(軍事懲罰)을 자초한
남방의 왜구들

고려 때는 뒤로 하고 조선 개국과 함께 왜구의 입구(入寇)를 살펴보면 조선이 왜 대마도에 은거지(隱居地)를 두고 있는 왜구를 토벌함과 동시에 대마도를 우리 韓나라의 속지로 통합할 수밖에 없는 이유를 알 수 있다. 조선왕조실록에 등장하는 왜구의 언급은 총 714회다.

국왕 대(國王代) 별로 살펴보면, 태조 조 74회 · 정종 조 10회 · 태종 조 61회 · 세종 조 111회 · 문종 조 3회 · 단종 조 6회 · 세조 조 13회 · 예종 조 1회 · 성종 조 43회 · 연산군 8회 · 중종 조 93회 · 명종 조 90회 · 선조 조 107회 · 선조 수정 7회 · 광해군일기 태백산본 22회 · 인조 조 17회 · 효종 조 4회 · 현종 조 3회 · 현종개수 7회 · 숙종 조 13회 · 경종수정 1회 · 영조 조 9회 · 정조 조 5회 · 순조 조 2회 · 헌종 조 4회다.

이를 정리해 보면 태조 대(太祖代)부터 조선 4대 임금 세종대왕(世宗大王) 때까지의 왜구 침입은 무려 256회나 된다. 이는 왜구가 조선 초기 국가 안위에 가장 큰 골칫덩어리였다는 점을 알 수 있다.

제2절   대마도주, 이종무 장군에게 항복

우선 정리해 보면,
- 서기 1419년 6월 19일, 이종무 장군 대마도 정벌 출전일이다.
- 서기 1419년 6월 29일 대마도주 소 사다모리(종정성)가 이종무 장군에게 항복했다.
- 서기 1420년 윤 정월 10일 대마도주가 섬(대마도)을 조선에 바쳤다.
- 서기 1420년 윤 정월 23일 세종대왕, 경상도 대마주로 통합시켰다.
- 서기 2005년 6월 19일을 대한민국의 마산시가 대마도의 날로 제정했다.

대마도 8대 도주, 서기 1419년 6월 29일 신무
이종무 장군에 항복

앞의 세 장군(정지·박위·김사형)은 대마도와 이끼도에 은거하고 있으면서 우리 韓나라 고려와 조선의 약탈을 일삼는 왜구 토벌이 목적이었다. 그러나 이종무 장군은 상왕 태종 이방원의 특명으로 대마도 정벌이 목적이었다는 전제를 인지하고 읽기를 바란다.

- 전쟁 명칭: 기해 동정(己亥東征)이라 한다. 일본사서(日本史書)에는 응영의 외구(応永の外寇)라고 한다.
- 출전일: 서기 1419년(세종1년) 6월 19일(15일에 출전했다가 풍랑으로 회항).
- 총사령관: 이종무 장군
- 구성: ① 군인:17,285명 ② 병선:227척 ③ 군량미: 65일 분
- 승전일: 6월 29일 미진도정고후나고시(小船越;소선월)에서 대마도주(종정성)로부터 항복을 받았다.

---

236) 寇(도적 구): 쳐들어오다.
237) 中村安孝 「改訂 對馬島誌」 東京 名著出版, 昭和51 p.275.

1). 전황 개요
   ① 출진: 서기 1419년 6월 19일 경남 통영시 한산면 추봉리 추암 포구서 출진했다.
   ② 대마도 공격: 6월 20일 정오 선발대 10척이 대마도 두지포(豆地浦)에 238) 도착해 전선을 승리로 이끌고, 21일에는 훈내곶(小船越)으로 가서 일본 쪽에서 원군이 오지 못하도록 방책을 세우고, 26일에는 니로군(仁位)으로 전선을 옮기면서 아군도 2,000여 명이 피해를 입었다. 다시 전선을 소선월로 옮겨 적을 대파하고, 29일에는 마침내 도주 도도웅와가 이종무 장군 앞에 무릎을 꿇고 항복했다.
   ③ 7월 3일: 의기양양 귀국했다. 경남 사천시 서포면 구랑랑(구랑리).
   ④ 전과: 적선 포획 129척 중 20척만 남기고 소각하고 왜구들의 은닉 소굴로 사용하던 가옥 1,939채 소각, 참수 114명, 포로 21명, 중국인 포로 131명은 풀어주었다.
   ⑤ 아군 전사: 2000~3000여 명.
   ⑥ 이때 큰 실수를 했다. 이종무 장군이 귀국하면서 대마도주의 지위를 박탈하고, 대마도를 통치할 주둔군 총독(總督)을 임명하여 대마도를 통치하도록 했으면 대마도는 명실공히 우리 韓나라 영토가 되었을 것인데 참으로 아쉬운 대목이다.

조선의 대마도 은거 왜구 징벌의 의의
성웅으로 받들고 있는 이순신 장군은 침략해 온 왜군을 무찔렀지만,
   ① 신무 이종무 장군(神武 李從茂 將軍)은 나라 밖으로 나아가 왜구뿐만 아니라,
   ② 대마도라는 섬 전체를 공격해서 도주로부터 항복(降伏)을 받아,
   ③ 대마도를 우리 영토로 만든 최초의 장군이다.
   ④ 우리나라의 남방 진출 정책상으로 볼 때도 역사적 대사건(大事件)이다.
   ⑤ 대마도가 일본의 부속 도서가 아니라는 사실도 증명해 냈다.

서기 1419년 7월 17일, 대마도주(對馬島主) 조선에 투항 결정

『ㅡㅡ권토래항(捲土來降) 또는 권토솔중귀우국(捲土率衆歸于國)ㅡㅡ』

　　대마도 정벌에 성공했다고 판단한 상왕 태종은 서기 1419년 7월 17일 병조판서 조말생(趙末生)에게 명하여 대마도 수호 도도웅와에게『ㅡㅡ다 휩쓸어 와서 항복을 하든지, 아니면 무리를 다 이끌고 너희 본거지로 돌아가든지 ㅡㅡ』 택일을 하라고 하명했다. 주목할 대목은 '본거지(本國)로 돌아가든지'이다.

　　우리가 미국에 살고 있으면서 귀화를 하지 않았다면 본국은 대한민국이다. 마찬가지로 일본에서 건너와 조선에 귀화하지 않고 부산이나 서울에 살고 있는 사람의 본국은 일본이다. 그렇기 때문에 너희들 본거지인 일본의 어느 곳인가에 있을 본거지로 돌아가라고 했다. 종씨는 대마도 역사에서도 대마도 원주민이 아니라고 했다.

　　서기 1246년에 바다를 건너와서 그때까지 대마도 지두(地頭)인 비류 백제계 아비류(阿比留)를 격파하고 대마도를 차지한 해적의 무리였다.[239] 지두(地頭) 종정성(宗貞盛)의 본국은 어딘지 밝히지 않고 있다. 바꾸어 말하면 대마도는 일본 영토가 아니므로 마땅히 무리를 이끌고 왜구의 본거지로 돌아가든지 아니면 완전히 조선으로 귀화하든지 양자택일하라는 권고문(勸告文)을 보냈다. 조선에서 이렇게 강력한 택일을 촉구할 수 있었던 근거는 대마도를 조선의 부용지·기미지, 즉 상고시대·삼한시대·사국시대를 거쳐 고려시대로 연결되는 한반도의 번병(藩屏)으로 속지(屬地)였기 때문이다. 앞에서 고려시대 우리나라 송(宋)씨가 대마도로 건너가서 성을 종씨로 바꿔 도주직을 대대로 세습했다는 새로운 내용이 밝혀졌으니 이 부분은 당시 상황을 있는 그대로 서술했기 때문에 문맥이 약간 이상하다고 볼 수도 있다. 그 이유는 이 부분(部分)은 가능한 한 조선왕조실록에 충실하고자 노력했기 때문임을 밝혀둔다.

---

238) 다케시키(竹敷): 미쯔시마쵸우(美津島町) 아소만에 위치한 마을로 고대부터 군사 요충지로 활용된 곳인데 현재 일본 해상 자위대 주둔지임.
239) 신정 대마도지 등을 참조해 서술했음.

제6장. 대마도를 조선에

제1절 대마도를 조선에 바치다

대마도를 조선에 바친 도주 청원 전문(全文)
- 일시: 서기 1420년 윤 정월 10일.
- 보낸 이: 대마도 8대 도주 종정성(宗貞盛;소 사다모리, 도도웅와;都道熊瓦)
- 사신: 시응계도(時應界都;대마도주 사자;使者)
- 수신: 세종대왕.
- 보고 자: 예조(禮曹)
- 원문: 禮曹啓 "對馬島 都都熊瓦使人時應界都來傳熊瓦言曰 對馬島土地瘠薄 生理實難 乞遣島人 戍于加羅山等島 以爲外護。貴國使人民入島 安心耕墾 收其田稅 分給於 我以爲用。予畏族人窺奪守護之位 未得出去 若將我島依貴國 境內州郡之例 定爲州名 賜以印信 則當效臣節 惟命是從。都豆音串入侵賊船 三十隻內 戰亡十六隻 餘十四隻還來。七隻乃一岐州人 已還本州 七隻則我島 人也。其船主則戰亡 但有格人等還來。今已推捉各船作頭人各一 幷其妻子囚 繫 取家財及船以待命 乞速送官人區處。"240)
- 음독: 예조계 "대마도 도도웅와 사인 시응계도래전웅와언왈 대마도토지척 박 생리실란. 걸견도인 수우가라산등도 이위외호. 귀국사인민입도 안심경간 수기전세 분급어 아이위용. 여외족인규탈수호지위 미득출거 약장아도의귀 국경내주군지례 정위주명 사이인신 즉당효신절 유명시종. 도두음곳입침적 선삼십척내 전망십육척 여십사척환래. 칠척내일기주인 이환본주 찰척즉아

도인야。기선주즉전망 단유격인등환래。금이추착 각선작두인각일 병기처자수계 수 취가재급선이대명 궐속송관인구처."
- 해설: 예조께서 아뢰기를 "대마도 도도웅와(都都熊瓦)의 부하 시응계도(時應界都)가 와서 도주 웅와(熊瓦)의 말을 전달하기를, 대마도는 토지가 척박하고 생활이 곤란하오니 바라옵건대 섬사람들을 가라산도(加羅山島) 등 섬에 보내 살도록 하여 밖에서 귀국(貴國)을 호위하며, 백성들은 섬(거제도)에 들어가서 안심하고 농업에 종사하게 하고 그 땅에서 세금을 받아 우리에게 나누어주어 쓰게 하옵소서. 나는 일가친척들이 도주 자리를 빼앗으려고 엿보는 것이 두려워 나갈 수가 없습니다. 만일 우리 섬으로 하여금 귀국 영토 안의 주군(州郡)의 예에 의하여 주(州)의 명칭을 정해 주고 인신(印信)을 주신다면 마땅히 신하의 도리를 지켜 시키시는 대로 따르겠습니다. 도두음곶(都豆音串)에 침입한 해적선 30척 중에서 싸우다가 없어진 것이 16척이며 나머지 14척은 돌아왔는데, 7척은 일기주(一岐州)의 사람인데 벌써 그 본주로 돌아갔고, 7척은 곧 우리 섬의 사람인데 그 배 임자는 전쟁에서 죽고 선원(格人)들만 돌아왔으므로, 이미 각 배의 두목 되는 자 한 사람씩을 잡아 그 처자까지 가두고 그들의 집안 재산과 배를 몰수하고 명령을 기다리고 있사오니 빨리 사법관(司法官)을 보내어 재판으로 처리하시기를 바랍니다."라고 하였다.[241]

---

240) 「世宗實錄」 世宗 七卷 二年 閏 一月 己卯條. •乞:걸. 빌다, 구하다. •遣:견. 보내다, 파견하다. •戍:수. 무기를 가지고 국경을 지키다. •于:우. 어조사 우, 부터 우. •予:나 여. 주다, 손으로 건네다. •畏:두려워할 외. 죽다, 옥사하다, 으르다, 협박하다. •窺:엿볼 규. •已:이미 이. 말다, 그치다. •則:곧 즉. 법칙. •其:그 기. •但:다만 단. •今:금. 이제 금. •推:옮길 추, 가릴 추, 기릴 추, 닐 퇴. •捉:잡을 착(推捉:추착,죄인을 찾아서 잡음). •幷:어우를 병, 함께 병. •囚:가둘 수. 조인 포로, 인질. •繫:매달 계. 죄수. •區:지경 구. 일정한 지역. 나누다. •處:살 처. 살다, 머물다, 맡아서 지키다. •區處:구처. 따로따로 처리함.
241) http://sillok.history.go.kr 「世宗實錄」編을 引用하여 再構成하였음.

제2절 대마도를 조선에 바친 청원서 분석

아도 의 귀국(我島依貴國)
〈약장 아도 의 귀국 경내주군지례(若將 我島 依 貴國 境內州郡之例)〉에서,

아도 의 귀국(我島 依 貴國)을 풀어 보면 대마도주가 아도(我島)라고 했으니 대마도(對馬島)를 말하고 의(依)는 의탁(依託)하다로 바치다의 뜻이고, 귀국(貴國)은 조선을 가리키니 대마도를 조선에 바칩니다가 되어 대마도주가 대마도를 조선에 통합해달라고 청원한 것이다. 도도웅와(都道熊瓦)는 제8대 도주 종정성(宗貞盛)의 아명(兒名)이다.242) 지금으로부터 600여 년 전, 대마수호(對馬守護) 종정성(宗貞盛)이 대마도(對馬島)를 조선에 스스로 바쳤다. 이는 인류사회의 과거에 있어서 변천과 흥망의 과정을 나타내는 것이 역사(歷史)243)일진대 역사가 보증하는 돌이킬 수 없는 대마도(對馬島)를 조선에 통째로 넘겨 대마도가 조선 땅이 된 역사의 한 장면이다.

이어서 〈토지척박 생리실난 걸견도인 수우가라산등도(土地瘠薄 生理實難 乞遣島人244) 戍于加羅山等島)〉를 풀어보면,

대마도는 토지가 척박하여 섬사람들이 살아가기가 어렵습니다. 가라산(加羅山) 등의 섬으로 이주하여 살도록 해주시기를 바란다고 한 것은 섬(對馬島)을 바쳤으니 그 섬 대마도(對馬島)에 살고 있는 사람들도 생존을 책임지라는 뜻이다. 따라서 대마도 사람들도 조선의 백성이 된 것이다. 이 두 구절은 대마도와 섬 사람들을 조선에 바치오니 섬(대마도;對馬島)과 백성을 받아달라는 간곡한 통합 청원이다. 가라산은 현재 경남 거제시 남부면에 있는 산 이름인데 오늘날의 거제시 전체에 대한 호칭이었다.

대마도주 맹서,
조선의 신하가 되어 충절을 바치고 명령에 복종
〈당효신절 유명시종(則當効臣節 惟命是從)〉

대마도 수호(守護) 도도웅와가 조선 국왕(國王)께 "마땅히 조선(朝鮮)의 신

하로 도리를 지켜 충성을 바치고 명령에 복종할 것을 맹세 합니다."라고 했다. 더 이상 사족(蛇足)이 필요 없다. 대마도 제8대 도주 종정성에 이어 9대 대마주 태수(太守) 종성직도 세조7년 6월 13일에 벼슬을 요청하여245) 8월 28일에 정2품직인 숭정대부판중추원사대마주병마 도절제사(崇政大夫判中樞院事 對馬州兵馬 都節制使)라는 어마어마한 조선의 관작(官爵)을 받았다. "수직 축하품으로 기둑(旗纛)246)·금고(金鼓)·궁시(弓矢)·안마(鞍馬)·관복(冠服) 등을 내리니 경은 이 총명(寵命)에 복종하여 공경하라. 녹봉(祿俸)도 또한 과(科)에 의하여 내려줄 것이다."라고 하였다. 계속해서 제10대 대마주 태수(對馬州 太守) 종정국(宗貞國)은 "엎드려 바라건대 신의 충성과 정성을 살피시고 국분정사(國分精舍)를 위하여 도서(圖書)를 내려주시어 해마다 사선(使船)을 보내게 해 주시면 비단 국분에 그 광휘(光輝)를 더할 것입니다. 엎드려 빌건대 채납(采納)하여 주소서."248)했다. 그는 이어 성종 18년에도 "영원토록 귀국 번병의 신하로 충절을 다할 것입니다."249)라고 아뢰었다. 대마도가 조선의 번병이고 대마주 태수가 조선의 신하임을 밝히고 임금님께 충절 서약을 했다. 여기서 다시 한 번 주목할 구절은 대마도주를 대마주(對馬州)라 했고, 대마주 태수가 스스로 조선(貴國) 번병(藩屛)의 신하(臣下)가 되어 조선에 충절(忠節)을 바칠 것을 서약(誓約)했다는 점은 매우 중요한 역사적인 대목이다.

조선의 한 고을(州)로

〈귀국 경내 주군지례 정위주명(貴國 境內州郡之例 定爲州名)〉을 현대에 맞게

---

242) 도도웅와(都道熊瓦:宗貞盛) 長節子(昭和62) 東京 吉川弘文館 「中世日朝關係と對馬」 p.152
243) 李熙承(1982) 「국어대사전」 p.2497
244) 乞:빌걸. 빌다, 소원하다. ·戍:지킬 수. ·가라산은 경남 거제시 남부면에 있는 산. 정상에는 왜성이 있음.
245) 「世祖實錄」 世祖二十四卷 七年 六月 壬午條.
246) 기둑(旗纛):군대에서 의식용으로 사용되던 깃발.
247) 「世祖實錄」 世祖二十五卷 七年 八月 乙未條.
248) 「成宗實錄」 成宗三十卷 四年 五月 戊午條.
249) 「成宗實錄」 成宗二百五卷 十八年 二月 丁丑條.

풀이하면, "대마도를 지금까지와 달리 조선의 법령에 따라서 경내(境內)250) 즉 조선의 행정구역 산하의 한 고을(州)이 되고자 하니, 대마도를 조선의 한 지방으로 살게 해 주십시오."라는 청원이다. 스스로 조선에 편입을 자청했으니 대마도가 조선의 영토가 되었다는 것은 변명의 여지가 없다.

조선에서 관인(官印)을

〈하사신인(賜以印信)〉,251) "조선에서 인신(印信;관인, 官印;도장;圖章)을 내려 주십시오."라고 했다. 인신(印信)은 국가의 권능(權能)을 상징(象徵)하고 대변하는 관인(官印)으로 소위 국가에서 인정하는 도장(圖章;인장;印章) 등의 통칭252)이다. 대마도에서 내부 결재 서류나 공식 문서를 섬(對馬島) 밖의 외국으로 보낼 때 문서에 관인을 찍어야 한다. 오늘날 행정용어로 관인(官印)이다. 관인이란 공무에 관해 기관 또는 그 기관장의 명의로 발송·교부 혹은 인증(認證)이 필요한 문서에 사용하는 도장을 말한다. 관인이 없는 문서는 공식문서로 인정받지 못한다. 이렇게 중요한 관인을 조선국에서 조각(彫刻)하여 보내달라고 했으니, 다시 한 번 더 대마도를 조선에 통합시켜 달라는 의지를 나타낸 것이 아니고 무엇이겠는가. 조선국(朝鮮國)의 행정부에서 조각해 대마도에 내려준 도장을 대마도 관인으로 사용하겠다는 말은 대마도가 조선의 행정체제 하(下)에서 하나의 지방고을(地方州)로 조선 조정에 등록한 관인을 사용하겠다고 한 것이다. 이로써 모든 행정권은 조선의 통치 하에 귀속되었다.

조선의 국경을 지키는 국방의 의무를 수행

〈수우가라산등도 이위외호여외족 인규탈수호지위 미득출거(戍于加羅山等島253) 以爲外護子畏族 人窺奪守護之位 未得出去)〉를 해석해 보면,

가라산 등의 섬을 지키면서 외호(外護)가 되어 −中略−〈제가 직접 조선 임금님 앞에 나아가서 대마도를 받아달라고 호소를 해야 마땅하오나〉저희 친척(親戚)들 중에서 제 자리(太守)를 찬탈하려는 자가 있어서(人窺奪守護之位) 대신 사자(使者)를 보낸 점을 양해하여 주시기를 부탁드리면서 올리고자 하는 말

씀은 외침(外侵)으로부터 나라를 호위(以爲外護)254)하는 조선의 병사로 국방의 의무를 다할 것을 맹서합니다. 오늘날로 말하면 국민의 4대 의무 중의 하나인 국방의 의무를 다할 것을 문서로255) 서약(誓約)했으니 대마도는 명확하게 조선에 통합되기를 청원한 것이다.

농사를 지어 세금을 냄으로써 납세의 의무를 다하는
조선 백성

〈수기전세(收其田稅)〉를 쉽게 풀이하면, 저희 섬 대마도는 토지가 척박하여 농사를 지을 곳이 없어 생활이 곤란하니 우리 섬(對馬島) 사람들을 가라산도(巨濟島)에 이주시켜 농사를 지으면서 수확에 대한 세금을 조선에 내겠습니다. 남는 곡식은 섬사람들의 식량으로 사용하도록 해 달라고 했다.256) 이는 현대 용어로 납세의 의무를 다하겠다는 말이다.

대마도 죄인들에게 조선의 사법권을 행사

원문: 都豆音串入侵賊船三十隻內 戰亡十六隻 餘十四隻還來。七隻乃一岐州人 已還本州 七隻則我島人也。其船主則戰亡 但有格人等還來。今已推捉各船作頭人各一 幷其妻子囚 繫取家財及船以待命 乞速送官人區處.

음독: 도두음곶입침적선30척내 전망16척 여14척환래. 7척내일기주인 이환본주 7척즉아도인야. 기선주즉전망 단유격인등환래. 금이추착각선작두인각일 병기처자인격 취가재급 선이대명 흘속송관인구처.

---

250) 張三植(1983)「大漢韓辭典」 p.308(境上斬:고대 두 나라 사이에 관계있는 罪人을 國境에서 處刑하던 일에서 類推)
251) 永留久惠(昭和60)「對馬島의 歷史探訪」 p.70(12線)[印信에서 印은 國의 官印이다.]
252) 이희승(1981)「국어대사전」 p.2967.
253) 戌:수자리 수. 무기를 가지고 국경을 지키다. • 于:어조사 우, 부터 우. • 窺:엿볼 규.
254) 原文: 以爲外護.
255) 書契(서계): 왕조시대 우리 정부에서 외국과 왕래하던 문서.
256) 原文:對馬島土地瘠薄 生理實難。安心耕墾 收其田稅 分給於我以爲用。

해설: 지난번 도두움곶이에 침범한 자(범인)들을 옥에 가두었습니다. 빨리 조선에서 재판관을 파견하여 죄를 물어 처벌해 주시기 바랍니다.257) 이제 대마도가 조선에 통합되었으니 조선 땅이다. 당연히 조선의 재판관이 조선 땅인 대마도에 와서 조선 백성이 된 대마도 죄인을 재판해 달라는 청원이다. 즉 조선 백성의 범죄에 대한 재판권을 행사해 달라는 요청이다. 이상으로 대마도는 현대 용어로 입법(立法)·사법(司法)·행정(行政) 3권을 조선에서 행사해 달라고 했으니 통합 청원의 완결이다.

제3절 조선, 대마도를 경상도 대마주(對馬州)로 예속

경상도 대마주(慶尙道 對馬州)로 편입시킨 전문(全文)
- 일시: 서기 1420년 윤 정월 23일(서기 1420년 윤 1월 23일).
- 보낸 이: 세종대왕(世宗大王).
- 작성자: 허조 예조판서(許稠 禮曹判書).
- 사자: 시응계도(時應界都;대마도주 사자(對馬島主使者)).
- 수신: 대마도주(도도웅와;都都熊瓦, 종정성;宗貞盛;소 사다모리).
- **원문**: 命禮曹判書許稠 答都都熊瓦書曰 人至得書 備審足下誠心悔悟 願爲臣僕 刷送人口 進獻禮物 詳已敷啓 皆蒙俞允 實爲一島之福. 所請諸州分置之人 已曾優給衣糧 使之各安生業 島中乏食 回還必飢. 且對馬島隷於慶尙道 凡有啓稟之事 必須呈報本道觀察使 傳報施行 毋得直呈本曹. 兼請印篆竝賜物 就付回价 近來 足下所管代官萬戶 各自遣人 奉書來款 其誠雖至 甚乖體統. 自今須得足下所親署書契以來 方許禮接 其印文曰 宗氏都都熊瓦.258)
- 음독: 명예조판서허조 답도도웅와서왈 인지득서 비심족하성심회오259) 원위신복 쇄송인구 진헌예물 상이부계 개몽유윤 실위일도지복. 소청제주분치지인 이증우급의량 사지각안생업 도중핍식 회환필기. 차대마도예속경상도 범유계품지사 필수정보본도관찰사 전보시행 무득직증본조. 겸청인전병사물

취부회개 근래 족하소관대관만호 각자견인 봉서래관 기성수지 심괴체통. 자금수득족하소친서서계이래 방허예접 기인문왈 종씨 도도웅와.

- 해설: 예조판서 허조에게 명하여 도도웅와의 서한에 답서하게 하니 그 글에 이르기를, '사람이 와서 편지를 받아 보고 귀하가 진심으로 뉘우치고 깨달아 신하가 되기를 원하는 뜻을 자세히 알았으며, 돌려보낸 인구(人口)와 바친 예물은 이미 자세히 위에 아뢰어 모두 윤허하심을 받았으니 실로 온 섬의 복이라고 생각합니다. 귀하가 요청한바 여러 고을에 나누어 배치한 사람들에게는 이미 의복과 식량을 넉넉히 주어서 각기 그 생업에 안심하고 종사하게 하였는데 섬 안에는 먹을 것이 부족하니 돌아간다면 반드시 굶주릴 것입니다. 또한 대마도는 경상도에 매여 있으니 모든 보고나 문의할 일이 있으면 반드시 본도의 관찰사에게 보고를 하여 그를 통해 보고하게 하고 직접 본조에 올리지 말도록 할 것이요, 겸하여 청한 인장의 전자(篆字)와 하사하는 물품을 돌아가는 사절에게 부쳐 보냅니다. 근래에 귀하의 관할 지역에 있는 대관(代官)과 만호(萬戶)가 각기 제 마음대로 사람을 보내 글을 바치고 성의를 표시하니, 그 정성은 비록 지극하나 체통에 어그러지는 일이니 지금부터는 반드시 귀하가 친히 서명한 문서를 받아가지고 와야만 비로소 예의로 접견함을 허락하겠노라.' 하였다. 그 인장의 글자는 종씨 도도웅와(宗氏都都熊瓦)라 하였다.260)

---

257) 原文: 都豆音串入侵賊船三十隻內 戰亡十六隻 餘十四隻還來。七隻乃一岐州人 已還本州 七隻則我島人也。其船主則戰亡 但有格人等還來。今已推捉各船作頭人各一 幷其妻子囚繫 收取家財及船以待命 乞速送官人區處。
258) 「世宗實錄」 世宗 七卷 二年 閏 正月 壬辰條.
259) 悔:뉘우칠 회. •悟:깨달을 오. 도리를 알다. •僕:종 복. 마부, 저 자신의 겸칭. •已:이미 이. •曾:일찍 증. 곧. •優:넉넉할 우. •乏:가난할 핍. •飢:주릴 기. •且:또한 차. •凡:무릇, 모두. •稟:줄 품. 내려주다. •啓:열 계, 여쭐 계. •稟:여쭐 품. 아뢸 품. •呈:드릴 정. 윗사람에게 바치다. •毋:말 무. 금지사. •篆:도장 전. •价:심부름꾼 개, 착할 개, 갑옷 입은 사람. •啓稟:계품. 임금에게 아룀.
260) http://sillok.history.go.kr 「世宗實錄編」 引用하여 再構成하였음.

경상도 대마주(慶尙道 對馬州)로

〈且對馬島 隸於慶尙道(차대마도 예어경상도)〉 즉, 대마도는 경상도에 예속시켜 경상도 대마주(慶尙道對馬州)로 한다. 조선 8도 중에서 경상도가 49.5km로 가장 가까운 거리일 뿐만 아니라, 2세기 중국사서(中國史書)에 최초로 대마도가 등장하는 서책(書册)의 금주(金州)에서 쌀을 가져간 곳이라고 서술된 점을 고려해서 경상도에 예속(隸屬)시킨 것이다.

경상도 관찰사에게 업무를 보고하고 지시도 받을 것

〈범유계품지사 필수증보본도관찰사 전보시행(凡有啓稟之事 必須呈報 本道觀察使 傳報施行)〉을 풀이하면, 경상도 대마주가 되었으니 임금에게 상소할 업무를 경상도 관찰사에게 보고하고 지시도 받아라. 이미 경상도 관찰사에게 대마주(對馬州) 태수(太守)가 올리는 보고서를 받고 업무를 임금 대신 처리하라고 명령했다(계품(啓稟)이란 신하가 임금에게 올리는 상소를 말한다).

하사 관인(下賜官印) 만을 사용

〈청인전 병사물 취부회개(請印篆 竝賜物 就付回价)〉261)
자청한 관인(印信)은262) 종씨 도도웅와(宗氏都道熊瓦)로 새겨서 보낸다.

　관인이란 공무(公務)에 관해 기관 또는 그 기관장(機關長)의 명의로 발송, 교부 혹은 인증(認證)이 필요한 문서에 사용하는 도장으로 청인(廳印)과 직인(職印)이 있다.263) 이 부분이 매우 중요한 의미(意味)를 갖는다. 대마도주가 스스로 자청하여 관인을 조선에서 주조(鑄造)해 하사(下賜)할 것을 의뢰했다는 것은 대마도가 스스로 조선의 영토가 되겠다는 강력한 의지를 표출한 것이다.

대마도주에게 조선 입국 비자 발급권을 위임

〈자금수득족하 소친서서계이래 방허예접(自今須得足下 所親署書契以來 方許

禮接)〉은 지금부터는 반드시 도주가 서명한 문서 즉 비자(사증;查證, 서계;書契)를 받은 자만이 입국과 접견이 허용된다는 뜻이다.

대마도에 살고 있는 사람은 말할 것도 없고 일본 열도 내의 여러 영주·유구 열도·대내전·소이전·송포주·이끼주·남중국 등에서 조선으로 입국하려는 외국인은 종씨 도도웅와라는 관인이 찍힌 비자를 받은 자만이 조선 입국과 국내 활동을 허락한다는 부분을 지금까지 대마도 사람들이 종씨 도도웅와라는 인장을 수호가 직접 찍은 문서를 가지고 온 사람만이 접견이 허락된다고 했다. 이는 일본 학자들의 견해를 뛰어 넘지 못했기 때문이라고 생각한다. 필자가 보기에는 조선 조정에서 대마도를 통합하고 행정구역까지 경상도에 배속시켰기 때문에 대마도는 조선과 같은 국내법을 적용받는다. 따라서 조선의 국경(國境)인 대마주(對馬州)에서 조선으로부터 임명장을 받은 대마 태수(對馬太守)가 조선의 국경 밖에서 조선에 오는 외국인에게 비자 발급권을 부여했다고 봐야 한다.

대마도 대관과 토호 세력은 조선 조정에 직소 불가

〈足下所管代官萬戶各自遣人 奉書來款 其誠雖至 甚乖體統(족하소관대관 만호 각자견인 봉서래관 기성수지 심괴체통)〉

대마도 태수 산하의 토호 세력들은 조선 조정에 직접 예물과 서찰을 바칠 수 없다. 모든 것을 태수가 취합하여 경상도 관찰사에게 보낸 후 지시를 받아 태수 종씨 가문에서 대마도를 통치하도록 했다. 그것은 대마도 태수에게 권한을 줌과 동시에 왜구의 조선 국경선 노략질을 막으라는 메시지가 담긴 아주 훌륭한 대마도 통치 계책이다.

---

261) 篆:도장 전. ·甚:심할 심. ·款:정성 관.
262) 李熙昇(1982) 「國語大辭典」 p.2967 ·印信(인신):도장. 관인의 통칭.(=圖署)
263) 李熙昇(1982) 「國語大辭典」 p.392

신하로서 충절의 도(道)를

〈비심성심회오 원위신복(備審誠心悔悟 願爲臣僕)〉을 해설하면,

　진심으로 뉘우치고 깨달아 신하가 되기를 원하는 뜻을 잘 알았도다. 대마도 수호 도도웅와가 그동안 잘못한 일을 진심으로 뉘우치고 깨달으면서 앞으로 조선의 신하가 되고자 하는 각서에 대한 회답이다.

제4절　조선 통합 철회 요구는 묵살

서기 1421년 4월 6일 대마주 태수의
통합 철회 요청은 묵살

대마주(對馬州)가 조선에 통합된 지 1년 3개월 후 서기 1421년(세종3년) 4월 6일 대마주 태수(太守) 종정성이 사자(使者) 구리안(仇里安)을 보내,

　〈對馬島 隷於慶尙道 考之史籍 訊之父老 實無所據264)(대마도 예속 경상도 고지사적 신지부노 실무소거)〉라고 했다.

　"대마도가 경상도에 예속되었다 했는데, 사적을 조사하고 노인들에게 물어보아도 사실을 근거할 만한 것이 없습니다." 하면서 전년(前年)의 통합 청원을 철회해 줄 것을 요청했다. 그러나 "과거로 다시 돌아갈 필요는 없다(不必仍其舊). 일본 소속으로 다시 되돌아갈 필요가 없다."고 하면서, "앞서 주신 전자(篆字;官印)로 새긴 나의 이름을 지금 찍어서 신빙할 수 있는 표적으로 삼습니다(前之所賜篆字卑名 今印寫以爲信符)."라고 했다. 이를 받은 우리 조선 정부는 글 내용이 공손하지 않다고 하여 사절을 예절대로 접대하지 아니하고 그가 바친 예물도 거절하였다(國家以書辭不恭 不禮待其使 却其所獻禮物).265) 이렇게 하여 1년 3개월 만에 요청한 대마도 조선 통합 철회 요청은 성사되지 못했다. 이에 대해 아라끼 카즈노리(荒木和憲)라는 일본 학자도 아래와 같이 서술했다.

원문: 前略── このとき朝鮮側渋川氏をとおして對馬に「擧島歸順」を要求している〔同・十一・己卯〕ので、慶尚道屬州化案は撤回できなかったことがわかる).266)

해설: 대마도의 경상도 속주화 안(屬州化案)은 철회되지 않았다는 것을 알 수 있다고 했다. 그리고 조선 정부는 이어서 9대 태수에게 서기 1461년(세조7년) 6월 14일, 〈대마도주 종성직수판중추원사 겸, 대마주 도절제사 겸, 대마주병마도절제사(對馬島主 宗成職授判中樞院事 兼對馬州都節制使 兼對馬州兵馬都節制使)〉267)라는 어마어마한 정이품(正二品) 관직을 하사했다.

이상에서 대마주는 서기 1868년 10월 8일 제34대 태수 종의달이 명치에게 봉서(奉書;항복 문서)를 바칠 때까지 약 448년 동안 우리 韓나라 조선의 통치 하에 있던 속도(屬島)였다는 역사적인 사실이 한·일 양국에 의해 정확하게 확인되었다.

---

264) 訊:물을 신. · 訊問:신문.
265) 「世宗實錄」世宗十一卷 三年 四月 戊戌條. · 仍:그대로 따를 잉.
266) 荒木和憲(2007) 東京 山川出版社「中世對馬宗氏領國と朝鮮」p.57
267) 「世祖實錄」世祖二十五卷 七年 六月 癸未條.

제7장. 관인 통치

제1절 개요

조선 정부에서 대마주268) 8대 태수 종정성에게 관인을 하사함으로써 대마주(對馬州)의 대표권을 인정해 주고 조선으로 침범하는 왜구를 금압할 수 있는 명분을 주었고, 태수 종정성은 조선으로부터 대마주 정치권의 대표권을 인정받아 조선의 지원을 등에 업고 대마주(對馬州)의 지배권(支配權)을 확보했다. 조선이 대마주 8대 태수 종정성에게 이러한 정책을 지시할 수 있었던 배경을 음미해보면 조선 측은 전국 각처를 수시로 노략질하는 왜구의 피해를 태수 종정성을 압박해서 예방할 수 있었고, 종정성은 조선이라는 권력을 등에 업고 취임 초기 불안했던 정국(政局)의 기반을 확고히 할 수 있는 기회로 삼았다. 조선으로부터 관인을 받은 대마주 태수가 사망하고 새 태수(新太守)가 습직(襲職)하면 그 사실을 조선에 알리면서 새 관인(新官印)을 요청했고, 조선에서는 사망한 태수의 조문과 새 태수의 습직을 축하하면서 관인도 새로 주조(鑄造)해 주었다. 본고에서 8대부터 34대까지 26명 태수 전체의 요청서를 싣지 못한 점은 기록 모두를 아직까지 조사하지 못하였음을 솔직히 밝혀둔다.

제2절 대마주 태수 관인 요청사(要請史)

서기 1420년 1월 10일,
대마주 제8대 태수 종정성 최초로 관인 요청

① 일시: 서기 1420년 윤 정월 10일(세종대왕2년 윤 정월 초열흘).
② 요청 배경: 이종무 장군의 대마도 정벌 이후 대마도를 조선에 바치면서.
③ 발급 일자: 서기 1420년 윤 정월 23일.
④ 관인 문자: 宗氏 都道熊瓦(종씨 도도웅와).
⑤ 관인 재질: 동(銅)으로 주조(鑄造)한 동인(銅印).269)
⑥ 중요 내용: 종씨 도도웅와(宗氏 都道熊瓦)를 대마주를 대표하는 세력으로 인정한다. 조선으로 도항(渡航)하는 자는 태수의 관인을 찍은 신분증을 가지고 왕래해야 한다. 위조를 방지하기 위해 관인을 만든 후 조선에서 도장을 찍어 보관했다가 태수가 만들어준 신분증을 가지고 조선에 도착한 대마주 백성이 가지고 있는 신분증에 찍힌 관인과 대조하여 위조 여부를 확인했다. 도항증·출입증에 해당하는 신분증을 문인(文引)이라고도 했다. 그러나 본서에서는 신분증(身分證)으로 통일해 서술하겠다.

왜 신분증의 진위 여부(眞僞與否)를 검사했을까? 대마주에서 조선으로 건너오는 사람들에게 아무나 관인을 찍어서 출입증을 만들어주지 않고 앞에서 말한 대로 특수한 신분에 해당하는 사람들에게만 만들어 주었기 때문이다. 대마주 내(對馬州 內)의 사정(事情)과 조선에서 입국을 거부하는 사람들에겐 태수가 신분증을 만들어 주지 않았다. 조선에서 상품을 구입하여 대마주로 가서 장사를 하는 상인이나 조선 근해에서 고기를 낚아 조선 시장에 팔고, 쌀을 구입한 후 건너가서 생계를 유지하는 자들 중에서 가짜 관인으로 신분증을 만들어 조선으로 건너와서 검문에 걸린 대마주 백성들이 많았기 때문이다. 조선으로 건너가는 대마주 백성들 간에도 신분상의 차이에 따라 대마주 태수가 찍는 관인의 숫자도 아래와 같이 차이가 있었다.

---

268) 서기 1420년 윤 정월 23일부터~1868년 10월 8일까지 대마도를 대마주로, 도주를 태수로 통일하여 표기함.
269) 「世宗實錄」世宗七卷 二年 閏 正月 己卯條.

- 절실히 필요한 경우에 도서를 세 번 찍어 삼 착 도서(三著 圖書)라 했다.
- 보통인 경우에는 두 번 찍어 이 착 도서(二著 圖書)라 했다.
- 중요하지 않은 경우에는 한 번 찍어 일 착 도서(一著 圖書)라 했다.270)

서기 1452년 7월 15일,
제9대 태수(太守) 종성직 관인 요청

서기 1419년 어린 나이에 도주에 취임하여 대마주를 조선에 바친 대마주 태수 종정성(宗貞盛)은 33년간 태수직(太守職)을 수행한 후 서기 1452년 6월 22일에 사망했다.271) 뒤를 이은 종성직(宗成職)은 서기 1452년 7월 15일 경상도 관찰사를 통해 아명(兒名)인 천대웅 종언육(千代熊 宗彦六)이란 관인을 요청하였다. 조선에서는 그의 청을 들어주어 관인을 하사했다.272)

서기 1473년 11월 28일,
제10대 태수 종정국(宗貞國) 관인 요청

도부(島府)를 사가에서 국부(國府)로 옮긴 10대 사타구니(10代 貞國)는 서기 1471년 태수 직을 승계한 후 2년이 지난 서기 1473년(성종4년) 5월에 "관인을 하사해 줄 것을 엎드려 비옵니다."라고 정중히 요청했다. 특히 "비로법보 1장을 내려주시기를 삼가바랍니다. 만약 그렇게만 해주신다면 감응(感應)이 일만 배(一萬倍)나 더하여 영구히 조선의 번병지신, 이령갈충절자〈(貴國藩屏之臣, 而令竭忠節者) : 귀국 번병(藩屏)의 신하로서 충절(忠節)을 다하도록 할 것입니다〉."라고 했으니 조선의 신하로 관인을 요청했음이 증명된다. 이는 전장(前章)에서 밝힌바 있는 서기 1421년 4월 6일 대마주의 조선통합 철회 요청이 없었던 것으로 되었다는 확실한 역사적 준거(準據)이다.273)

서기 1509년 4월 23일,
대마주 12대 태수 종재성(宗材盛) 관인 요청

서기 1497년 제12대 태수를 습직한 종재성(宗材盛)은 서기 1509년(중종4년)

4월 3일에 관인을 요청했다. 취임 후 관인 요청이 늦은 이유는 대마주 종씨가 아비류(阿比留) 씨를 토벌하고 대마주를 수중에 넣은 후 주구의 실력자 소이전 (少貳殿)과 대마주를 일부 분할 통치했었다. 그동안 양 세력 간에 암투가 있었는데, 서기 1498년에 소이전(少貳殿) 족벌(族閥)을 완전히 소탕하고 명실공히 종씨가 단독 정권으로 대마주를 지배(支配)하기 시작했다. 잔존 세력을 처리하고 내부 정리를 하는데 시간이 필요했기 때문에 관인 요청이 늦었다고 볼 수 있다.274)

서기 1659년 3월 7일,
제21대 태수 종의진(宗義眞) 관인 교체 요청

원문: 〈請改造圖書以送也〉

음독: 〈청개조도서이송야〉를 풀이하면, 대마주 20대 태수 종의성(宗義成)이 사망하고 재21대 태수 종의진(宗義眞)이 서기 1657년에 태수직을 습직했다. 2년 후인 서기 1659년 3월 7일 관인(圖書)을 바꿔줄 것을 요청하였다. 조선 정부에서는 관례에 따라 11일 새 관인을 전각(篆刻)해 주었다.275)

서기 1711년 1월 30일,
대마주 제23대 태수 종의방(宗義方) 관인 요청

제23대 태수 종의방은 그의 아들인 언천대(彦千代)의 관인을 미리 요청한 사례이다. 이는 아비가 살아 있을 때 아들의 관인을 요청한 아주 특별한 케이스

---

270) 「端宗實錄」端宗二卷 卽位年 七月 丙午條.
271) 「端宗實錄」端宗二卷 卽位年 七月 丙午條.
272) 「端宗實錄」端宗四卷 卽位年 十一月 丙戌條.
273) 「端宗實錄」端宗四卷 卽位年 十一月 丙戌條.
274) 「中宗實錄」中宗八卷 四年 四月 甲申條.
275) 「孝宗實錄」孝宗二十一卷 十年 三月 七日條.

다. 조선 정부는 이 요청을 받아 서기 1711년(숙종 37년) 1월 25일 언천대(彦千代)의 관인(圖書)을 만들어 주었다. 그리고 언천대(彦千代)는 제24대 태수 종의성(宗義誠)이다.276)

서기 1732년 1월 24일,
대마주 25대 태수 종방희(宗方熙) 관인 요청

서기 1731년(영조7년) 10월 16일 동래부사는 대마주 태수가 새로 취임한 내용의 첩보를 올린 후 신 대마주 태수의 요청을 받고 주조해준 케이스이다. 서기 1732년(영조8년) 1월 24일 대마주 태수 종방희(宗方熙)가 사인(使人) 평진봉(平眞峰)을 보내 도서(圖書)를 고쳐주도록 청하자 새로 전각(篆刻)해서 하사했다.277)

서기 1813년 11월 30일,
31대 대마주 태수 종의질(宗義質) 관인 요청

서기 1813년 11월 30일 대마주 30대 태수에 종의질(宗義質)이 취임하고 새 관인을 요청했다. 서기 1811년 조선통신사가 대마주에서 역지빙례(易地聘禮;易地通信)를 받고 돌아간 지 3년 만에 새로 취임한 대마주 태수다. 조선 조정에서는 요청을 받고 서기 1814년 4월 14일 관인을 전각(篆刻)해서 하사했다.278)

서기 1864년 6월 13일,
제34대 마지막 태수 종의달(宗義達) 관인 하사

대마주 623년 역사상 마지막 태수에 해당하는 제34대 종의달(宗義達)은 서기 1862년에 습직했다. 태수 취임 2년 후인 서기 1864년 6월 13일 조선 정부로부터 관인을 하사 받았다.279) 대마도는 서기 1420년(세종2년) 윤 정월 10일 제8대 태수 종정성(都道熊瓦;도도웅와)이 처음으로 관인을 요청하여 하사받아 사용한 이래 448년만인 서기 1864년 마지막 태수 종의달(宗義達)까지 조선의 관인을 하사받아 사용했다. 이는 서기 1868년 10월 8일 일왕 명치(明治)에게 충성 맹세(忠誠盟誓)인 봉서(封書)를 바칠 때까지 우리 韓나라 조선(朝鮮)이 448년간 대마주 태수(對馬州太守)에게 관인 통치(官印統治)를 했다. 이 역사는 하기(下記)에서 다시 한 번 명백하게 증명된다.

제3절 대마주 태수 448년간 조선 번신의 고백과 관인 반납

대마주 서기 1876년(고종13년) 5월 3일, 그동안 사용하던 도장(관인)을 반납

원문: 初三日。議政府啓 "東萊府使洪祐昌 因任譯手本以爲 '留館日人 出示森山茂所送書, 仍以 「今旣罷島主之職 廢送使之例 則曾前所用圖書 卽爲收還後成給文字爲要」 云。此不可自本府擅許 請令廟堂稟處矣。因彼官制之變更 有此圖書之還納 則不必靳持 依請許施事 令萊府成文字答送 三顆圖書 姑爲收置之意 分付何如?"允之.280)

음독: 초삼일。의정부계 "동래부사홍우창 인임역수본이위 '유관일인 출시삼산무소송서, 내이 「금기파도주지직 폐송사지례 즉증전소용도서 즉위수환후성급문자요」 운。차불가자본부천허 청령묘당품처의。인피관제지변경 유차도서지환납 칙불필참지 의청허실사 영래부성문자답송 삼과도서고위수치지의 분부여하?" 윤지。

해설① 조선왕조실록 판: 의정부(議政府)에서 아뢰기를 "동래부사(東萊府使) 홍우창(洪祐昌)이 임역(任譯)의 수본(手本)으로 인하여 말하기를 '왜관

---

276) 「肅宗實錄」 肅宗五十卷 三十七年 一月 甲寅條.
277) 「英祖實錄」 英祖三十一卷 八年 八月 壬午條.
278) 「純祖實錄」 純祖十七卷 十三年 十一月 癸巳條.
279) 「高宗實錄」 高宗一卷 一年 六月 壬午條.
280) 「高宗實錄」 高宗十三卷 五月 癸巳條. •斬:벨 참. 베다, 끊어지다. •矣:어조사 의. •因:인할 인.
•顆:낱알 과. 작고 둥근 물건을 세는 단위. •姑:시어미 고 •擅:멋대로 할 천, 마음대로 할 천.

(倭館)에 머물러 있는 일본 사람 모리야마 시게루(森山茂)가 보낸 편지를 보여주며 말하기를 「지금은 대마주 태수(對馬島主)」의 직책을 파(罷)하고 사신을 보내던 규례도 폐지되었으니 종전에 사용하던 도서(圖書)를 즉시 거두어 돌려준 뒤에 문건을 만들어 주십시오.」라고 하였습니다. 이것은 본부에서 마음대로 허락할 수 없으니 묘당(廟堂)으로 하여금 품처(稟處)하게 하소서.'라고 하였습니다. 저들의 관제(官制)가 변경되었기 때문에 이 도서를 돌려주는 것이니 허락을 아낄 필요는 없습니다. 요청한 대로 시행하라는 내용을 동래부(東萊府)로 하여금 문건을 만들어 답서를 보내게 하되, 3과(顆)의 도서는 우선 거두어 그대로 두라는 뜻으로 분부하는 것이 어떻겠습니까?"하니 윤허하였다.

해설② 필자(황백현)의 소견: 서기 1868년 1월 3일 메이지유신(明治維新)에 성공한 일본은 에도막부시대(江戶幕府時代)의 봉건번제도(封建藩制度)를 청산하고 왕정 복고를 통한 중앙집권체제를 확립했다. 막부시대 조선에서 관인을 받아 사용했던 대마주(對馬州)를 서기 1869년 6월 19일, 판적봉환(版籍奉還)을 통해 부중(府中)을 이즈하라(嚴原)로 개칭하고 대마주 태수(對馬州太守) 종의달을 이즈하라번 지사(嚴原藩知事)에 임명했다. 이어서 서기 1871년 폐번치현(廢藩置縣)을 실시하면서 8월 7일 이즈하라번(嚴原藩)을 이즈하라현(嚴原縣)으로 승격시켰다가 9월 4일자로 이만리현(伊万里縣)에 편입시켰고, 서기 1872년 5월 29일 이만리현(伊万里縣)을 사가현(佐賀縣)으로 개편했으며 8월 17일 나가사키현(長崎縣)에 배속(配屬)시킴으로서 행정체제 개편을 완료했다.281) 이렇게 한 후 대마주(對馬州)가 400여 년간 우리 韓나라 조선의 번병 속도(藩屛 屬島)의 관계를 단절시키기 위해 그동안 우리 韓나라 조선에서 전각(篆刻)해 준 관인을 되돌려주기 위해서 초량 왜관에 머물러 있던 일본외무성 조선담당관 모리야마 시게루(森山茂)가 쓴 문서를 보내왔는데, 내용은 '지금은 대마주의 태수 직책을 파하고 사신(使臣)을 보내던 규례도 폐지되었으니 종전에 사용하던 관인(官印;圖書)을 즉시 거두어 되돌려 보내니 수령했다는 영수증을 만들어 주십시오.'

하고 공문서를 동래부(東萊府)로 보내왔다. 이렇게 하여 400여 년 동안 조선의 관인 통치는 막을 내리고 대마도는 일본중앙정부의 손으로 완전히 넘어갔다.

제34대 마지막 태수 종의달,
대마도는 조선의 번신(藩臣)

원문: 『今般 朝政 一新之顚末大修使ヲ以テ朝鮮エ令報知候ニ付而者 兼而朝命之御旨趣ヲ奉 ジ 當節之書契 ヨリシテ 彼國鑄造ノ圖書ヲ改メ 朝議之上 製造之新印ヲ用ヒ 渠282) 輕蔑侮慢藩臣ヲ以テ我ヲ待ツノ謬283)例ヲ正シ 舊來ノ國辱ヲ雪デ 專ヲ國體國威ヲ立 ントン欲ス. 然ニ 兩間ノ習 弊 此度之一擧依リ 忽284)チ撤供撤市285) 我ヲ困セシムルノ策ニ出可申哉難計 然ト雖 286)己ヲ盡287)サズシテ、其安キヲ求ルハ、職務之任深ク恐入候ニ付 私情ヲ捨テ 公議ニ原キ 斷然今日之所置ニ及候條 將來之時機仮令288) 國脈 ニ拘リ候 困難ヲ釀候共 間近ク御沙汰之趣モ有之 殊更王土王民ヲ以テ 度外ニ可被 爲捨置ニ無之 乍併万一於 天朝其御所置ニ不被爲出時者 我 微誠之所不至. 國家之不幸無是非儀ト覺悟シ 成敗ヲ以テ意トセズ 國體ヲ立 勤王ノ道ヲ盡 シ 社稷ト存亡スルハ 臣タルノ分ニ候. 此場合各某289) ガ心事ヲ體シ 今後

---

281) 對馬觀光物産協會(平成20)「つしま百科」p.20
282) 渠: 도랑 거. 도랑, 크다. •侮: 업신여길 모. 업신여기다, 깔보다.   •慢: 게으를 만. 게으르다.   •捨: 버릴 사.
    •假: 거짓 가. •殊: 죽일 수. 사형에 처하다.   •乍: 잠깐 사. 갑자기 사.   •併: 아우를 병.
283) 謬: 그릇될 류. •雪: 눈 설. 씻을 설. •專: 오로지 전. •然: 그러할 연. 그렇다고 여기다.
284) 忽: 소홀이할 홀. 갑자기, 돌연, 다하다, 멸하다. •撤: 거둘 철. 그만두다, 치우다, 폐하다.
285) 供: 이바지할 공. 이바지하다. •策: 꾀 책. 채찍질하다. •哉: 어조사 재. 처음, 재난, 재앙.
286) 雖: 비록 수. 그러나, 비록. •乍: 잠깐 사. 잠깐, 갑자기. •深: 깊을 심. 깊다. •付: 줄 부. 청하다.
287) 盡: 다할 진. 진력할 진. 다하다, 없어지다. 끝나다. 그치다. 죽다. 정성을 다하다.
288) 令: 명령 령. 우두머리, 좋다. •釀: 빚을 양. 술을 빚다, 뒤섞다. •被: 이불 피. 이불, 잠옷, 미치다.
289) 某: 아무 모. 아무, 어느 것. •危: 위태할 위. 위태롭다. 두려워하다. •顚: 넘어질 전. 정수리 꼭대기.

國勢危急流離顚沛290)ノ際ニ立至トモ雖 確志不撓291) 称忠節賴入候也。292)』

明治 元年 十月 八日. 宗 對馬守293)

음독:『금반조정 일신지전말대수사ヲイテ조선ニ령보지후ニ부이자 겸이조명지어지취ヲ봉ジ 당절지서계 ヨリシテ 피국주조ノ도서ヲ개メ 조의지상제조지신인ヲ용ヒ 거경멸 모만번신ヲイテ아ヲ대ツノ오례ヲ정シ 구래ノ국욕ヲ설デ 전ヲ국체국위ヲ립ントヲ欲ス。연ニ양간ノ습 페 차도지일거ニ 훌チ 철공철시 아ヲ곤セシムルノ책ニ출가신재난계 연ト수기ヲ 진サズシテ,기안キヲ구ルハ,직무지임심ク공입후ニ부 사정ヲ사テ공의 ニ원キ 단연금일지소 치ニ급후조 장래지시기반령 국맥 ニ구リ인곤난ヲ양후공 간근 クヲ사태지취モ유지 수경왕토왕민ヲイテ 도외 ニ가피위사치ニ무지 사병만일어 천조기어소치ニ불피위출시자 아 미성지소불지국가지불행무비의ト각오シ 성패ヲイテ의 トセズ 국체ヲ립 근왕ノ도ヲ진シ 사직ト존망スルハ신タルノ분 ニ후。차장각모 ガ심사ヲ체シ 금후국세위급류이전패 ノ제ニ립지ト수 확지불요 칭충절뢰입후야。』

명치 원년 10월 8일. 종 대마수

요약: 이번 서류(書契)부터는 조선에서 만들어준 관인(官印:圖書)을 사용하지 않고, 대신 우리 조정(日本 明治政權)에서 새로 만들어주는 관인(官印)을 사용함으로써, 옛날부터 조선의 신하로 살아온 잘못된 점을 뉘우치겠습니다. 400여 년간 조선으로부터 받은 국가적인 경멸(輕蔑)과 모욕(侮辱)으로 점철된 잘못을 바로잡아 오늘부터 오로지 우리 일본의 국체(國體)와 국위(國威)를 세우는 데 최선을 다하고자 합니다.

명치 원년 10월 8일. 종 대마수

대마주가 韓나라 통치 하에 있었다는
일본 외교문서

조선외교사무서(朝鮮外交事務書)에 의하면,

원문:『…致饗待尤歲遣ノ約タル實ニ嗟來ノ食ヲ… 一 時救急 ノ 策… 朝鮮

藩臣ノ禮 ヲ取ルニ 近ク數百年間屈辱ヲ …憤慨 切齒…』294)

음독:『…치향대우세견ノ약タル실ニ차래ノ식ヲ… 일시구급 조선 번신ノ예 ヲ취ルニ 근 ク수백년간굴욕ヲ …분개 절치…』295)

요약: 세견(歲遣)296)을 약속한 것은 실로 업신여기며 주는 음식을 받아먹는 것과 같은 것으로 일시적인 구급책에 불과했습니다. --중략-- 그리하여 잘못된 선례(先例)가 생겨 조선의 신하가 되어 번신(藩臣)의 예(禮)를 갖추어 수백 년 간 조선(朝鮮)으로부터 굴욕을 받았습니다. 분함이 이루 말할 수 없습니다.』297)

위 글로 보아 조선에서 도서제도(圖書制度)인 관인제도(官印制度)로 대마주(對馬州)를 통치(統治)하는 데 적절하게 활용했다는 역사를 검증(檢證)했다. 특히 마지막 두 구절의 서기 1868년 10월 8일 대마주 태수가 조선통치 체제 하에서 일본 명치천황 밑으로 들어가면서 명치에게 올리는 항복 문서(奉書;봉서)와, 조선 외교 사무서 권1(朝鮮 外交 事務書 卷 一)의 내용을 보면 우리 韓나라가 대마주를 관인 통치했다는 필자의 주장에 충분히 동의하리라고 믿는다.

---

290) 沛:늪 패. 늪. 성대한 모양. •際:사이 제. 사이, 경계. •雖:비록 수. 비록 ~라 하더라도. •確:굳을 확. 굳히다.
291) 撓:휠 요. 어지럽다. 구부러지다. 마음이 바르지 아니하다. •賴:힘입을 뢰. 힘입다, 의뢰하다. 이득.
292) 蜂町誌編輯委員會(平成5) 東京 第一法規出版株式會社「蜂町誌」p.1023~4.
293) 蜂町誌編輯委員會 앞의 册 p.1023.
294) 日本外務省原案外「朝鮮外交事務書」卷一 p.84
295) ①일본외무성 원안(日本外務省 原案) 한국일본문제연구회편. ②1867년~1870년(自:高宗四年 丁卯 至 高宗七年 庚午 七月).
296) 歲遣:朝鮮에서 받아가는 食糧 등의 物品(下賜品, 貿易物品 等 朝鮮에서 對馬島로 가져가는 모든 物品).
297) 日本 外務省原案 韓國 日本 問題研究會 編 朝鮮外交事務書 卷1 自:高宗4年 丁卯(1867年) 至 高宗7年 庚 午 7月(1870年) p.84. 하우봉(2005)「한국인의 대마도인식」, 한일관계사연구회「독도와 대마도」p.141

제8장. 대마주 경차관 통치

제1절 개요

경차관(敬差官)이란?

조선왕조 때 특수 임무를 띠고 수시로 각도에 파견된 특명관(特命官)이다. 건국 초기부터 파견하였으나 태종 때 정승 하륜(河崙)의 건의에 따라 그 이름이 지어져 3~5품관 중에서 경차관을 뽑았다. 주로 전곡(田穀)의 손실을 조사하고 민정을 살피는 일을 맡은 직책이었다. 고려의 무장 이성계는 군사 쿠데타로 서기 1392년 7월 17일 개성 수창궁에서 민심의 이반을 두려워해 고려국(高麗國)의 임금(王)으로 즉위했다가 다음해인 서기 1373년 2월 15일 국호(國號)를 조선으로 변경한 후 한양으로 천도(遷都)했다. 때문에 고려 충신(高麗忠臣)들은 불사이군(不事二君)이란 정치적 사회적 윤리(倫理)에 따라 역성 정권(易姓政權)인 조선 조정에 협조하지 않았다. 태조는 중앙정부가 어느 정도 안정되자 각 지방에 감독관(監督官)을 파견할 필요를 직감했다. 왕명에 따라 특수한 임무를 수행하면서 때로는 지방관(地方官)의 임무까지 관여하였다. 이들은 국왕(國王)으로부터 부여받은 직결권한(直決權限)도 있었다. 각 지역 수령(守令)의 업무 능력을 판단하고 죄가 있으면 단죄하고 시민의 고충을 직접 듣는 일까지 하였다.[298] 조선 중기의 암행어사를 연상하면 쉽게 이해할 수 있다. 임금으로부터 부여받은 특정 임무가 끝나면 경차관의 임무가 끝나는 한시적인 직책이었다.

대마주 경차관과 그 역할

경상도 대마주에 파견되는 대마주 경차관의 업무는 임명되는 시기에 따라서 처리해야 할 현안(懸案)이 달랐지만 근간(根幹)은 정치적 안정과 경제적 궁핍에서 벗어날 수 있도록 해주기 위하여 다음과 같은 업무를 집행했다. 가장 중요한 업무가 대마주 태수가 잘못을 저질렀을 때 그 죄를 책유(責諭)함으로써 조선의 번신(藩臣)인 대마주 태수의 근무를 감독하는 일이었다.

① 대마주 태수에게 조선에서 하달한 명령[條約] 위반자에 대한 처벌 요구.299)
③ 관인제도 운영 관리 감독.
④ 여행증명서와 입국비자(문인) 관리 감독.
⑤ 비자발급 관리 감독(일본 열도인 규슈・오키나와 등 조선 입국자).300)
⑥ 어취(漁取): 고초도 조어금약 등 감독.
⑦ 종씨 도주 체제 지원 및 감독.
⑧ 정치 및 정책 자문.
⑨ 왜구의 금압 및 국방에 관한 업무 관리 감독.
⑩ 경조사 치례 및 부의.
⑪ 국제정세 탐지 진위 여부(眞僞 與否) 관리 감독.
⑫ 제민(濟民) 및 구호품 지원.
⑬ 세견선 관련 업무 감독 등이었다.

제2절. 대마주 파견 경차관과 수행 업무

---

298) 全北史學 韓文鐘「朝鮮前期 敬差官」p.4
299)「全北史學」第 十五 輯. p.16 韓文鐘「朝鮮前期의 對馬島敬差官」
300)「世宗實錄」世宗八十二卷. 二十年 九月 己亥條.

서기 1438년 4월 11일,
이예(李藝) 초대 대마주 경차관으로 파견

먼저 이예가 어떻게 초대 경차관으로 파견될 수 있었는가를 살펴보기 위해 그의 등장 배경을 고찰해 보는 것 또한 의미가 크다. 현재 대마시(對馬市) 미네쵸(峰町) 엔쯔지(圓通寺)에 〈통신사이예공적비(通信使李藝功績碑)〉가301) 있기 때문에 더욱 그렇다고 생각하여 조선왕조실록을 중심으로 여기에 싣는다. 초대 대마주 경차관(對馬州 敬差官) 이예(李藝)는 조선이 대마주를 통치할 수 있는 기반을 조성하는 데 많은 공적을 세웠다. 이예가 대마도(對馬島)에 가게 된 과정을 살펴보면, 서기 1397년(태조6년) 1월 3일 왜구(倭寇)의 괴수 상전어중(相田於中) 등이 그의 도당(徒黨)을 거느리고 울주포(蔚州浦)로 들어온 것을 지주사(知州事) 이은(李殷)이 식량을 주고 후히 접대하였다. 상전 등은 도리어 꾀어서 함몰하려는 것이 아닌가 의심하여 이은(李殷)과 반인(伴人) 박청(朴靑), 기관(記官) 이예(李藝) 등을 잡아 대마도(對馬島)로 끌고 가302) 오늘날 미네쵸(峰町;圓通寺) 사가(佐賀)에로 구속시켰다. 이에 대응(對應)하여 서기 1397년 2월 27일 박인귀(朴仁貴) 등이 자청하여 대마도에 가서 은혜와 신의로 타일러서 왜구(倭寇)에게 잡혀 대마도에 머물러 있던 울주사(蔚州事) 이은(李殷) 등을 쇄환해 왔다.303) 이와 같은 사연으로 대마도를 잘 알게 된 이예(李藝)는 조선 초기 대마도를 가장 잘 아는 관리가 되어 많은 공적을 세우고 학성 이씨 시조가 되었다. 태종10년 5월 13일에는 전(前) 호군(護軍) 이예(李藝)를 보내면서 종정무(宗貞茂)에게 조미(造米) 150석과 황두(黃豆) 150석을 하사했다.304)

이어서 서기 1418년(태종18년) 4월 24일 대마도 수호(對馬島 守護) 종정무(宗貞茂)가 사망했을 때는 행사직(行司直) 이예(李藝)가 대마도로 가서 치제(致祭)하고 쌀·콩·종이 등을 부의(賻儀)하였다. 종정무는 대마도 도주로 재직하는 동안 조선에 충성하고 도적 즉 왜구를 금제(禁制)하여 자주 변경(邊境)을 침입하지 못하게 하였다. 때문에 그의 죽음에 특별히 후사(厚賜)한 것이다.305) 이 부분이 이예가 최초 대마도 경차관으로 임무를 부여 받은 건(件)이다. 서기 1438년(세종 20년) 4월 11일 첨지중추원사(僉知中樞院事)로서 정식으로 대마주 경차관이 되어,

　① 대마주의 무분별한 사송선(使送船) 통제.
　② 하사품 저포·마포·면포를 각 14필씩 전달하러 대마주에 갔다.306)

서기 1447년 3월 16일,
조휘(曹彙) 대마주 경차관으로 파견

서기 1447년(세종29년) 3월 16일 전 병조 좌랑 조휘를 대마주 경차관(對馬州敬差官)에 임명하고 대마주로 보냈다.307) 조휘는 서기 1447년(세종29년) 5월 6일 대마주 경차관으로 임무를 마치고 돌아와서, 종정성(宗貞盛)이 밖에 나와 마중하여 청(廳)으로 들어가서 북향하여 꿇어앉아 서간을 받아 탁자 위에 놓고, 향을 올리고 물러나서 세 번 절하고 머리를 조아리기를 마치고 휘(彙)로 더불어 읍하는 예를 행하고 사례하기를 "전하(殿下)께옵서 특별히 관원을 보내시어 물건을 후하게 하사(下賜)하시니 오직 나의 기쁜 경사가 될 뿐이 아니오라 여러 사람이 보고 듣기에 또한 영광스럽고 다행한 일이오며 감사하온 심정 비할 데가 없나이다. 그리고 고초도(孤草島)에 고기 낚으러 왕래하는 자가 만일 지세포(知世浦)에 보고하지 않거나 병기(兵器)를 가졌거든 약속에 따라 처치하시기 바랍니다. 또한 떠돌아다니는 배에 병기(兵器)를 숨겨 감추어 가지고 이곳저곳으로 함부로 다니면서 소란을 부리는 자는 통행증서가 있고 없음을 막론하고 도적배로 논죄할 것입니다. 1년에 왕래하는 장삿배는 50척 외

---

301) 西紀 2005年 11月 21日 鶴城 李氏 門中에서 세웠음.
302) 「太祖實錄」太祖十一卷 六年 春 正月 丙辰條.
303) 「太祖實錄」太祖十一卷 六年 二月 庚戌條.
304) 「太宗實錄」太宗十九卷 十年 五月 己卯條.
305) 「太宗實錄」太宗三十五卷 十八年 夏 四月 甲辰條
306) 「世宗實錄」世宗八十一卷 二十年 夏 四月 甲子條
307) 「世宗實錄」世宗百十五卷 二十九年 三月 戊寅條.

에는 더 보내지 않을 것입니다. 전일(前日)에 고기를 낚고도 세금을 바치지 않고 도망하여 온 6인은 즉각 문초(問招)하고 있습니다. 앞으로 세금을 징수하여 보내겠습니다. 비옵건대 저의 간절한 뜻을 상감께 아뢰어 주옵소서." 하였다고 보고했다.

서기 1420년 윤 정월 10일, 대마주 8대 태수 종정성이 대마주를 우리 韓나라 조선에 바친 이후 대마주 태수는 완벽한 조선의 신하가 되었음을 확인할 수 있다. 따라서 전장(前章)에서 말한 서기 1421년 4월 6일 대마주의 조선 통합 철회는 완전 무효화 되었다는 점을 다시 한 번 증거 할 수 있다. 그만큼 학계의 논란거리가 되고 있기 때문에 여기에 또 한 번 더 적었다.

서기 1455년 1월 29일,
원효연(元孝然) 대마주 경차관으로 파견

대마주(對馬州) 경차관(敬差官) 첨지중추원사(僉知中樞院事) 원효연(元孝然)이 서기 1455년(단종3년) 1월 29일 대마주에 도착한 후 임무를 수행하고 귀국하여 4월 7일 조정에

① 사송선(使送船) 약정 감독.
② 왜구 침범 감독.
③ 민생 파악.
④ 표류민 보호 조사 및 송환 등 업무를 충실히 수행하고 왔음을 보고했다.[308]

서기 1461년 7월 11일,
김치원(金致元) 대마주 경차관으로 파견

서기 1461년(세조7년) 7월 11일 상호군(上護軍) 김치원(金致元)을 대마주 경차관(對馬州 敬差官)으로 삼고 도관 좌랑(都官佐郞) 김관(金瓘)을 종사관(從事官)으로 삼았다.[309]

서기 1461년 8월 27일,
이계손(李繼孫) 대마주 경차관으로 파견

서기 1461년(세조7년) 8월 27일 대마주 경차관(對馬島敬差官) 성균사예(成均司藝) 이계손(李繼孫)이 하직하니 또한 인견하고 술자리를 베풀었다.310)

서기 1470년 1월 14일,
김호인(金好仁) 대마주 경차관으로 파견

서기 1470년(성종1년) 1월 14일 경차관으로 대마주를 다녀온 김호인(金好仁)은,
① 대마주는 조선의 신속지(臣屬地)로 인식하고 있었고,
② 태수(太守) 종정국이 "종성준은 곧 동복형(同腹兄)입니다. 사선(使船)으로 접대해주시기를 바랍니다.
③ 삼포(三浦)에 범람(汎濫)하는 왜구(倭寇)를 엄하게 논죄(論罪)할 것을 약속했습니다."311) 라고 보고했다.

서기 1475년 11월 15일,
이덕숭(李德崇)·김자정 대마주 경차관으로 파견

서기 1475년(성종 6년) 11월 15일 대마주 경차관(對馬島敬差官) 이덕숭(李德崇)이 발병[足病]으로 사직하니 의원(醫員)을 보내 진료하게 하고 김자정(金自貞)으로 하여금 대신하게 하였다.312)

서기 1486년 12월 15일,
정성근(鄭誠謹) 대마주 경차관으로 파견

---

308) 「端宗實錄」端宗四卷 三年 夏 四月 壬午條.
309) 「世祖實錄」世祖二五卷 七年 秋 七月 己酉條.
310) 「世祖實錄」世祖二五卷 七年 八月 甲午條.
311) 「成宗實錄」成宗二 卷 元年 正月 癸巳條
312) 「成宗實錄」成宗六十一卷 六年 十一月 庚申條.

서기 1486년(성종17년) 12월 15일 직제학(直提學) 정성근(鄭誠謹)을 장차 경차관(敬差官)으로 삼아 대마주(對馬州)로 파견하기로 했다.313) 정성근이 대마주에 도착하자 태수 종정성(宗貞盛)이 토산물을 주었다. 일행들은 받은 것을 전부 출발에 앞서 빈사(儐使) 편에 도로 태수에게 보내었다. 후에 태수(宗貞盛)가 사람을 보내어 그 물건을 나누어 주기를 청하니 성종이 허락하였으나 정성근(鄭誠謹)이 이를 거절하고 다시 보내었다.314)

서기 1493년 12월 5일,
권주(權柱) 대마도 경차관으로 파견

서기 1493년(성종 24년) 12월 5일 홍문관 부응교(弘文館 副應校) 권주를 대마주 경차관으로 임명하고 그의 요청에 따라 허감·이세륜 등을 그의 군관으로 삼고 같이 대마주로 가게 하였다.315) 대마도 경차관으로 다녀온 후 도승지(都承旨)·충청감사(忠淸監司)·경상감사(慶尙監司)·동지중추부사(同知中樞府使) 등을 역임했다.316)

서기 1509년 3월 29일,
윤은보(尹殷輔) 대마주 경차관으로 파견

서기 1509년(중종4년) 3월 29일 대마주 경차관 윤은보를 임명하고317) 4월 12일에는 대마주 경차관 윤은보가 가지고 갈 사목을 서계했다.318) 공(公)은 대마 태수 종재성(宗材盛)에게 왜구의 범침(犯侵)을 못하도록 국왕(中宗)의 명을 하달했다.319)

서기 1510년 4월 11일,
강중진(康仲珍) 대마주 경차관으로 파견

서기 1510년(중종5년) 4월 11일 대마주 경차관(對馬島 敬差官) 제용감정(濟用監正) 강중진(康仲珍)이 "이달 초닷샛날 왜구가 웅천성(熊川城)을 포위하였는데, 경통사(京通事) 등이 문틈으로 엿보니 왜구의 대장이란 자는 지난해에 특송(特送)으로 왔던 정장(貞長)이었습니다."320)라고 보고했다.

제3절 대마주 담당 여타 공무원과 직명

서기 1443년 11월 7일,
이예(李藝)를 대마주 체찰사로 파견

 서기 1443년 11월 7일 조선에서는 대마주에 경차관 이외(以外)에도 관리를 파견하게 되는데 그때그때 사안에 따라 직명을 부여하고 임무를 수행토록 했다. 초대 대마주 경차관이었던 이예가 서기 1443년(세종25년) 11월 7일에는 대마주 체찰사(對馬州體察使)로서 표류민 송환을 위하여 대마주를 방문했다.321)

서기 1470년 9월 1일,
전양민(田養民)을 대마주 선위관으로 파견

서기 1470년(성종1년) 9월 1일 대마주 선위관(對馬州宣慰官) 사역원 첨정(司譯院 僉正) 전양민(田養民)을 대마주 태수의 문인발행 감독, 사송선 조정, 대마주가 조선 번병임을 확인시키기 위하여 대마주에 파견했다.322)

---

313) 西紀 2005年 11月 21日 鶴城 李氏 門中에서 세웠음.
314) 「成宗實錄」成宗百九十八卷. 十七年 二月 丙戌條.
315) 「成宗實錄」成宗二百八十五卷. 二十四年. 十二月 乙丑條.
316) 李弘稙(1984) 「國史大事典」 p.210
317) 「中宗實錄」中宗八卷. 四年 三月 辛酉條.
318) 「中宗實錄」中宗八卷. 四年 三月 辛酉條.
319) 對馬觀光物産協會 「つしま百科」 p.18
320) 「中宗實錄」中宗十一卷. 五年 四月 丙申條.
321) 「世宗實錄」世宗百二卷 二十五年 十一月 戊午條.
322) 「成宗實錄」成宗七卷. 元年 九月 丙子條.

서기 1468년 7월 30일,
김호인(金好仁)을 대마주 치위관으로 파견

서기 1468년(세조14년) 7월 30일 대마도 치위관(致慰官) 맹호군 김호인이 대마주로부터 돌아와 복명한 기록이 있다.[323]

서기 1472년 11월 9일
김자정(金自貞)을 대마주 선위사로 파견

서기 1472년(성종3년) 11월 9일 김자정이 대마주 사목을 가지고 가는 임무를 부여 받고 대마주 선위사(宣慰使)가 되었다.[324]

---

323) 「世祖實錄」 世祖四十七卷 十四年 戊子條.
324) 「成宗實錄」 成宗二十四卷 三年 十一月 辛丑條.

제9장. 관직(官職)을 주어 수직 통치(受職統治)

제1절 대마주 백성들의 조선 관직 요청과 하사의 필요성

개요

 조선시대 대마주 백성들에게 조선의 신하에게 내리는 벼슬과 동일한 관직을 하사(下賜)하였다. 조선으로부터 관직을 받은 대마주 백성들을 수직 대마주인(受職 對馬州人)이라고 했다. 대마주 백성으로 조선의 관직을 받은 자는 적어도 1년에 1회(一 回) 이상은 조선 국왕(國王)이 주관하는 조회(朝會)에 참석하는 영광을 가졌다. 조선에서는 종전의 대마도주에게 경상도 대마주 태수(慶尙道 對馬州 太守)란 새로운 관직(官職)을 내렸다. 태수란 벼슬을 내리게 된 배경은 서기 1420년 윤 정월 10일 대마도주 도도웅와(都道熊瓦)가 섬을 조선에 바쳐 대마도(對馬島)가 조선으로 통합되어 경상도의 한 고을에 해당하는 대마주(對馬州)가 되었기 때문이다. 대마주 태수는 조선 번병(藩屛)의 신하로서 조선의 해안과 국경을 침범하는 왜구의 조선 진입을 금압하고 조선으로부터 필요한 식량을 제공 받는 것이 가장 큰 목적이었다. 대마주 태수에게는 쌀(米) 150석과 콩(豆) 150석, 합계 300석을 하사하는 것이 기본이었다.

 또 한편으로는 대마주에서 적도수(賊盜首)였거나 적도였던 자가 개과천선하여 조선에 항복하거나 귀화(歸化)하면 적절한 벼슬을 하사했다. 조선 벼슬을 받은 자는 일단 조선 신하가 되었다. 조선에서 수직대마도인 정책을 실시한 이유는 왜구 3도인 대마도(對馬島)·이끼도(一岐島)·히라도(平戶)와 일본 열도에 근거지를 둔 적도들의 침략을 예방하는 것이 그 목적이고, 왜구들은 조선 정부의 벼슬을 받음으로써 왜구를 금압해 주고 그에 상응하는 중계 상역(中繼商役)으로 식량 등의 이익(利益)을 확보하는 것이 목적이었다.

수직 대마주 백성에게 임명장으로 교지(敎旨)와 모조봉(某曹奉)을 하사

【조정(朝廷)에서 대마주 백성에게 관직을 수여(授與)하고 수직자(受職者)는 신하로서 일정한 의무를 다하도록 한 통치 정책을 수직 통치(受職 統治)라고 정의(定義)한다.】

고신(告身)은 조선시대 작위(授爵)의 통칭(通稱)으로 조정으로부터 받는 벼슬아치의 임명장(任命狀;사령장;辭令書)이다.325) 그 종류에는 교지(敎旨)와 모조봉(某曹奉)이 있다.326) 사품(四品) 이상 벼슬에 국왕(國王)이 내리는 사령을 교지(敎旨)라 하고 오품(五品)부터 구품(九品)까지를 조봉(曹奉)이라 한다. 문관(文官)은 이조(吏曹)에서 내리기 때문에 이조 모년 모월 모일 봉(吏曹 某年 某月 某日 奉)이라 하고, 무관(武官)은 병조(兵曹)에서 내리기 때문에 병조 모년 모월 모일 봉(兵曹 某年 某月 某日 奉)이라 한다. 즉 국왕이 내리는 것은 교지(敎旨)이고 병조판서가 내리면 병조봉(兵曹奉)이고 이조판서(吏曹判書)가 내리면 이조봉(吏曹奉)이다.327)

일반적으로 왜인이 관직을 받은 경우를 수직 왜인이라고 말한다. 본고에서는 대마주인이 수직한 경우만을 한정하기 때문에 수직 대마주인(受職 對馬州人)이라 한다. 대마주인들에게 주는 고신(告身)은 교지(敎旨)와 병조봉(兵曹奉) 뿐이었는데 그 이유는 문관(文官) 수직이 없었기 때문에 이조봉(吏曹奉)은 없다. 수직 대마주 백성이 받은 고신은 최근까지 그들 후손의 집에서 가보(家寶)로 전수되어 오다가 최근에 나가사키현립 이즈하라 역사자료관(長崎縣立 嚴原歷史資料館)으로 이관하여 보관되어 있다. 자료관에 게시된 것은 모조품이고 진품은 별고(別庫)에 소장되어 있다.328) 참고로 현존 수직 고신은 14개인데 3개는 우리나라 국사편찬위원회에 있고 11개는 대마도와 일본 열도[本州]에 있다.329)

조선 관직을 받은
대마주 백성들[受職對馬州 百姓皆]

대마도인(對馬島人)에게 최초로 내린 韓나라 관직은 고려 공민왕 17년인 서기 1368년 대마도 도주에게 내린 고려만호(高麗萬戶) 벼슬이다. 대마도 만호가 고려에 사신을 파견하였는데 조정에서 그에게 쌀(米) 1천 석을 하사하였다. 이 기록은 대마도 역사의 바이블(The Bible)이라고 할 수 있는「대주편년략(對州編年畧)」에 있다. 벼슬을 준 이유는 대마도가 고려의 목(牧)이었기 때문이다.330) 그러나 본고(本考)에서는 조선시대 대표적인 수직 대마주인 몇 사람만 다루고자 한다.

① 대마 9대 태수 종성직:
- 서기 1461년(세조7년) 6월 14일, 이조(吏曹)에서 정2품계 벼슬을 하사했다.
- 벼슬 직명:
대마도주 종성직 수판중추원사 겸 대마주 도절제사 겸 대마주 병마도절제사(對馬島主 宗成職 授判中樞院事 兼 對馬州 都節制使 兼 對馬州 兵馬都節制使).331)
- 대마주 도절제사(對馬州 都節制使)라고 한 점에 유의해서 본고를 읽어야 한다.

② 대마주인 구육(仄六)
- 서기 1396년(태조5년) 12월 21일.

---

325) 이희승 앞의 책 p.245.
326) 이희승 앞의 책 p.361.
327) 對馬歷史資料館에 平章親에게 내린 敎旨가 있고, 그 옆에는 兵曹에서 내린 兵曹奉이 있다.
328) 美津島町 尾崎 早田英夫 宅에서 筆者가 直接 確認.
329) 손승철「대마도의 조일양속관계」, 한일관계사연구회「독도와 대마도」p.112.
330) 손승철 앞의 논문 p.103.
331)「世祖實錄」世祖二十四卷 七年 六月 癸未.

- 왜선 60척을 이끌고 수백 명의 대마주인을 이끌고 투항해 왔다. 대마주인 3명을 데리고 장검과 환도를 가지고 임금께 숙배하니 임금께서 옷 등을 하사(下賜)했다.332) 태조는 선략장군 용양순위사사직 겸 해도관군민만호(宣略將軍 龍驤巡衛司司直 兼 海道管軍民萬戶)직을 주었다.333) 서기 1398년 2월 1일에 등육(藤六)으로 개명한 후에 조정에서 다시 선략장군 행중랑장(宣略將軍 行中郎將)이란 새 직책을 주었다.334) 이 직위는 서반 종4품 하(下)의 직책이다.

③ 비구시지(非仇時知)
- 서기 1396년(태조5년) 12월 22일에 비구시지(非仇時知)는 돈용교위용양순위사좌령행사정 겸 관군백호(敦勇校尉龍驤巡衛司左領行司正 兼 管軍百戶)335)직을 받았다.

④ 나가온(羅可溫)
- 서기 1396년 12월 9일 병선 60척 이끌고 투항해왔다.336) 선략 장군(宣略將軍)을 받았고, 이어서 서기 1398년 2월 17일에는 나가온(羅可溫)이 임온(林溫)으로 개명(改名)하여 선략 장군 행랑장(宣略 將軍 行郎將)을 받았다.337)

⑤ 망사문(望沙門)은 이름을 지문(池門)으로 개명했고 선략장군 행별장(宣略將軍 行別將)에 임명되었다.

⑥ 곤시라(昆時羅)는 등곤(藤昆)으로 개명하고 수직했다.

⑦ 사문오라(沙 門吾羅)는 오문(吳文)으로 개명하고 수직했다.

⑧ 삼보라평(三寶羅平)은 장보(張寶)로 개명하고 수직했다.

⑨ 오음보(吾音甫)는 신오(信吾)로 개명하고 수직했다.

⑩ 망시라(望時羅)는 장망(張望)으로 개명하고 수직했다.

⑪ 현준(賢准)은 등현(藤賢)으로 개명하고 수직했다.

⑫ 아시라(阿時羅)는 표시(表時)로 개명하고 8품(品)의 무관직인 산원(散員)을 제수338) 받았다.

⑬ 서기 1468년(세조14년) 대마주 니로군 개이후나포(介伊侯那浦) 출신 시

낭난주모(時難酒毛)는 호군(護軍) 직을 받았다.

⑭ 평원해(平原海)는 서기 1401년 3월 1일339) 의술(醫術)을 가지고 와서 수직된 자로 조정에서 전의 박사를 제수하고 평성(平姓)을 하사하였는데, 의원(醫員)·판전의감사(判典醫監事)를 거쳐 중추원부사(中樞院副事)에까지 올랐다. 특히 서기 1403년(태종3년)에는 내의(內醫)로 활약하였을 뿐만 아니라 백성들의 질병을 치료한 공로로 노비 두 사람을 하사받기도 했다.340)

⑮ 등차랑(藤次郎)은 조선술(造船術)을 가지고 귀화하여 높은 관직을 받고 조선 기술(造船技術)을 크게 전수했다.

⑯ 서기 1468년(세조11년) 대마주 니로군 구로세포(尼老郡 仇老世浦) 출신 피고구라(皮古仇羅)는 호군(護軍) 직을 받았다.

⑰ 지문(池門)은 호군직을 수직했다.

⑱ 우원지(禹原之)은 호군 직을 수직했다.

⑲ 표사귀(表沙貴)는 호군 직을 수직했다.

⑳ 도라이노(都羅而老) 등도 뒤를 따랐다.

㉑ 평장친(平長親)은 화약 성능이 아주 우수하고 정교한 총통을 가지고 온 공적으로 서기 1555년 5월 21일 절충장군 첨지중추부사(折衝將軍 僉知中樞府事)에 임명된 자인데 그의 교지가341) 이즈하라 나가사키현립 이즈

---

332) 「太祖實錄」太祖十卷 五年 十二月 乙巳條.
333) 「太祖實錄」太祖十卷 五年 十二月 丙午條.
334) 「太祖實錄」太祖十三卷 七年 二月 甲午條.
335) 「太祖實錄」太祖十卷 五年 十二月 丙午條.
336) 「太祖實錄」太祖十卷 五年 十二月 癸巳條.
337) 「太祖實錄」太祖十三卷 七年 二月 甲午條.
338) 「太祖實錄」太祖十三卷 七年 二月 甲午條.
339) 「太宗實錄」太宗一卷 一年 三月 庚申條.
340) 손승철(2005) 「대마도의 조일양속관계」 한일관계연구회 「독도와 대마도」 p.111.
341) 「明宗實錄」明宗十八卷 十年 五月 乙卯條.

하라 역사민속자료관(長崎縣立 嚴原歷史民俗資料 館)에 사본(寫本)이 전시되어 있으며, 원본은(原本)은 대한민국 국사편찬위원회(大韓民國 國史編纂委員會)에서 소장하고 있다.

㉒ 종대경(宗大卿;李大卿)은 조선시대 첫 수직 대마주 사람인 이대경(李大卿)342)으로 나온다. 서기 1397년(태조6년) 5월 6일 조선 조정에서 대마주인 종뢰무(宗賴茂)를 벼슬아치의 높임말 호칭인 대경(大卿)이라고 불렀다.343)

㉓ 서기 1414년(태종14년) 8월 7일, 왜구들이 범종을 늦게 구해주었다고 105명이 울산에 와서 행패를 부렸다.344) 조선 정부에서는 대마주에서 항복해 온 지온(池溫)을 대마주로 보내 종정무(宗貞茂)에게 두 번 다시 이런 일이 일어나지 않도록 주의를 주었다.

㉔ 서기 1462년(세조8년), 대마주 가시포(可時浦) 출신인 정가문수계(井可文愁戒)는 호군(護軍) 직을 받았다.

㉕ 서기 1460년(세조6년), 대마주 니로군(尼老郡) 출신인 다라이라(多羅而羅)는 호군(護軍) 직을 받았고 도서(圖書)도 받았다.

㉖ 서기 1458년(세조4년), 대마주 사가포(沙加浦) 출신 아마두(阿馬豆)는 호군(護軍) 직을 받았다.

㉗ 서기 1459년(세조5년), 대마주 사가포(沙加浦) 출신 육량주문(六郞酒文)은 호군(護軍) 직을 받았다.

㉘ 서기 1464년(세조10년), 대마주 사가포(沙加浦) 출신으로 육량주문(六郞酒文)의 아들인 도라마도(都羅馬都)는 사정(司正) 직을 받았다.

㉙ 서기 1469년(숙종원년), 대마주 사가포(沙加浦) 출신인 피고시라(皮古時羅)는 호군(護軍) 직을 받았다.

㉚ 서기 1470년(성종원년), 대마주 사가포(沙加浦) 출신인 평이파지(平伊巴知)는 부사호과(副司護果) 직을 받았다.

㉛ 서기 1465년(세조11년), 대마주 사수포(沙愁浦) 출신인 국구(國久)는 수직(受職)을 요청하고 세견선(歲遣船) 일소(一艘)를345) 받았다.

㉜ 서기 1460년(세조6년), 대마주 사수포(沙愁浦) 출신인 정수(貞秀)는 도서(圖書;印章)와 세견선(歲遺船) 일소(一艘)를 받았다.

㉝ 서기 1463년(세조9년), 대마주 사수포(沙愁浦) 출신인 종성가(宗盛家)의 동생은 수도서(受圖書;印章;文引)했다.

㉞ 서기 1458년(세조4년), 대마주 오온포(吾溫浦) 출신 피고여문(被古汝文)은 호군(護軍) 직과 수도서(受圖書)했다.

㉟ 서기 1467년(세조13년), 대마주 오온포(吾溫浦) 출신 종무실(宗茂實)은 사정(司正) 직을 수직했다.

㊱ 서기 1468년(세조14년), 대마주 두지동포(頭知洞浦) 출신 인평무속(平茂續)의 아들인 중미오랑(中尾吾郎)은 호군(護軍) 직을 받았다.

㊲ 서기 1465년(세조11년), 대마주 가시포(可時浦) 출신 정태랑(井太郎)은 호군(護軍) 직과 도서(圖書;印章;官印)를 받았다.

이외에도 많은 수직 대마주인이 있지만 필자가 일일이 다 찾지 못한 점 죄송하게 생각하는 바이다. 조선시대 수직인은 대마주 뿐만 아니라 일기도·송포 지역, 심지어 일본 열도와 규슈 지역 왜인들 중에도 있었다. 이렇게 일본 각지에 수직 왜인이 많다는 것은 조선이 수직 통치를 통한 정치를 아주 잘 구사했다는 증거가 아닐 수 없다.

제2절 대마도의 보물, 수직 대마주인의 현존 고신(告身)

평이야지 병조봉(平伊也知 兵曹奉)

---

342) 韓文鍾(1995)「朝鮮前期 對馬島의 通交와 對日政策」,「韓日關係史硏究」제3집 p.136.
343) 「太祖實錄」太祖十卷 六年 五月 丁巳條. (長節子씨는 李大卿은 宗大卿의 誤字이고 宗大卿은 宗賴茂로 추정하였음. 한문종 前 論文. p.136)
344) 「太宗實錄」太宗二十八卷 十四年 八月 丁未條.
345) 艘: 배 소.

평이야지(平伊也知)는 서기 1477년에 병조봉(兵曹奉)을 받았다. 고신은 교위(校尉) 직이지만 성종조(成宗朝) 때는 당상관인 첨지까지 진급한 자이다. 이름이 두 개인데 대마주 사서(史書)에 나오는 조전언팔(早田彦八)과 동일인이다. 서기 1470년(성종원년) 태수의 요청에 의해 벼슬을 내린 평무지(平茂持)의 아들이라고 한다. 특히 이들 가문의 평무속(平茂續)·평이야지(平伊也知)·평성수(平盛秀)·피고시라(皮古時羅)·중미오랑(中尾吾郞) 등 7명은 4대에 걸쳐 조선의 관직을 받고 충성을 바쳤다.346) 이들의 후손은 현재 대마시 미진도정 오자키(尾崎)에 살고 있는 조전영부(早田英夫)인데 현직은 나가사키현 중등 교사이다.

피고삼보라 교지(皮古三甫羅·敎旨)

서기 1482년(성종13년) 수직 교지이다. 선략장군호분(宣略將軍虎賁)을 받았는데 이는 종4품계이기 때문에 고신(告身)이 병조봉(兵曹奉)이 아니고 교지(敎旨)이다.

피고이라 병조봉(皮古而羅 兵曹奉·告身)

홍치(弘治) 16년(연산9년. 1503년. 대마11대 종재성)은 중국 명(明)나라 효종(孝宗) 때로 조선 연산군 9년이며 대마도 11대 태수 종재성(宗材盛;きもり) 때로 서기 1503년이다. 대마주가 사가(佐賀)에서 국분(國分;이즈하라)으로 관아를 옮긴지 35년밖에 안 되기 때문에 이즈하라 시대에서 아직까지 체계가 잡히지 않았을 때이다. 이때 아소만의 왜구 집단 은신처 오자키(尾崎) 출신인 피고이라는 조선에 항복(降伏)한 대마주 백성(降對馬州 百姓)으로 고신을 받고 왜구의 조선 침범을 막아주었던 적도 두목(賊盜頭目) 출신 가문이다. 서기 1503년 조선 연산조 때 병조판서로부터 수직한 임명장을 지금까지 보관하고 있다는 것은 대단히 소중하고 가치있게 여겼다는 것을 말한다. 이는 조선 정부가 수직 대마주인들에 대한 통치를 얼마나 잘 했는지를 준거(準據)해 주는 소중한 자료이다. 이 고신의 벼슬은 승의부위호분위(承義副尉虎賁衛)이다. 승의부위

(承義副尉)는 무반 정8품이다.

    이상 3개의 고신은 그들의 조상들에게 내린 것이므로 가보(家寶)로 간직하고 있다가 현재는 나가사키현립 이즈하라 역사민속자료관(歷史民俗資料館)에 보관 중이다. 소다(早田) 가문은 필자가 손수 찾아서 방문해 확인했다.

제3절 조선 정부, 대마주 백성들에게 고국 이주

조선에 이주(移住)한
수직 대마주 백성을 활용한 통치

대마주 백성이 조선에 이주하는 이유는 여러 가지가 있었지만 대부분 식량 문제였다. 먹고살 것이 부족하면 조선으로 건너와 정착하여 살아갈 수 있었다. 조선에서는 이주하는 대마주 백성들에게 무조건 식량과 주택, 농토를 주는 것이 아니라 지식 정도에 따라 각자 알맞은 직책과 업무를 주었다. 서기 1458년(세조4년)부터 녹봉(祿俸) 책정을 위한 근무 평가를 6월과 12월 연 2회 실시했다. 농사를 짓거나 상업에 종사하는 자는 반드시 세금도 내도록 하여 국민으로서 납세의무도 다하도록 하였다. 그리고 이들 중 일부는 대 일본(對日本) 첩보원(諜報員)으로 활용하기도 했다.[347]

   ① 평도전(平道全)
- 태조7년(서기 1398년)[348] 7월에 이주(移住)했다.
- 벼슬이 삼품계인 상호군[349]에 이르렀다.
- 서기 1408년(태종8년) 11월 16일, 호군(護軍) 평도전(平道全)이 대마주

---

346) 손승철(2005) 「대마도의 조일양속관계」, 「독도와 대마도」 p.104
347) 「世祖實錄」 世祖十三卷 四年 六月 癸亥條.
348) 「太祖實錄」 太祖十四卷 七年 七月 丙寅條.
349) 「世宗實錄」 世宗六十三卷 十六年 三月 戊寅條.

에 갔다가 귀국하면서 종정무(宗貞茂)가 상납하는 말 2필과 그동안 대마주에 잡혀갔던 조선인들을 대동(帶同)하고 귀국했다.350)

② 변삼보라(邊三甫羅)와 만시라(萬時羅)
- 서기 1423년(세종5년)에 가족 24명이 한 척의 배에 타고 와서 이주(移住)했다.
- 귀화 이유는 논밭(田畑)은 적은데 세금이 많아 생계가 곤란해 세종의 성덕(聖德)을 사모하여 귀화했다351)고 했다.

③ 마다화지(麻多和知)
- 서기 1426년(세종8년)에 이주(移住)했다.
- 대마주에 표류되었던 피로(被虜)인 덕은(德恩) 선군(船軍) 조덕생(曹德生)과 여산(礪山) 선군(船軍) 박망달(朴亡達)을 따라 이주했다.
- 식량과 씨앗을 주면서 두 사람 중에 어느 한 명과 함께 살도록 했다.352)

④ 간지사야문(看智沙也文)
- 서기 1439년(세종21년)에 조선에 이주(移住)했다.
- 제련술(製鍊術)과 의술(醫術)을 가진 자(者)로 벼슬이 부사직(副司直)을 거쳐 사직(司直)까지 승진했다.

⑤ 등구랑(藤九郞)
- 서기 1445년(세종27년) 1월 27일에 조선으로 이주했다.
- 옷·갓·신을 하사하고 가옥 1채와 노비(奴婢) 4명·안장 갖춘 말(馬)·살림살이를 하사했다.353)
- 벼슬이 호군(護軍)까지 승진한 자이다.
- 배(船)를 잘 만드는 기술을 활용해서 조선(造船)하는 일에 종사토록 했다.

⑥ 사이문구라(沙伊文仇羅)
- 서기 1441년(세종23년) 6월 25일 이주한 자.
- 경상도 관찰사에게 그의 부모가 본래 우리나라 사람이니 본국에 살도록 허가해 달라고 요청하여 이주를 허용 받았다.354)

⑦ 가오하(家吾下)

- 서기 1425년 5월 17일 이주한 자다.
- 귀화인 가오하(家吾下)를 전라도 임실(任實)로 보내 살도록 했으나 신체 불편 등의 이유로 서울(王京)에 살기를 원해 서울로 이사해서 살도록 하고 직장(職場)도 마련해 주었다.355)

⑧ 원근(源根)
- 서기 1444년 8월 27일 이주한 자다.
- 유의(襦衣) 두 벌과 말(馬) 1필(匹)을 하사했다.356)

⑨ 왜승(倭僧) 설명(雪明)은 귀국 불허했다.
- 서기 1497년(연산3년) 1월 7일 설명(雪明)의 귀국 요청을 불허했다.
- 이유는 귀화인으로 조선의 국가 기밀을 너무 많이 알고 있었기 때문에 국가 기밀 보호 차원에서 대마주로 되돌려 보내지 않았다.
- 이 중(僧)은 원래 승려가 아니었다. 규슈 하카타(九州 博多)에 살고 있던 자였는데 14세 때 대마주 사람 이라시라(而羅時羅)가 조선에 가면 의식주를 모두 해결해 주고 작질(爵秩)도 시켜준다고 하여 6명이 서기 1474년(성종5년)에 조선에 이주했다.
- 설명(雪明)은 노역(奴役)이 싫어 머리를 깎고 중(僧)이 되어 대국(朝鮮)의 여러 산을 돌아다니면서 구경하며 살고 있는데, 마침 국법이 승려(僧侶)에 대한 금령(禁令)이 매우 엄하므로 머리를 기르고 속세인(俗世人)이 되어 항거(恒居) 대마주인인 이라시라(而羅時羅)의 집에 얹혀살고 있다가 일본 구주 하카다(博多)로 돌아가려고 했던 왜자(倭者)였다.

---

350) 「太宗實錄」太宗十六卷 八年 十一月 庚申條.
351) 「世宗實錄」世宗十九卷 五年 二月 壬申條.
352) 「世宗實錄」世宗三十三卷 八年 八月 辛未條.
353) 「世宗實錄」世宗百七卷 二十七年 正月 辛丑條.
354) 「世宗實錄」世宗九十三卷 二十三年 六月 己丑條.
355) 「世宗實錄」世宗二十八卷 七年 五月 丙戌條.
356) 「世宗實錄」世宗百五卷 二十八年 八月 癸酉條. ・襦衣(유위):저거리 유, 옷 의.

- 그동안 조선 8도(道)를 돌아다니면서 산세가 험준한 강과 평야, 마을 사람들과 국가 백성들의 사소한 일까지 모르는 것이 없어, 일본으로 귀국시키는 것은 간자(간첩;間諜)를 한 사람 적군에 보내는 것이라고 판단하여 귀국을 허락하지 않고 다른 귀화인(歸化人)처럼 경중(京中;서울)에 거처하도록 했다.357)

⑩ 집단 이주(集團 移住)

- 서기 1397년 3월 25일, 대마도에서 왜선 10척이 항복해 왔는데358) 이들도 귀화인으로 정착해 살도록 했다

- 서기 1398년 5월 25일, 대마도에서 8명이 한꺼번에 이주하여 의복과 식량을 하사하고 각 주현(州縣)에 나누어 살도록 했다.359)

- 서기 1423년(세종5년) 2월 21일, 대마주 사람 변삼보라(邊三甫羅)와 만시라(萬時羅) 등이 배 한 척에 같이 타고 해운포(海運浦)를 통해 이주를 요청했다. 그 이유는 대마주에는 논밭이 부족한데 부역과 세금이 많아 살기 힘들다는 것이었다. 조선에서 인정(仁政)을 베푼다고 하니 이주(移住)해서 직업을 얻어 편안히 살고자 남녀 모두 24명을 거느리고 바다를 건너왔다. 조정에서 이를 허락하고 늙은이와 어린이·여자들에게 양식을 주어 편안히 머물게 하고 장정은 서울로 올려보냈다.360)

- 서기 1426년 1월 3일, 대마주의 시라삼보라(時羅三甫羅)·사이문구로(沙伊文仇老) 등 남녀 14명은 대마주에 친척이 없어서 생활해 나가기가 곤란하니 조선의 해변에 살면서 고기도 잡고 술도 팔아 생활을 해 나가기를 원한다면서 내이포(乃而浦)에 호소함으로 이주를 허용했다.361)

- 서기 1426년 7월 23일, 사근고라(沙斤古羅)가 처자와 중국인[漢人] 등 4명을 데리고 이주했다. 충청도 각 고을에 안치시키고 식량과 전지(田地)를 주어 살도록 했다.362)

- 서기 1429년 6월 11일, 마다시지(馬多時知) 등 3인과 사로잡힌 중국 사람 오돈이로(吾敦而老) 등이 부모는 모두 죽고 친족도 없으며, 지금 살고 있는 대마주는 땅이 메말라 농사를 지을 수 없어 굶어 죽을 지경이 되어

도망처 왔다며 이주를 청했다. 경상도 관찰사가 전택(田宅)과 양식·종자를 주어 살게 하고 오돈이로(吾敦而老)는 중국 북경으로 보냈다.363)
- 서기 1434년 3월 1일, 언사랑(彦四郎)과 종사랑(宗四郎) 등이 그의 처자와 친족 등 42명을 인솔하고 와서 대마주에 흉년만 든 것이 아니고 상수리마저 핍절(乏絶)되어 장차 아사(餓死)할 것이므로 조선에 영주하기를 원하여, 육지 깊숙한 곳에 있게 하고 의복·식량·토지를 주고 기한(飢寒)에 떨지 않게 해 주었다.364)

⑪ 울릉도·독도 거주 희망자는 이주 불허
- 서기 1407년 3월 16일, 대마주 평도전(平道全)이 수호의 토산물을 가지고 이주하면서 무릉도(武陵島), 즉 울릉도(鬱陵島)에 살기를 청하였으나 허락하지 않았다.365)

⑫ 데모했던 이주인
- 서기 1434년 4월 11일, 이주한 대마주인들이 거처(居處) 문제로 시위를 하기도 했다. 조정에서 2칸 또는 3칸 주택을 마련해 주었다.366) 시위는 조선 초기에도 통했던 것 같다.

---

357) 「燕山君日記」燕山二十一卷 三年 正月 乙酉條. •爵:벼슬 작. •秩:녹봉 질.
358) 「太祖實錄」太祖十一卷 六年 三月 戊寅條.
359) 「太祖實錄」太祖十四卷 七年 五月 辛未條.
360) 「世宗實錄」世宗十九卷 五年 二月 壬申條.
361) 「世宗實錄」世宗三十一卷 八年 正月 戊戌條.
362) 「世宗實錄」世宗三十三卷 八年 七月 甲寅條.
363) 「世宗實錄」世宗四十四卷 十一年 六月 丙戌條.
364) 「世宗實錄」世宗六十三卷 十六年 三月 戊寅條.
365) 「太宗實錄」太宗十三卷 七年 三月 庚午條.
366) 「世宗實錄」世宗六十四卷 十六年 四月 戊午條.

제10장. 우리 韓나라 백성도 자유롭게 대마주에 이주

제1절 韓나라 성씨를 사용하기도 하고 일본 성씨로

서기 1441년 6월 25일,
조선인 후손 귀환

경상도 관찰사가 아뢰기를 대마주인(對馬州人) 사이문구라(沙伊文仇羅)는 그의 부모가 본래 우리나라 사람이오니 조선에 환국해서 살기를 원한다 하여 허락했다.367)

서기 1425년 5월 17일,
황천봉(黃天奉) 대마주에 살다가 조선으로 귀환

서기 1425년 5월 17일, 대마주에서 이주(移住)한 조선어통사 황천봉(黃天奉)을 농사를 지으면서 살라고 전라도 임실에 배치했더니, 서울[王京]에 살기를 원해 서울 이주를 허용했다.368)

서기 1421년 4월 7일,
한국 신씨(辛氏) 신계도(辛戒道) 대마주는 한국 땅

대마주 8대 태수로 대마도를 조선에 바친 종정성(宗貞盛)의 사자 신계도(辛戒道)는 韓나라 신씨(辛氏)였다. 서기 1421년 4월 7일, 대마주는 조선에서 말을 기르던 韓나라 땅으로 처음부터 韓나라[조선;朝鮮] 땅이라고 하였다.369)

서기 1592년 4월 13일,
한국 성씨 5인 임진왜란 종군 통사

김씨(金氏) 1명·박씨(朴氏) 2명·이씨(李氏) 1명·단씨(段氏) 1명 총 5명이 한국 성씨를 가진 대마주 백성으로서 임진왜란 때 종군 통사로 활약했다.370)

서기 1425년 10월 18일,
김대양(金大陽)·김호심파(金好心波) 대마주에 살다가 고국으로 귀환

대마주에 살던 김대양(金大陽)과 김호심파(金好心波)가 고국으로 귀환했다. 조정에서는 고국 땅에서 정착(定着)할 수 있도록 옷가지와 신발·세간 및 하인·안장 갖춘 말(馬) 등을 하사하고 장가들게 한 후 벼슬[官職]도 주었다.371)

조선 말기 황(黃山;키야마)씨는
키야마(木)씨로

대마시(對馬市) 이즈하라정(嚴原町) 수선사(修善寺) 경내의 공동묘지(共同墓地) 격인 납골묘지(納骨墓地) 비석(碑石)에 황산묘(黃山墓)가 있다. 이 황산(黃山)씨는 경남 사천시 서포면 창원 황씨 문중(昌原黃氏門中)에서 조선 말(朝鮮末)에 대마주로 살러간 황씨(黃氏)였다. 서기 1945년 8월 15일, 일본이 패전하기 전까지는 고향인 사천시 서포 문중의 친척에게 문안 인사오곤 했다고 한다. 그러다가 6·25 이후 소식이 단절되었다고 문중 어른께서 필자[황백현;

---

367) 「世宗實錄」世宗九十三卷 二十三年 六月 辛酉條.
368) 「世宗實錄」世宗二十八卷 七年 五月 丙戌條.
369) 「世宗實錄」世宗十一卷 三年 四月 己亥條. 辛氏의 本은 靈山이 많음.
370) 黃白炫(2010) 「對馬島의 韓語學習에 관한 硏究」 p.54. 東義大 博士學位 論文.
371) 「世宗實錄」世宗十卷 七年 十月 癸未條.

黃白炫]에게 잃어버린 친척을 찾아보라는 명령을 내렸다. 본인은 문중 어른의 하명을 받고 연고를 찾기 시작했다.

　마침 이러한 문제에 관심이 많은 오오타(太田)라는 사람을 만나게 되었다. 오오타는 현재 대마시 엄원정에서 호텔업과 잡화상(雜貨商)을 경영하는 사람인데 명치시대 이전부터 조선 백미(白米)를 대마도에 수입하는 무역 중계상의 후손이다. 필자의 부탁을 받은 오오타가 각종 문헌과 주위의 고령자에게 수소문한 결과 대마도에는 黃(황)으로 시작하는 성씨(姓氏)는 없다고 했다. 필자가 찾아낸 황산(黃山)씨는 조선에서 대마도로 이주해 살다가 사망한 자로 판명된다고 했다.

　황산씨는 서기 656년 우리 韓나라 백제 비구니 법명(法明;일부 서적에는 법묘(法妙))이 창건한 절[寺刹]이기 때문에 사망 후 이곳에 장사지내고 묘비를 세운 것으로 추정된다고 했다. 그리고 조선시대 대마주에 살다가 사망한 자들은 대부분 수선사와 같이 조선과 인연이 있는 곳에 묘를 썼다고 했다. 황산(黃山)을 일본어로 키야마로 발음하는데 후에 같은 발음이 나는 木山(키야마)이 일부는 키카와(黃川)로 변경해서 일본 전역으로 이주했다고 한다.

서기 2000년 부두철(夫斗哲)은
모리(森山) 성씨로 〈森山斗哲〉

재일본 한국민단 대마도지부 사무국장을 역임한 부두철(夫斗哲)씨는 일본 성씨를 모리야마(森山)로 사용하면서 상대마도정 긴(琴)에 거주(居住)한다.

서기 2011년 현재 영월 엄(嚴)씨는
키무라(木村)로

대마도 히타카츠(比田勝)에서 상대마 크리닝구라는 세탁업(洗濯業)을 하는 강원도 영월 엄(嚴)씨는 일본 성씨를 키무라(木村)로 사용하고 있다.[372]

부산(釜山)씨와 부옥(釜屋)씨도 살고 있는 대마도

이즈하라(嚴原) 미와타니(宮谷)에는 부산에서 건너간 사람들이 부산(釜山)과 부옥(釜屋)을 성(姓)으로 사용하면서 집성촌을 이루어 살고 있다.

---

372) 20˙1년도에 대마도 전문 가이드인 崔美映氏가 직접 확인한 사실임.

제11장. 조선의 대마주 통치관

제1절 조선의 인물별 대마주 통치관

서기 1421년 4월 7일, 대마주 사람인 신계도(辛戒道)가 말하기를 "대마주는 본시 대국[조선;朝鮮]에서 말을 기르던 땅."이라고 하였다.373) 신계도는 대마주 태수 종정성의 사자로 조선을 왕래하던 자이다. 위의 구절을 먼저 읽고 조선시대 국정 담당자들의 대마주 관점(觀點)을 보면 한층 더 깊은 의미를 음미할 수 있을 것이다.

세종(世宗): 서기 1419년 6월 6일,
대마도는 본시 아국지지374)

'대마도는 처음부터 우리나라 영토였는데, 궁벽하게 막혀 있고 또 협소하므로 왜인(倭人)이 거류하게 되더니 개같이 도적질하고 쥐같이 훔치는 버릇을 가지고 경인년부터 뛰어 놀기 시작하였다.'라고 기해동정 출전(出戰) 전 교유문(教踰文)에서 밝힌 세종의 대마도관(對馬島觀)이다. 정벌 후 태수에게 보내는 교유문(教諭文)에서는 '대마도는 경상도 계림(鷄林)에 속하였던 바, 본시 우리나라 땅이라는 것이 문적(文籍)에 실려 있어 확실하게 상고할 수 있다.'375)고 했다. 조선의 4대 임금 세종대왕마저도 대마도는 신라시대부터 우리 韓나라 영토였다는 속지관(屬地觀)을 가지고 있었다.

송희경: 서기 1420년
대마주는 조선의 부용지(附庸地)

부용국(附庸國)이란 종주국(宗主國)에 부속하여 명령에 쫓는 약소 국가를 말한다.376) 대마주는 조선의 종속국으로서 종주국인 조선의 통치에 순응하는 섬이라는 뜻이다. 일본이적관(日本夷狄觀)의 바탕 위에서 대마주를 조선 부용지(附庸地)인 종속의 섬으로 인식한 그는 조선과 대마주는 한 집안이기 때문에 대마주는 조선의 부속된 땅이라고 굳게 믿고, 당시 대마주 소선월(小船越) 지역을 지배하고 있던 토호 세력인 만호 좌위문태랑(左衛門太郎)과 대화 중에 "두 사람은 같은 왕의 신하(對馬島 東面 船餘串377) 示萬戸 ——中略—— 亦是 純臣)378)다."라고 했다.

세종: 서기 1433년 11월 21일,
대마주는 조선의 변경(邊境)

아국지경(我國之境) 『대마주는 곧 우리나라 변경이니.』379)

황희(黃喜): 서기 1433년 11월 21일,
본시 우리 땅인데 고려 말기 왜적이 웅거

"대마주는 본시 우리나라 땅인데 고려 말기에 국가의 기강이 크게 허물어져 도적을 금하지 못해 마침내 왜적이 웅거하는 섬이 되었습니다."라고 위 세종의 말씀에 대답했다.380)

---

373) 「世宗實錄」世宗十一卷 三年 四月 己亥條.
374) 韓日關係史研究會(1997) 「獨島와 對馬島」 p.158. 하우봉 「한국인의 대마도 인식」 • 喻:깨칠 유.
375) 韓日關係史研究會(1997) 「獨島와 對馬島」 p.132. 하우봉 「한국인의 대마도 인식」
376) 李熙昇(1981) 「국어대사전」 p.1588.
377) 小船越 · 村井章介 · 校注. 앞의 책. p.44.
378) 宋希璟 앞의 책 p.197.
379) 「世宗實錄」世宗九十四卷 二十三年 十一月 甲寅條.
380) 하우봉 앞의 論文 收錄한 앞의 책 「대마도와 독도」 p.136.

강권선: 서기 1444년 4월 30일,
대마주는 조선의 목마지(牧馬地)
강권선(康勸善)이 대마주 이끼도[一岐島] 등을 다녀와서 보고하기를 일본인도 "대마주는 조선의 목마지(牧馬地)라고 했다."고 보고했다.381)

세조(世祖): 서기 1461년 8월 28일,
대마주는 조선의 번병(藩屛)
경의 조부가 대대로 우리나라의 남쪽 변방(邊方)을 지켜 나라의 번병(藩屛)이 되었는데, 지금 경이 선조의 뜻을 이어 더욱 공경하고 게으르지 아니하여 거듭 사람을 보내어 작명(爵命) 받기를 청하니 내가 그 정성을 가상히 여겨 특별히 숭정대부382)를 내린다. 세조의 대마주 통치관은 동쪽 국경인 동쪽 울타리로 생각했다. 조선7대 임금 세조(世祖)가 대마주 태수를 가리켜 조선 조정의 신하(臣下)를 부를 때 호칭인 경(卿)이라고 했다. 이는 대마주 태수를 조선국 신하와 같이 인식하고 있었다는 통치관(統治觀)에서 나온 호칭일 수밖에 없다.

최항(崔恒): 서기 1461년 8월 28일,
대마주 태수 조선의 남쪽 번병(藩屛)
이조판서(吏曹判書) 최항(崔恒)에게 명하여 대마주 태수(對馬州太守) 종성직(宗成職)에게 내려줄 교서(敎書)를 기초하여 아뢰게 하였다. 그 교서에 이르기를 '경(卿)의 조부(祖父)가 대대로 남쪽 변방(邊防)을 지켜 나라의 번병(藩屛)이 되었는데 운운.'383)

송질(宋軼): 서기 1494년(성종25년) 2월 27일,
대마주는 조선의 번신(藩臣)
홍문관부제학(弘文館副提學) 송질(宋軼)이 차자(箚子)를384) 올리기를 '그윽이 생각하건대 대마주(對馬州)는 바로 우리나라의 번신(藩臣)이므로 은덕으로 위로하고 엄위(嚴威)로 대하면서 포상(褒賞)할 일이 있으면 특별히 선위사(宣慰

使)를 보냈고, 통유(通諭)할 일 같으면 사자(使者) 편에 부송(付送)하여 사개(使价)를 번거롭게 하지 않고서도 국가의 체통을 엄히 지켜온 것은 조종조(祖宗朝)로부터 그러했습니다. 그런데 지금 제포(薺浦)의 대마주 사람들이 우리 백성과 어량(漁梁)을 다투다가 관차(官差)를 구타하였으니, 이는 마땅히 태수(太守)에게 유시하여 그 죄를 다스려야 합니다. 그런데 특별히 조관(朝官)을 파견하시니 그 불가함이 세 가지입니다.'385)라고 했다

예조: 서기 1502년 1월 19일,
대마주는 조선의 주현(州縣)
"'너희들이 우리 조선의 작명(爵名)을 받고 있으니 편맹(編氓)386)과 다름이 없는데 어찌 너의 섬(島)을 가지고 감히 우리 조선과 두 나라라고 일컬을 수 있겠는가? 너의 태수는 우리에게 신하라 일컫고 있으니 우리나라의 1개 주현(州縣)에 불과할 뿐이다."라고 하였더니 국조(國祚)는 변명을 못하고 물러갔습니다. 다만 이 일이 변방에 관계가 있는 까닭으로 조정으로 하여금 널리 의논하게 하려고 하는 것입니다.'387)하였다.

이황(李滉): 서기 1555년 경,
대마주와 조선은 부자 관계(父子關係)
세계적인 대유학자이며 명종10년에 예조판서를 지낸 퇴계 이황 선생은 조선과 대마주의 관계를 중국 대 오랑캐와 관계를 비교하여 부자(父子)388) 관계라고

---

381) 「世宗實錄」世宗百四卷 二十六年 夏 四月 己酉條.
382) 한일 관계사 연구회 앞의 책 p.136.
383) 「世祖實錄」世祖二十五卷 七年 八月 乙未條.
384) 箚子:차자. 조선 시대 관료가 국왕에게 올리는 간단한 서식의 상소문이다.
385) 「成宗實錄」成宗二百八十七卷 二十五年 二月 丙戌條.
386) 편맹(編氓):평민으로 호적에 편입된 자를 이름. 백성이란 의미.(사기:史記)
387) 「燕山君日記」燕山42卷 八年 正月 壬辰條.
388) 한일관계사연구회(2005) 「독도와 대마도」 p.137 하우봉 「한국인의 대마도 인식」

했다. 또 세사미 의미에 대해서도 '귀주가 충성을 다해 바다를 든든히 지키는 공적을 가상히 여겨 해마다 하사한다.'라고 대마주를 우리나라의 수비병(守備兵) 역할을 하는 섬으로 규정하였고, 나아가 '더욱 충실하게 힘써서 길이 번국(藩國)의 복을 누리라.'고 하였으니 조선을 섬기는 태도에 따라서 대마주의 운명이 좌우되는 예속의 섬으로 보았다.

김성일(金誠一): 서기 1591년,
대마주는 조선의 동번 · 신하 · 부용지

원문: 夫此島之我國如何也 世受國恩 作我東藩 以義君臣也 以土則附庸也.

음독: 부차도지아국여하야 세수국은 작아동번 이의군신야 이토칙부용야.

김성일(金誠一): 서기 1591년(선조25년) 일본의 토요토미 히데요시(豊臣秀吉)를 만나고 돌아오는 길에 대마주에 들러서 동행한 서장관 허성에게 "대마주는 우리나라(조선)와 어떤 관계에 있습니까? 대대로 국가의 은혜를 받아 우리의 동쪽 울타리가 되고 있으니 의리로 말하면 임금과 신하요, 땅 덩어리로 말하면 부용입니다."라고 말했다. 이는 동번(東藩)으로서 군신관계(君臣關係)이고 부용지(附庸地)389)라는 의미이다. 390)

학봉공(鶴峰公)은 서기 1590년 일본 토요토미 히데요시를 만나 왜(倭)가 조선을 침략할 것인지 못할 것인지를 살피기 위한 정보 수집 첩보통신사로 갔다가 서기 1591년에 돌아온 사람이다. 중차대한 임무를 띠고 도일했다가 귀국하는 도중에 어찌하여 간첩 겐소(玄蘇)와 시(詩)를 주고받았고 후손들은 서산사에 시비까지 세웠을까? 그리고 서산사 뒷산 공동묘지 최상단 간첩 현소의 묘(부도탑) 옆 1m 거리에 학봉 김성일 선생 공양탑까지 세워 놓았을까? 특히 시(詩) 내용 또한 애국심과 충성심을 의심케 한다. 391)

• 우리가 꼭 알아야 할 역사(歷史)는 학봉 선생이 간첩 현소(玄蘇)와 잔을 나누면서 시(詩)를 짓고 숙박(宿泊)한 서산사(西山寺)는 현존 사찰이 아니라

예천원 옆에 있었는데 지금은 없어졌다. 현재 서산사는 명치 원년에 이전 신축한 것이다.

경상감사 : 서기 1594년 8월 30일,
대마주는 조선의 동번(東藩)

경상감사가 대마주 태수 종의지(宗義智)에게 보낸 글에서 대마주를 조선의 동번이라고 했다. 동번(東藩)392)은 우리나라 동쪽 울타리라고 생각했다. 그러니까 태수는 "마땅히 조선의 신하로써 우리나라를 섬겨왔기 때문에 우리나라에서 대우도 매우 후하게 하여 곡식을 주어 먹이기도 했고 베(布)를 주며 옷을 입히기도 하였다. 온 섬의 백성이 그 할아버지 아버지 때부터 길러준 은택을 입어 생활을 해왔으니 조그만 것도 우리나라의 은택이다. 족하(足下)가 나이가 어려서 혹시 듣지 못했으면 노인에게 물어보면 알 수 있을 것이다."393)라며 동번이란 생각을 가지고 있었다.

오윤겸(吳允謙): 서기 1617년 10월,
대마주는 조선의 번병

〈지성사대 종시일심 영번병가야(至誠事大 終始一心 永藩屛可也)〉

'지성으로 사대하며 시종 한마음을 가져 영원히 번병(藩屛)이 되어야 할 것이다.'라고 오윤겸은 제2대 조선 쇄환사(刷還使) 정사로 일본에 행차하면서 중간 기착지인 대마주에서 태수와 주고받은 대화 내용을 그의 저서 「동사상일록(東槎上日錄)」에서 밝히고 있다.394)

---

389) 附庸:가장 작은 나라로 천자에게 바로 통하지 못하고 이웃 제후국에 붙어 있는 나라이다.
390) 고전국역총서(1977)「海行摠載」卷 一 p.34 金鶴峰海槎錄三. 答許書狀書 解說 p.280
391) 이 부분은 오로지 필자 개인의 관점임을 분명히 밝혀 둔다.
392) 東藩:東邊 國境의 藩屛(東쪽 國境을 接한 地域을 지키는 屬地)
393) 「宣祖實錄」宣祖五四卷 十七年 八月 乙亥條..
394) 하우봉 앞의 논문을 실은 「한국인의 대마도 인식」p.161

161

**조경(趙絅): 서기 1643년,
대마주는 조선의 한 고을(州)**

서기 1643년(인조21년) 제5대 통신사 부사(副使)인 공은 "너희 조그마한 대마주(對馬州)는 --중략-- 충심(衷心)을 다해 백년토록 하늘의 복을 받을 지어다."라고 하면서 대마도를 조선의 하나의 주(州)로 보았다.395)

**신유한(申維翰): 서기 1719년 6월 30일,
대마주는 조선의 관인 통치 하의 번신(藩臣)**

제9대 조선통신사 제술관으로 동행했던 신유한은 대마주를 일컬어,

원문: 此島中不過如朝鮮一州縣 太守受圖章食朝稟 朝大小請論 有我國藩臣之義

음독: 차도중불과여조선일주현 태수수도장식조름 조대소청논 유아국번신지의

해설: 이 섬은 조선의 한 고을에 지나지 않는다. 태수가 도장(圖章;官印)을 받았고, 조정의 녹을 먹으며 크고 작은 일이 있을 때 보고하고 지시를 받으니 대마주는 우리나라의 번신(藩臣) 관계라고 했다.396)

**조엄(趙曮): 서기 1763년 10월 8일,
대마주는 조선의 외복지(外服地)**

원문: 盖此馬島 本是朝鮮所屬 未知何國何時 入於 日本 --中略-- 旣居朝鮮之舊地 世受朝鮮之圖書 又以公米公木 藉以生活 則便是朝鮮之外服地.397)

음독: 개차마도 본시조선소속 미지아국하시 입어일본 --중략-- 기거조선지구지 세수조선지도서 우이공미공목 자이생활 즉변시조선지외복지.

해설: 우리나라에 고구마(甘藷;감저)를 전래한 자로 더 잘 알려진 제11대 조선 통신사 정사 조엄이 대마주 태수에게 한 이야기 중에 대마주와 조선의 관계를 밝힌 대목을 그의 여행기인 「해사일기(海槎日記)」에 기록한 내용

이다. 외복지(外服地)란 번병(藩屛)과 같은 의미로 신속지(臣屬地)를 뜻한다고 보면 무리가 없다.

원중거(元重擧): 서기 1763년,
일본인도 대마주 섬사람은 야만인(蠻夷)

일본인들이 내국인은 본주(本州)인을 말하고 대마주 사람들은 만이((蠻夷)라고 부르기도 하는데, 이는 일본 본주 사람들이 대마주 섬사람들을 낮추어 부르는 비칭(卑稱)이다.398)

안정복(安鼎福)399): 대마주는
조선의 예속된 속국(屬國)

대마주는 신라·고려 이래로 조선 초(朝鮮初)에 이르기까지 우리나라가 속국(屬國)으로 대해 왔으며 동국여지승람(東國輿地勝覽)에 "예전에는 계림에 예속되었다"라고 하였고, 태종이 기해년에 대마도(對馬島)를 정벌할 때 교서에서도 "대마도는 본시(本是) 우리 땅이었다"고 하였으니 가히 증거 되는 바이다. 그리고 대마도를 정벌한 일은 마땅히 속국을 꾸짖는 방책이다. 그는 대마주가 우리 영토인 것은 문적에도 나오는바 확실한 사실이라고 말했다. 그는 「삼국사기」·중국의 「삼국지」·「북사(北史)」 등에 대마도(對馬島) 관련 기사를 검토하여 대마주(對馬州)와 조선의 관계를 밀접성(密接性)과 유구성(悠久性)을 근거로 들어 그의 저서 「동사외전(東史外傳)」에서 대마주는 조선의 속국이라는 논리를 입증하고 있다.400)

---

395) 한일관계사연구회 앞의 책 p.147.
396) 한일관계사연구회 앞의 책 p.147~148.
397) 趙曮 「海槎日記」 癸未年 10月 8日, 한일관계사연구 「하우봉 논문」 앞의 책 p.162.
398) 元重擧 著, 李成佑 編 「和國志」(1990) 서울 亞細亞文化史 p.43. [對馬島鞨夷 無文蛟 脣 幷生其人壯健長大絶異內國.]
399) 安鼎福(1712~1791):조선 학자.
400) 한일관계사연구회 앞의책 p.149. 안정복 「동사외전」 재인용.

정약용(丁若鏞) : 언어와 복식도 조선과 유사하나
일본 본주와 상이(相異)

대마주 사람들의 언어와 복식(服食)에 대해 안정복의 후배학자인 다산 정약용은 그의 저서 「비어고(備禦考)」 권4 마도사안(馬島事案)에서 대마주가 본래는 우리 영토였다는 것을 지적했다. 대마주의 언어와 복식(服食) 등 문화가 우리나라와 비슷하고 일본 본주(本州)와 구별된다는 점을 지적하며 안정복의 대마주 조선 속국론에 동의(同議)하였다.401)

증보동국문헌비교(增補東國文獻比較):
1508년 대마주는 조선 소속

대마도는 본래 우리나라 소속 지방이다. 지금은 비록 일본 땅이 되었으나 본래 우리나라 지방에 속했던 까닭에 섬 안 남자들의 언어와 부녀들 의복이 조선과 많이 유사하다. 그들이 왜(倭)를 말할 때 반드시 일본이라 하고, 일본 사람들도 그들을 대우하기를 역시 내지(內地) 사람들과 달리 하였으므로 백성들이 모두 일찍이 순수한 왜인으로 자처하지 않았다.402)

조엄(趙曮): 서기 1764년 10월 28일,
대마주 백성은 조선 땅인 대마주에 살면서 대대로 조선의 도서(圖書)

서기 1764년(영조40년) 10월 28일, 제11대 조선 통신사 정사로 일본을 다녀오면서 대마주 태수로부터 대마주 기호식품인 고구마를 선물로 받아 귀국한 후 전파시킨 조엄(趙曮)의 「해사일기(海槎日記)」에 '대마주 백성은 조선의 땅인 대마주에 살면서 대대로 조선의 도서(圖書)를 받으며 살고 있다.'고 했다.

   결어 : 본장에서 조선의 대마도관을 정리해 보면,
   기미지(羈縻地)·(조선의 한) 고을(州)·군신관계(君臣關係)·동번(東藩)·

만이(蠻夷)·목마지(牧馬地)·부용지(附庸地)403)·부자관계(父子關係)·번병(藩屛)·번신(藩臣)·신하(朝鮮의 臣下)·속국(屬國)·소속(朝鮮의 所屬)·아국지지(我國地之)·예속국(隸屬國)·외복지(外服地)·주현(州縣) 등이었다.

---

401) 한일관계사연구회 앞의 책 p.149.
402) 삼포왜란을 진압한 황형(黃衡) :조선 중종 때 사람, 대마도를 무력으로 정복할 것을 주장한 조선 중기의 대표적인 인물.
403) 附庸:가장 작은 나라로 천자에게 바로 통하지 못하고 이웃 제후국에 붙어 있는 나라이다.

제12장. 조선의 대마주 경제 통치

제1절 우리 韓나라에서 먹여 살린 대마주

서울에 대마주 경제 지원
센터 동평관 Open

① 명칭: 동평관(東平館)404)
② 개설: 서기 1409년(태종9년).
③ 위치: 서울시 중구 예관동(藝館洞).
④ 설립 목적 및 문제점: 조선 초기 왜구에 대해 회유(懷柔) 정책을 취했을 때 수많은 대마도인이 왕래하였기 때문에 동·서평관(東·西平館) 두 곳을 두었다. 세종 때 왜구가 어느 정도 진압되자 국가의 재정 지출을 막기 위해 대마도인들의 왕래를 억제하면서 서평관은 폐지하고 동평관만 유지했다. 사신(使臣)의 접대 및 숙소로 뿐만 아니라 대 조선 대마도 상인(對朝鮮 對馬島 商人)들도 거처하면서 교역을 하도록 지원했다. 그러나 동평관에 거처하는 대마도인들은 조선 정부의 통제를 어기면서 밀무역은 말할 것도 없고, 부녀자를 희롱(戱弄)하여 풍기문란으로 의금부(義禁府)에 구금되기도 했다.

실례로 서기 1443년(세종25년)에 다라사야문(多羅沙也文)이란 자는 어두운 때를 이용해 관문(館門)을 함부로 드나들어 수문장(守門將)이 제지하자, 폭력을 휘둘러 상처를 입히는 사건이 발생해 대마도 태수에게 다라사야문(多羅沙也文)을 다시는 보내지 말라는 지시문을 보내기도 했고,405) 심지어 조선 정부의 기밀을 막부정권에 제공하는 간첩 역할까지 하는 등 문제점 또한 수없이 많았다.

⑤ 대마도 상인들의 취급 상품: 대마도 상인들이 조선에 판매하는 상품은 주로 나가사키(長崎)를 통한 남방산 식품과 기호품으로 고추·호주·물소뿔·호박과 공작 같은 생물도 있었다. 반면 우리 韓나라에서 가져가는 물품은 백미(白米)와 황두(黃豆) 같은 식량(食糧)이 최우선이었다. 두 번째는 일본 열도 사람(列島 人)들에게 가장 인기 있는 인삼(人蔘)이고, 세 번째는 경도 실크의 원료인 백사(白絲)였다. 그 외에도 호피(虎皮)·청밀(淸蜜)·잡채화석(雜菜花席)·송자(松子)·백포(白布)·면포(綿布)·소주(燒酒)·계피(桂皮)·건시(乾柿)·차(茶)·흑마포(黑麻布)·백저포(白苧布)·건대구어·세면포(細綿布)·점백미·유둔(油芚) 등이었다.[406]

조선시대 대마주
경제 현상(對馬州 經濟現狀)

(1) 대마도 2000년 역사상 조선에서 식량을 구하지 않게 된 것은 20세기 후반 현대뿐이 아닌가 하고 생각한다. (현대에 들어와서 일본 열도에 쌀이 남아돌았기 때문에……)

원어: 私には、それも對馬の人たちではないかと思われる。2000年の歷史の中で、對馬が食糧を朝鮮に求めないのは、20世紀後半の現代だけではないだろうか。日本列島に米が余っているからである。[407]

(2) 조선 쌀을 갈망하는 대마도 민요로는,

---

404) 「太宗實錄」太宗十七卷 九年 二月 己亥條.
405) 「世宗實錄」世宗百卷 二十五年 六月 甲午條.
406) 黃白炫(2010) 東義大學校 博士學位論文 「對馬島의 韓語學習에 관한 硏究」p.114.
407) 永留久惠(1975) 「古代史鍵·對馬」p.105

원어: 遠くとべ、朝鮮までとべ、朝鮮まで行って 米持ってこい
음독: 토오쿠토베, 조선마데토베. 조선마데 잇데 고미못데코이
해설: 멀리 날아라, 조선까지 날아라, 조선까지 가서 쌀을 갖고 오너라

이는 대마주 어린이들이 민들레꽃이 지고나면 앙상하게 남는 하얀 솜털을 호호 불면서 부르는 민요(民謠)이다.408) 우리 韓나라 쌀이 아니면 먹고 살수가 없는 대마주(對馬州)이기 때문에 세종 원년인 서기 1420년 초 정월(正月) 10일에 我島 依 貴國(아도 의 귀국)을 호소하면서 토지가 척박하여 살 수 없어 섬을 바치니 받아주시고 섬사람들은 거제도에 가서 농사를 지으며 살아갈 수 있도록 해 달라고 호소할 수밖에 없는 실상을 잘 묘사한 민요(民謠)다. 민요는 동심이고 동심은 천심이라고 했거늘, 대마도가 경상도 대마주(慶尙道 對馬州)로 조선에 통합되는 것은 인심(人心)이 아니라 천심(天心)이였다는 점을 하늘이 증명해주는 민요(民謠)다.

(3) 식량이 부족하면 자식을 죽였다.
ⓐ 식량이 부족하면 자식을 마비키(間引き)한 대마주(對馬州)
원문: 舊藩時代の 島民の 主食は麥と甘藷で、それでも足らぬので出生兒を 葬る 間引きという 人口調節が行なわれた。409)
해설: 구(舊)번 시대 대마주 사람들의 주식은 보리와 감자였다. 그것도 부족하여 출생아를 죽이는 마비키(間引き;솎아내기)로 인구를 조절했다. 대마주는 식량의 절대량이 모자라기 때문에 산아제한을 할 수 없던 옛날에는 갓난 애기가 여자일 때는 산모가 엎어 죽이는 인구 조절 정책을 실시했다.
ⓑ 식량이 부족하면 영아 수장(嬰兒水葬) - 자식을 바다에 던진 대마주
숙종(肅宗) 때 통신사 윤지원(倫趾院)이 대마주 통사(通詞)에게 묻기를 대마주는 오곡이 나지 않는다고 하는데 생계 대책을 어떻게 하느냐 물으니, 통사가 "기를 수가 없으니 자식을 낳으면 바다에 던지기도 합니다."라고 대답했다고 일본학자 페원단(幣原但)이 서기 1952년 발행한 조선학보 대마문제(朝鮮學報 對馬問題)에서 실토(實吐)했다.410)

(4) 서기 1657년(효종8년), 평생 조선 쌀밥을 못 먹은 대마주 관리

원문: 朝鮮 貿易により輸入された白米を絶對に食せず、生涯麥飯 菜食を通したという. 411)

해설: 조선 무역에 의해 수입되는 쌀밥을 절대 먹지 않고, 일생동안 보리밥과 채식만을 했다.

평생 조선 쌀로 지은 밥을 안 먹은 수야마토츠안(陶山訥庵)은 서기 1657년에 대마주 이즈하라(嚴原)에서 출생하여 서기 1732년에 사망한 대마주 성인(聖人)이다. 그런데 조선 쌀밥을 안 먹은 것이 아니라 못 먹은 것이다. 조선의 경제 통치 하에서 겨우 입에 풀칠이나 하면서 살아가는 대마주는 관리가 조선 쌀(白米;찹)로 지은 쌀밥을 못 먹을 정도로 쌀과 식량이 부족했다.

(5) 서기 1776년(영조52년), 조선 무역이 부진할 때는 막부로부터 매년 1만2천 냥의 돈을 차용했다.

원문: 朝鮮 貿易 不振となる。これより幕府より 毎年 1万 2千 兩の給付を受っる. 412)

(6) 서기 1834년, 조선의 흉작과 왕궁 소실로 말미암아 무역이 단절되었을 때 막부로부터 1만 냥의 현금을 차용했다.

원문: 朝鮮の 凶作及び 王城 燒失により 貿易 絶滅し、幕府より 1万 兩を 借りる. 413)

---

408) 永留久惠(1994)「古代史鍵 · 對馬」p.13 • 鍵:열쇠 건.
409) 齊藤集人(昭和52:1977) 東京 講談社 出版「國境線 對馬」p.17
410) 幣原但(1952)「朝鮮學報」第1 對馬問題 p.2. 羅鐘宇(1996) 韓國中世 對 日交涉史 硏究 p.124.
  • 幣:비단 폐. • 但:다만 단.
411) 齊藤集人(昭和52:1977) 東京 講談社 出版「國境線 對馬」p.52
412) 對馬觀光物産協會(平成20)「つしま百科」p.19

(7) 조선은 경제 통치로 대마도 GDP 70%를 좌우지했다.

서기 1665년(조선 숙종11년, 대마주 태수 종의진10년) 대마주 인구는 23,900명이었으나 서기 1727년(조선 영조3년, 대마주 태수 종의성10년) 대마주 인구는 32,063명으로 62년 만에 인구가 8,163명이나 증가했다. 태초부터 경작지가 부족한 대마주이기 때문에 식량 증산이 인구 증가에 따라가지 못했다. 그 해결책을 조선과의 무역에서 얻어지는 이익에서 충당했다. 대마주 생산량은 쌀 1,500석 · 보리 16,000석 · 메밀 5,000석 · 대, 소두 6,000석 합계 28,500석이다. 약 30,000석으로 계산하고 조선 상품을 일본 본주에 팔아(중계 무역으로) 약 70,000석을 벌어와서 대내외적(對內外的)으로 공포(公布)한 GDP(석고;石高) 100,000석이 된다. 그래서 대마주는 경제의 70%를 조선에 의지할 수밖에 없었다. 모자라는 70%를 조선으로부터 충당해야 했기 때문에 무조건 조선의 경제 통치를 받지 않을 수 없었다.414)

(8) 대마도 명치 · 대정시대 특등급과 일등급의 조선 쌀밥을 먹었다. 이때는 소위 한일 병합시대로 조선이 일본의 식민지시대였다.

원문: 明治時代 朝鮮との 貿易が 開かれてからは 朝鮮米が 輸入され、特等米や 一等米などという 朝鮮米を、大正年間 われわれの 幼年時代に 食ったことを 覺えている。415)

해설: 명치시대 본주와 조선과의 무역이 시작되면서 대마도에 조선 쌀(米)이 수입 되었는데, 특등급과 일등급의 조선 쌀(米)을 대정시대 우리들은 어린 시절 먹었던 것이 기억난다.

위 내용에서 대마주(對馬州)는 조선의 경제적 지원 없이는 생존이 불가능했다는 점을 알게 되었다. 마치 광복 후(1945년 8월 15일) 대한민국(남한)은 미국의 경제 지원 하에 있었기 때문에 미국의 통치를, 북한은 소련의 경제적 지원 하에 있었기 때문에 소련의 통치를 받을 수밖에 없었던 것과 같다. 조선에 경제력의 70%를 의지했던 대마주는 조선의 경제 통치를 수용

할 수밖에 없었을 것이란 사실을 우리의 경험으로 충분히 알 수 있다.

조선시대 대마주
경제 지원(經濟支援) 현황

① 서기 1399년(정종1년) 9월 10일 대마도 도총관 종정무의 사승(使僧)이 입궐했을 때 선물로 흑마포(黑麻包) 3필(匹)·백저포(白苧布) 3필·호피(虎皮) 1령(領)을 하사했다.416)

② 서기 1400년(정종2년) 4월 18일 대마도주 형부소보 종정무가 말(馬) 16필을 바치고 도적질을 금지시킬 것을 약속하여 선물을 하사했다.417)

③ 서기 1406년(태종6년) 3월 29일 대마도주 종정무에게 미두(米豆) 200석을 하사했다.418)

④ 서기 1406년(태종6년) 9월 26일 대마도 수호 종정무가 공작(孔雀)을 바쳐 임금이 상림원에서 기르라고 한 후 많은 쌀과 콩, 생필품을 하사했다.419)

⑤ 서기 1407년(태종7년) 7월 29일 대마도주 종정무에게 조미(造米)와 노란 콩 300석·송자(松子) 100근·마른감 60속·소주 10병·청주 30병·거위 1마리·은어 1항아리를 하사했다.420)

---

413) 對馬觀光物産協會(平成20)「つしま百科」p.19 ・仕:벼슬할 사. 일로 삼다. ・猪:돼지 저.
414) 長崎縣立對馬歷史民俗資料館 Pamphlet. 慶長 條約 黃白炫(2005)「對馬島歷史觀光」p.275. "前略— 以上의 領地를 對馬 本國과 合세서 石高 一萬七千八百石余となつて表高ざっと 二萬石, 朝鮮貿易의 利를 石高에 見積つて十萬石의 格式을 以て 遇されいた。이 格式에 對し人口と食糧とのバランスはどうであつたか,今ま で 幕府によつて檢地が行われたことはなかつたが、—享保十二年의 頃에는 米千五百石, 麥 一萬六千石, ソバ 五千石, 大小豆六千石で, 人口는 寬文五年二萬 三千九百人, 延寶五年 二萬九千六百十九人, 享保十二年에 三萬二千六十三人であるから、——食糧不足は深刻であつた。この不足の補いは島外に求めるとすれば、先ず 田代米であるが、これでも 足らないから 貿易に活路を求めなければならない,朝鮮との和交が 對馬の死活の 問題である理由がうなずかれるであろう。"
415) 齊藤集人(昭和52;1977) 東京 講談社 出版「國境線 對馬」p.17 ・饑:주릴 기. 굶주리다.
416)「定宗實錄」正宗二卷 元年 九月 丁丑條.
417)「定宗實錄」定宗四卷 二年 四月 癸丑條.
418)「太宗實錄」太宗六卷 六年 三月 己未條.
419)「太宗實錄」太宗十二卷 六年 九月 壬午條.

⑥ 서기 1409년(태종9년) 윤4월 19일에는 평원해(平原海)라는 대마도인에게 미두(米豆) 175석과 종이 100권을 내렸다.⁴²¹⁾

⑦ 서기 1410년(태종10년) 5월 13일에는 대마도주 사인에게 미두 300석을 주었는데, 종정무가 평도전(平道全)에게 글을 보내 과거에는 500~600석을 주었었는데 우리에 대한 조선의 정성이 전보다 못하다고 불평했다.⁴²²⁾

⑧ 서기 1411년(태종11년) 2월 26일 대마도 종정무의 사신과 올양합(兀良哈)· 모련위(毛憐衛)가 토산물을 바치자 답례로 선물을 하사했다.⁴²³⁾

⑨ 서기 1411년(태종11년) 9월 11일 대마도주에게 미두 300석을 하사했고, 호군 평도전에게 미두 30석 · 의복 1벌 · 안장 1면을 하사하면서 대마도로 보내 왜구의 침입을 금하도록 명령했다.⁴²⁴⁾

⑩ 서기 1411년(태종11년) 윤12월 4일 종정무의 사자가 또다시 토산물을 바쳤는데 답례로 백미 등 많은 선물을 하사했다.⁴²⁵⁾

⑪ 서기 1413년(태종13년) 1월 4일 도주 종정무가 사신을 통해 토산물을 바치자 답례로 백미 100석을 하사했다.⁴²⁶⁾

⑫ 서기 1413년(태종13년) 6월 16일 종정무에게 미두 100석 · 소주 120병 · 인삼 · 호피(虎皮) 다수를 하사했다.⁴²⁷⁾

⑬ 서기 1415년(태종15년) 2월 30일 대마도주의 사인이 예물을 바치고 인삼을 받아갔다.⁴²⁸⁾ 이처럼 토산물을 바치고 쌀과 콩이나 생필품을 받아갔다는 것은 그만큼 기본적인 생활에 필요한 재화(財貨)가 부족했다는 것이며, 이것을 충족하기 위해서는 우리 韓나라 조선으로부터 생필품을 하사받는 일은 매우 중요한 사안이었다.

⑭ 서기 1416년(태종16년) 7월 18일 종정무에게 미두 200석을 하사했다.⁴²⁹⁾

⑮ 서기 1418년(태종18년) 2월 29일 종정무가 보낸 사신 사미시라(沙彌時羅)에게 쌀 40석과 잡곡 20석을 하사했다.⁴³⁰⁾

⑯ 서기 1418년(태종18년) 12월 6일 대마도 8대 도주 종정성이 방물을 바치자, 답례로 미두를 하사했다.⁴³¹⁾

⑰ 서기 1419년(세종1년) 2월 15일 대마도 종우마(宗祐馬)가 사로잡혀 간 우리

나라 백성 1명을 돌려보냄과 동시에 토산물을 바치면서 양곡을 구걸하므로 백미(白米) 20석을 주었다.⁴³²⁾

⑱ 서기 1419년(세종1년) 2월 29일 대마도 인위군주 종만무(宗滿茂)가 백반(白礬) 68근을 바치면서 식량을 구걸하니 조정에서 백미 20석을 주었다.⁴³³⁾

⑲ 서기 1419년(세종1년) 3월 1일 대마도 수호(守護) 도도웅와(都都熊瓦)가 토산물을 바친 보답으로 백미 40석을 주었다.⁴³⁴⁾

⑳ 서기 1419년(세종1년) 3월 1일 대마도 조율산성수(篠栗山城守) 종준(宗俊)이 사람을 보내어 토산물을 바치자 주포 10필·마포 8필·면포 42필을 주었다.

㉑ 서기 1428년(세종10년) 2월 1일 대마주에게 쌀(丳) 200석을 하사했다.⁴³⁵⁾

㉒ 서기 1428년(세종10년) 2월 17일 대마주 태수에게 내리는 미두의 수량을 200석으로 정했는데, 임금은 저들이 만약 내가 쌀을 내린 것에 감사하여 변경을 소란하게 하지 않는다면 해마다 1,000석을 줄 수 있다고 하며 근년에 주는 것은 얼마인가 하고 묻자, 우대언 허성(右代言 許誠)이 500석 또는

---

420) 「太宗實錄」太宗十四卷 七年 十月 己亥條.
421) 「太宗實錄」太宗十七卷 九年 閏四月 辛酉條.
422) 「太宗實錄」太宗十九卷 十年 五月 己卯條.
423) 「太宗實錄」太宗二十一卷 十一年 二月 丁巳條.
424) 「太宗實錄」太宗二十二卷 十一年 九月 己巳條.
425) 「太宗實錄」太宗二十二卷 十一年 閏十二月 庚申條.
426) 「太宗實錄」太宗二十五卷 十三年 春 正月 甲申條
427) 「太宗實錄」太宗二十五卷 十三年 六月 癸亥條.
428) 「太宗實錄」太宗二十九卷 十五年 二月 戊戌條.
　　• 兀:우뚝할 올. • 哈:물고기 많은 모양 압, 고기 우물거릴 압.
429) 「太宗實錄」太宗三十一卷 十六年 漆月 丁未條.
430) 「太宗實錄」太宗三十五卷 十八年 二月 庚戌條.
431) 「世宗實錄」世宗二卷 卽位年 十二月 戊戌條.
432) 「世宗實錄」世宗三卷 一年 二月 庚寅條.
433) 「世宗實錄」世宗三卷 一年 二月 甲辰條.
434) 「世宗實錄」世宗三卷 一年 一月 己亥條.
435) 「世宗實錄」世宗三十九卷 十年 二月 己巳條.

300석도 주어서 본디 일정한 양이 없다고 대답하자, 모두 말하기를 200석이면 될 거라고**436)** 말했다.

㉓ 서기 1429년(세종1년) 7월 17일 이종무 장군이 대마도주에게 항복을 받고 개선한 후 병조판서 조말생에게 명(命)하여, 우리 韓나라 조선에 항복하든지 아니면 무리를 이끌고 본국 일본으로 되돌아갈 것을 촉구하는 글을 쓸 때 그동안 조선에서 경상도를 통해 제공한 미곡이 수 만석에 이른다고 했다.**437)**

㉔ 서기 1433년(세종15년) 10월 22일에는 종정성에게 미두 200석과 소주 20병, 종언칠에게는 미두(米豆) 80석, 종무직에게는 미두 60석**438)**을 각각 하사했다.

㉕ 서기 1434년(세종16년) 4월 22일 대마주 사람 도성자정태랑(道性子井大郎)과 이야이랑(伊也二郎)에게 각각 미두 20석과 면수 20필을 제공했다.**439)**

㉖ 서기 1435년(세종17년) 7월 13일 종무직(宗茂直)이 보운선(寶云禪)을 보내 토산물을 바치자 회사로 미두 110석을 하사했다. 보운선은 종무직이 잘못해 불을 내어 인민들이 굶주리고 있으니 원컨대 양곡을 내려서 구제해주소서 하고 말하자 추가로 미두(米豆) 60석을 하사했다. 또한 육랑차랑(六郎次郎)은 조모가 죽어서 제수(祭羞)를 올리고자 하오니 원컨대 쌀(양식)을 내려주소서 하고 말하니 특별히 쌀과 콩을 50석 내렸다.**440)**

㉗ 서기 1439년(세종21년) 10월 21일 예조가 대마도주 종정성(宗貞聖)에게 글을 보내 잡다한 왜인의 도항을 금할 것을 요청했다. "긴급하지 않는 일에 증빙문서를 가지고 오는 자가 1년에 1만명에 가까워 이에 소요되는 경비도 연간 10만석이나 되니, 지탱할 수가 없다. 이를 금지해야 족하(足下 대 도주)에 대한 예우도 계속될 수 있을 것이다. 그러니 불필요한 사신과 장사치를 엄금할 것을 강력히 촉구한다."고 했다. 대마주(對馬州) 백성들이 조선의 친척(親戚)집을 빙문(聘問)해**441)** 장기간 머물기를 원하는 것은 오로지 식량 때문이었다.**442)**

㉘ 서기 1443년(세종25년) 6월 14일 세사미 200석을 하사했다.**443)**

㉙ 서기 1449(세종31년) 5월 3일 대마주 종호웅와(宗虎熊瓦)가 사람을 보내어

토산물을 바치고 양식을 요청하니 쌀 10석을 주었다.[444]

㉚ 서기 1514년(중종9년) 9월 2일 식량을 제공하는 시기를 조절하여 대마주 태수를 길들이기도 했다. 송일(宋軼)이 의논드리기를 조정에서 대마주(對馬州) 태수와 약속을 한 지 이미 3년이 지났으나 저들이 명령을 잘 듣지 아니하고 다시 청하는 것이 전과 같으니 그 마음이 불순하므로 서둘러서 쌀을 줄 것이 아니라 정지하고 태수의 청을 기다렸다가 주어도 늦지 않다고 하자 윤금손(尹金孫)과 홍숙(洪淑)의 뜻도 같았다.

정광필(鄭光弼)이 의논드리기를 우리나라에 온 사자(使者)는 반드시 태수가 친신(親信)하는 사람일 것인데 어찌 태수의 뜻을 모르고 말하겠습니까? 지금 서계(書契)에 사자가 받고자 한다는 뜻이 같이 기재되어 있으니, 미곡(米穀)의 수량을 모두 보내주어도 약세를 보이는 것은 아닌 듯하다고 하자 김응기(金應箕)의 뜻도 이와 같으니 임금이 송일 등의 의논을 따랐다[445]고 했다. 이는 조선(朝鮮)이 식량 공급량(食糧 供給量)의 조절(調節)로 아주 적절하게 대마주 경제통치(對馬州 經濟統治)를 했다는 실증(實證)이다.

㉛ 서기 1557년(명종12년) 1월 29일 대마주 태수에게 세사미 500석을 하사했다.[446]

㉜ 서기 1558년(명종13년) 3월 16일 조선 해안을 침범하려는 왜구를 방어하려 하나 군량이 모자라니 6년 간의 하사미를 앞당겨 주기를 청하였으나[447]

---

436) 「世宗實錄」世宗三十九卷 十年 二月 己巳條.
437) 「世宗實錄」世宗四卷 一年 七月 庚申條. ・栗:잘 익다.
438) 「世宗實錄」世宗六十二卷 十五年 十月 辛未條.
439) 「世宗實錄」世宗六十四卷 十六年 四月 己巳條.
440) 「世宗實錄」世宗六十九卷 十七年 七月 壬午條.
441) 聘問(빙문): 禮義 具備 訪問
442) 「世宗實錄」世宗八十七卷 二十一年 十月 丙申條.
443) 「世宗實錄」世宗百卷 二十五年 六月 丁酉條.
444) 「世宗實錄」世宗三十一卷 三十一年 五月 壬午條.
445) 「中宗實錄」中宗 二十卷 九年 二月 癸丑條.

거절했다.
㉝ 서기 1763년(영조40년) 10월 28일 조엄(趙曮)이 동래부사로 있을 때 1년 동안 대마주에 준 물량이 공작미(公作米) 16,000석·겸대미(兼帶米) 2,000석·료미(料米) 2,000여 석 이밖에 여러 가지 명목으로 쌀과 콩이 1,000석을 넘어 쌀이 모두 21,000석이 넘었고, 공목(公木) 7백20여 동(同)·인삼(人蔘) 30여 근·저(苧)가 수십 근이었다.**448)**

제2절 규약 경제 통치(規約經濟統治)

조선 초·중기 대마주 경제 실상과
규약 경제 통치의 필요성

거듭 말하지만 대마주 태수의 자리 보장과 능력은 조선으로부터 경제 지원을 얼마나 잘 받느냐 못 받느냐에 달렸다. 다른 말로 표현하면 조선으로부터 경제 통제를 얼마나 부드럽게 받아 섬겨 섬(대마도) 주민들의 저항 없이 도정(島政)을 잘 이끌어 가느냐에 달렸다. 전장(前章)에서도 언급했지만 대마도 태수(太守;島主)들 중에서 습직 초기 가장 허약한 체제가 제8대 태수 종정성(宗貞盛)이었다. 특히 인위중촌 종씨(仁位中村 宗氏)와 대립 관계에 있었다. 따라서 원초적(原初的)으로 어려운 문제점을 안고 살아가는 섬사람들에게 생계를 위한 일터를 개척하여 제공하는 것이 무엇보다 중요했다.

쌀과 콩 경작지가 턱없이 부족했지만 사방이 바다이기 때문에 연근해에서 천연적으로 풍부한 어류를 잡아 생계를 유지하는 어로 활동이 주업이었다. 그러나 이러한 어로 활동으로 고기를 잡는 데는 문제점이 없었지만 인구가 적기 때문에 소비 시장이 없었다. 따라서 잡은 생선을 판매하여 식량화[現金化]시키는 것이 가장 시급한 문제였다. 생선이 아무리 풍부하더라도 쌀과 콩 같은 부족한 먹거리로 바꿔 식량을 해결하는 것이 도주로서의 가장 중요한 책무였고, 지위에 도전하려는 혈족(血族)으로부터 태수 자리를 지킬 수 있는 방법

이었다. 이 때문에 대마도 백성들은 일찍부터 조선 남부 연안으로 출어하여 어장과 소비를 동시에 해결하려 했다. 그러나 이 제도가 시행되기까지는 어느 정도의 절차가 필요했다.

서기 1439년(세종21년) 조선의 예조(외교통상부)에서 대마주 태수 종정성에게 내린 치서(致書)에 '오로지 어염(魚鹽) 등 해산물을 팔려고 오는 자는 태수가 자세히 선별하여 서계를 없애고, 다만 문인(文引;圖章;도장 관인;官印)만을 주면 해변에 머무는 것을 허락하여 임의로 매매하게 할 것이나'449)라는 구절이 있는데 이처럼 서계를 없애고 관인만으로 조선에서 상품을 매매할 수 있도록 했다는 것은 종정성의 노력을 조선 조정에서 뒷배를 하는 것이었다. 이렇게 태수를 지원해 주는 조선 당국의 힘을 이용해 종정성은 경쟁자들에게 자신의 능력을 충분히 과시하면서 태수 지위를 확고하게 지킬 수 있었다. 이것이 바로 규약 경제 통치(規約經濟統治)였다.

다음은 독자적인 대 조선 거래선을 가지고 있던 대표적인 거상들이다.

① 조전육랑차야이지: 해적 괴수 좌위문태랑의 아들로 수도서(受圖書)한 자이기 때문에 대마주 태수의 문인이 없어도 대 조선 무역을 할 수 있었다.

② 종무직 : 인위중촌 종씨로 수도서(受圖書)한 자이기 때문에 태수의 문인 없이도 대조선 교역이 가능했고 고초도 어업권도 가지고 있었다.

③ 종성국언칠: 풍기 군주(豊崎郡主) 출신으로 수도서(受圖書)한 자로서 태수의 문인 없이도 조선과 교역을 할 수 있었고 특히 세견선도 받은 대단한 실력자였다.

④ 종성세언차랑: 쯔쯔 군주(豆酘郡主) 출신으로 수도서(受圖書)한 자이기 때문에 태수의 문인 없이도 대 조선 무역이 가능했던 대상(大商)이었다.

---

446)「明宗實錄」明宗二十二卷 十二年 一月 癸未條.
447)「明宗實錄」明宗四卷 十三年 三月 甲子條.
448) 趙曮(1763)「해사일기」「해행총재」Ⅶ p.66. ・苧:모시 저.
449)「世宗實錄」八十七卷 二十一年 冬 十月 己未條.

⑤ 종성가: 인위중촌 종씨 가문 출신으로 수도서(受圖書)한 자였지만 태수의 문인 없이 대 조선 교역은 불가능했다. 세견선과 고초도 조업권을 소유한 거부(巨富)였다.

⑥ 종무세언팔랑: 쯔쯔 군주(豆酘 郡主) 직계로 수도서(受圖書)한 대상(大商)이었다.

⑦ 종성홍: 이나 군주(伊那郡主) 출신으로 세견선을 약정 받은 거상이었다. 대마주는 60인격 상인이라는 독특한 제도를 가지고 있었는데, 이들이 대 조선 교역으로 이익을 창출하여 대마번 10만 석고의 70%를 충당했다.

대마주 백성의 생계를 위한
조건부 개항

15세기 초기 대마도 상인들의 출입을 제포(薺浦)와 부산포(富山浦)로 제한했을 때 어로 해역의 확장과 항구의 증설을 종용하여, 서기 1426년(세종8년) 대마주(對馬州) 선정박포구(船碇泊浦口)로 울산 염포(鹽浦)를 추가해 3포(三浦)가 되었다. 여기에 경남 거제군 가배랑 · 사천시 구랑랑 · 경남 울주군 개운포 부근 해역의 개항을 요구했지만, 두 곳은 금지시키고 개운포만 감시군이 동승한다는 조건으로 개항해 주었는데 이는 조건부 개항이라고 봐야할 것이다.[450] 또한 경상도 내이포에 정박한 대마주 어선은 옥포 이북 해중포곶(海中浦串)에서 생선을 잡고 미역을 따도록 하였는데 날짜를 정해서 문서를 주고 옥포만호를 시켜 정해진 날짜를 알려 이에 따라 돌려보내도록 하였고, 양산(梁山) 이남은 생선을 잡거나 미역 따는 일을 금지하도록 감사(監司)와 도절제사에게 지시했다.[451]

이러한 조선 조정의 어로 수역 제한 조치는 대마주 백성들과 태수가 대마주 경제를 위해 어장 해역과 포구를 확장하고자 하는 의도와는 정반대의 조치였다. 이에 태수 종정성은 지금까지 개항과 어장을 요구해왔던 경상도 해안지대 못지 않게 어족 자원이 풍부한 전라도 남해안 다도해(多島海) 방면으로 진출하기로 결심했으며, 서기 1440년(세종22년) 3월 서여서도(西余鼠島)에 어장 허용을 요구하는 친서를 가진 사신을 조선에 보낸 결과 조선 조정으로부터 '--전략-- 또 서여서도에 왕래하며 소원대로 고기를 잡도록 허락하여 그 생업을 유지하게 하라.'452)는 회신을 받았다. 대마주는 여기서 그치지 않고 연이어 5월 전라도 해역의 고초도에 출어를 요청하는 사신을 보냈으나 조선 조정에서 반대가 거세 어려움이 있었다. 그러나 태수 종정성은 포기하지 않고 정중하게 다시 요청한 결과 마침내 서기 1441년(세종23년) 11월 22일 고초도에서 고기 잡는 것을 조건부로 허락받았다. 이를 〈고초도 조어금약〉이라고 한다.453) 지금까지 확보한 어장들은 3포 근해와 고초도였으며 이중 고초도 어장은 어획고가 많은 아주 우수한 어장으로 대마주 경제에 기둥이 되었다. 이는 오로지 태수 종정성의 노력으로 이루어진 조선 근해 어업권의 획득이므로 당시까지 확고하지 못했던 태수의 계보를 인위중촌 종씨(仁位中村 宗氏)로부터 확실하게 환수했다.

앞에서 말했듯이 대마주에서 조선으로 가는 어선과 상인들에게 신분증 발권 권한을 확보했다는 것은 대마주 권력과 경제를 동시에 확보하게 되었다는 증거이다.454) 이를 좀 더 상세하게 살펴보면 다음과 같다.

서기 1246년 종씨(宗氏)가 대마도주가 된 이래 4대 종경무대까지는 직계가 도주를 이어왔지만, 5대 종경무와 6대 종뢰무는 인위중촌 종씨 가문에서 탈취해간 것을 7대 종정무가 다시 환수한 후 8대 종정성이 계승했다. 따라서 대마주 태수 자리를 대마주의 경제 안정(經濟 安定)을 통해서 확실히 한 것은 종정성 대(代)부터다. 종정성이 조선으로부터 확고한 어업권을 확보하게 된 이면에는 서기 1420년 윤 정월 10일 대마주를 조선에 바치고 조선의 충직한 신하

---

450) 「世宗實錄」 世宗七十卷 十七年 十月 乙卯條.
451) 「世宗實錄」 世宗八十卷 二十年 一月 戊戌條.
452) 「世宗實錄」 世宗八十八卷 二十二年 三月 甲子條.
453) 申叔舟原 著 신용호 외(2004) 「海東諸國記」 p.171 .
454) 長節子(1987) 「中世日朝關係と對馬」 p.185

를 맹서했기 때문에 조선이 대마주 백성을 조선의 백성과 같이 생계를 책임지는 차원에서 규약 경제 통치의 강약을 조절해준 결과이다. 하기(下記) 대마도 도주 종씨의 가계도를 통해서도 확실하게 알 수 있다.

• 대마도 도주 종씨 가계도

초대 대마도주 종중상(宗重尙 : しげひさ)
↓
2대 대마도주 종자국(宗資國 : すけくに)
↓
3대 대마도주 종성명(宗盛明 : もりあきら)
↓
4대 대마도주 종성국(宗盛國 : もりくに) --- 인위중촌 종씨 종향(宗香)
↓
5대 대마도주 종경무(つねしげ : 宗經茂)
↓
6대 대마도주 종뢰무(よりしげ : 宗賴茂)
↓
7대 대마도주 종정무(宗貞茂 ; さだしげ)
↓
8대 대마주 태수 종정성(宗貞盛 : さだもり)
↓
9대 대마주 태수 종성직(宗成職 : しげもり)

고초도 조어금약은
규약 경제 통치의 바이블

우리 韓나라 조선 초기에 대마주 태수에게 조선 근해 어업권의 획득을 인정해

줌으로써 조선에서 대마주 태수의 권위를 세워주고 태수는 조선의 보호 아래 경제권을 장악하여 섬사람들에게 탁월한 지도자로 우뚝 설 수 있었던 규약이 고초도 어취규약(漁取規約)이다. 이는 조선 측에서도 조어(釣魚)와 금약(禁約)을 적절하게 조화시킨 절묘한 경제 통치(經濟統治)였다. 동서고금을 막론하고 국가나 지역에서 경제권을 장악한 자가 최후의 권력자가 된다. 서기 1441년 11월 22일 대마주 사람들은 조선에서 고기를 잡아서 팔아 그 돈으로 조선 사람으로부터 쌀을 구입해 가야 먹고 살 수 있는 길이 트였다. 고초도에서 고기를 잡아 조선의 부산포·제포·가덕도·합포 등지에 팔아야 하기 때문에 대마주 바다에서 고기를 잡는 것이 아니라, 빈 배(空船)로 조선에 와서 판매처와 가까운 바다에서 고기를 잡아야 물류 측면에서 경제적이다. 조선 정부에서는 아래와 같은 규제를 철저하게 지키도록 하여 어업권을 제공하는 대신 경제 통치를 통한 대마도의 조선 속지(영토) 정책을 확실하게 펼쳤다.

규약 ① 대마주에서 배를 타고 거제도까지 와서 대마주 태수 종정성의 관인이 찍힌 신분증을 지세포 만호(萬戶)에게 맡기고 고초도(거문도·백도)로 가서 고기를 낚은 후, 지세포 만호에게 큰 배는 500마리·중간 배는 400마리·작은 배는 300마리를 현물로 어세(漁稅)를 낸 후 신분증을 찾아 합포·제포·가덕도·부산포 등지에 가서 생선을 팔아 쌀을 구입해 가지고 대마주로 되돌아갈 것.

규약 ② 서기 1442년 6월 7일 대마주 태수 종정성(宗貞盛)이 고초도(孤草島)의 조어(釣魚)에 대한 어세(漁稅) 감면하기를 청했지만 전적으로 면제할 수 없기 때문에 대선(大船)은 500마리이던 것을 300마리로 감하고, 중선(中船)은 400마리이던 것을 250마리로 감축하고, 소선(小船)은 300마리이던 것을 200마리로 감해 주었다.[455] 만약 이를 어기는 대마주 사람은 출입을 금지시켰다.

계해규약(가길조약) 체결은 대마주 태수가
조선 신하(臣下) 증명

서기 1420년 윤정월 10일 "우리 섬은 귀국에 의지한다(我島依貴國)"는 말로 대마도를 조선에 통합시킨 후 속칭 고초도조어금약(孤草島釣魚禁約)으로 경제 문제와 혈통(血統)끼리의 투쟁에서 대마주 태수로서 지배권을 확실하게 장악(掌握)한 소 사다모리(宗貞盛)는 서기 1441년에 이어 3년 후 계해년(서기 1443년)에 세견선 증가 규약을 통해 대조선 중계 무역에서 수익의 증대를 확실하게 얻을 수 있게 되었다.

    이 규약의 요점은,
    ① 세견선(歲遣船) 50척과
    ② 특별한 시기에는 특송선을 추가할 수 있다는 조건과
    ③ 특별히 하사미로 태수 종정성에게 매년 미두 200석을 제공한다.[456]
    이 규제(約條)를 체결한 당사자는,
    ① 조선은 첨지중추부사 변효문(卞孝文)과
    ② 대마주 태수 소 사다모리(宗貞盛)였다.
    ③ 특징은 대마주 백성들이 조선에 직접 무역선을 타고 도항해 들어오는 것을 허용했다는 점이다.

여기서 주목할 점은 대마주 태수 소 사다모리와 조선의 첨지중추부사 변효문(卞孝文)이 동등한 지위에서 약조를 체결했다는 점이다. 즉 대마주 태수는 조선의 신하라는 것이 증명되고 조선의 통치를 받고 있다는 것을 증명해 주는 장면이다. 그리고 다음은 계해규약(약조)의 내용이다.

    ① 세견선(歲遣船)은 관용 무역선(貿易船)으로 50척이 조선에서 무역을 하여 대마주에 이익을 주는 선박을 말한다.
    ② 쌀과 콩 200석은 세견선과는 별도로 매년 조선 조정에서 대마주 태수에게 하사하는 것을 말한다.

③ 특송선이란 관용 무역선인 세견선 이외의 특별 무역선을 말한다. 예를 들면 서기 1472년 7월 5일, 1년에 보낼 수 있는 한도 세견선 50척에 특송선 3척457)으로 이들 배가 조선으로 왕래하며 무역을 했는데 그 수가 점차 늘어나 공식적인 세견선은 3포 대마주 사람들의 폭동 때까지 200척이나 되었다. 조선에서는 세견선을 흥리선(興利船)·흥판선(興販船)458)이라고 했다는 것만 봐도 배(船)를 타고 조선으로 왕래하면서 이익을 쫓아 장사를 하는 대마주 백성은 그들의 필요에 의해 반드시 조선의 규약 경제 통치(規約經濟統治)에 순응해야 했다.

대마주 백성을 위해 흥리선(興利船)

조선에서는 대마주 백성들 중에서 교역(交易)으로 이(利)를 창출하러 왕래하는 선박과 상인들을 통칭하여 흥리선(興利船)이라고 했다. 하기(下記)에 중요 흥리선의 기록을 살펴보면,

① 세조13년(서기 1467년), 대마주 평조신이 세견선의 숫자를 늘려 달라는 간청과 함께 대대로 조공할 것을 서약(誓約)하고 예물(禮物)도 바쳤다.459)
② 성종1년(서기 1470년)에는 조선 조정에서 세견선 50척과 특송선 3척으로 제한할 것을 통보했다.460)
③ 성종3년(서기 1472년) 7월 5일 세견선 50척에 특송선 3척을 수용했다.461)
④ 성종4년(서기 1473년) 기존 세견선 이외의 특별세견선 1척을 추가로 약

---

455)「世宗實錄」世宗九十八卷 二十四年 八月 丙午條.
456) 長節子(1987)「中世日朝關係と對馬」p.180
457)「成宗實錄」成宗二十一卷 三年 七月 庚子條.
458) 이희승(1982) 민중서림「국어대사전」p.1970.
459)「世祖實錄」世祖四十三卷 十三年 七月 甲申條.
460)「成宗實錄」成宗七卷 一年 九月 丙子條.

정462)해 주어 대마주 경제에 숨통을 터 주었다.

⑤ 성종5년(서기 1474년) 1월 20일 세견선 50척을 약속했다.

⑥ 연산조10년(서기 1504년) 세견선 및 특송선과 함께 호피와 무명 80필을 하사했다.463)

⑦ 중종7년(서기 1512년)에는 세견선 및 세사미 수도서선과 특송선464)이 조선으로 물밀듯이 밀어닥쳤다.

이처럼 대마주(對馬州) 백성들 생계의 많은 부분을 책임져야 하는 조선은 대마주 백성들이 스스로 생계를 꾸려갈 수 있도록 그 양과 질로 대마주 관아에 적절한 경제 규모를 조절하는 경제 통치를 확실하게 실천했다. 조선 정부가 대마주 관아에 확실한 경제 통치를 실시하는 것이 대마도주에게는 힘을 실어주고, 섬사람들에게는 먹거리를 제공하며, 조선에는 왜구들이 해안에서 노략질을 하지 못하게 하여 우리나라 해안 주민에게는 생활과 방위에 안전을 보장하는 3중 효과가 있었다.

임신규약 경제 통치(壬申規約 經濟 統治)

조선 조정에서 대마주 경제 지원을 목적으로 일방적인 미두(米豆)와 생필품(生必品)을 공급할 것을 약속하는 계해규약을 체결하였지만, 대마주(對馬州) 사람들은 이를 어기고 무리하게 조선에 왕래하면서 상품을 필요 이상 가져갔다. 이렇게 가져간 상품들을 유구왕국(琉球王國)이나 일본 본주 또는 규슈 지역에 판매하여 잇속을 챙기는 밀무역으로 변질되어 사적(私的)인 돈벌이에 이용되었다. 조선과의 규약을 어기고 정해진 거류민의 숫자를 초과하여 규약을 파기하고 폭동을 일으켰는데 이것이 3포 왜란이다. 당시의 조선 조정은 대마주 폭동자들을 제압하기 위한 회유책으로 수륙양면을 내주는 것을 매우 못마땅하게 생각하였으므로, 3포 대마주인들의 폭동을 진압한 황형(黃衡) 장군이 이를 계기로 대마주 정권을 완전히 파괴시켜 섬 전체를 점령한 후 본국(조선)에서 총독(?)을 파견하여 직할통치(直轄統治)할 것을 강력하게 주장했지만 당시 조정은 황 장군의 의견을 받아 주지 않고 대마주를 번병(藩屛)으로 묶어두는 데 만족했다.

반면 조선의 이러한 강경책을 눈치 챈 대마주는 하루라도 조선으로부터 생필품이 들어오지 않으면 섬사람들에게 타격을 주기 때문에 족리막부(足利幕府)에 호소하여 조력(助力)을 구했다. 막부에서는 승려 이중(弸中)을 보내 교역 재개를 간절히 요청했다. 반면 조선에서는 대마주 백성의 밀무역과 과도한 교역을 단절하기 위해 약조 내용을 위반한 섬사람은 처벌하고 이들의 우두머리는 사형에 처할 것을 강력히 요청했다. 이를 확인한 후 중종7년(서기 1512년)인 임신년(壬申年)에 다음과 같이 대마주 경제 지원 약속을 했다.

첫째, 계해규약을 폐기한다.
둘째, 3포 거주를 금하고 대마주 백성의 자유를 대폭 제한한다.
셋째, 제포항(薺浦港)만 개항한다.
넷째, 세견선은 50척에서 25척으로 반을 줄인다.
다섯째, 세사미(歲賜米)도 200석에서 100석으로 50% 줄인다.
여섯째, 수도서인(受圖書人)과 수직인(受職人)은 조선에 접근을 불허하며 절대 머무르지 못한다.
일곱째, 세견선 중에 대선(大船)은 9척으로 제한하고 선원은 1척마다 40명 이하 승선한다. 중간선(中間船)은 8척으로 하고 1척의 승선인은 30명으로 제한다. 소선은 8척으로 하고 1척의 선원은 20명으로 제한한다.
여덟째, 세견선 이하는 모든 선박에서 1명씩만 상경을 허락한다.

조선 조정에서 상경 인원을 엄히 제한하게 된 이유는 부산 왜관을 총괄하는 관수(官守)의 근무 수칙이 17개조 때문이었다. 제5조가 '관수에게 직접 조

---

461) 「成宗實錄」 成宗二十卷 三年 七月 庚子條.
462) 「成宗實錄」 成宗三十一卷 四年 八月 己丑條.
463) 「燕山君日記」 燕山五十三卷 十年 五月 乙巳條.
464) 「中宗實錄」 中宗十六卷 七年 五月 甲戌條.

선에 대한 정보 수집과 보고를 한다.'라는 조항이었다.465) 초량에 근무하는 왜관의 최고 고관인 관수(官守)의 임무가 조선으로부터 비밀첩보(秘密捷報)를 수집하여 보고하고 있다는 엄청난 내용을 간파한 후 대마주 백성들의 조선 내에서 이동과 활동을 엄격히 제한하고 주요 길목에서 대마주 사람들에게 종전보다 더욱더 철저하게 검색과 보안에 힘썼다.

그밖의 사회문제는 숙종9년(서기 1683년)에 노부세(路浮稅;통행세)를 주고받는 것과 같이 왜관 주변의 조선 백성들과 대마주인들 사이에 사채(私債)가 문제로 등장했다. 또 숙종 37년(서기 1711년)에는 대마주인들이 왜관 밖으로 나와 강간 사건(强姦事件)을 일으키는 등 사회 문제도 빈번하게 발발했다.466) 이러한 사회 문제가 발생하는 것에 대해 조정은 조선에서 대마주 백성들을 위해 시장(市場)을 열어 주고 상호 물품을 매매할 수 있도록 허용해 주는 대신 엄격한 규약을 철저하게 적용시켜 대(對) 대마주 백성들에 대한 경제적 통치를 철저하게 했다.

제3절 막부시대 대마주 경제 통치

국교 회복과 대마주 경제 재건

서기 1598년(선조31년) 8월 토요토미 히데요시(豊臣秀吉)의 급사로 임진왜란은 중단되었지만 전중(戰中) 7년 동안 1,400만 조선 인구 중에 700만 명이 희생당한 전쟁이었다. 그러므로 우리 韓나라 조선은 왜란으로 인한 일본의 만행에 치를 떨면서 대 왜국(對倭國) 외교와 통상의 전면 중단을 선언했다. 그런데 조선의 이러한 대 왜국 수교 전면 중단은 조선의 속주로 조선 상품을 왜국에 판매하여 이익을 창출시켜 섬(對馬州)의 경제를 영위하던 대마주(對馬州) 태수(太守)에게는 경제적 사망 선고였으므로 큰 혼란에 빠졌다. 대마주 제19대 태수 소 요시토시(宗義智)는 사랑하는 아내 마리아와 자식까지 나가사키(長崎)로 되돌려 보낸 후 도쿠가와 이에야스(德川家康) 편으로 재빨리 변신(變身)해 죽어가는 대마주 경제 회생에 총력을 기울이면서 조선 정부에 경제 지원을 호소했다. 그러나 일본에 대한 불신이 컸던 조선은 서기 1599년(선조33년) 3월 이후 대마주에서 조선으로 파견한 사신들을 모두 구속시켜 버렸다. 태수 종의지는 이러한 수모(受侮)와 모욕(侮辱)도 아랑곳 하지 않고 계속해서 경제적인 어려움을 해결하기 위해 대마주 상인들의 대 조선(對朝鮮) 교역 재개를 허락해 줄 것을 간청했다. 뿐만 아니라 전쟁 중 끌려간 포로들을 송환해 보내면서 조선의 경제 통제 해제를 위해 필사적인 노력을 기울였다.[467]

조선은 조선에 살고 있는 대마주 사람들뿐만 아니라 일본인들까지 상경을 허락하지 않는 정책을 펼쳤다. 전쟁 중에 동평관도 불타 없어진 상태였기 때문에 선조36년(서기 1603년)에 경성(京城)에서 가장 거리가 먼 섬인 부산 영도(절영도)에 대마주 사람들이 거주할 수 있는 절영도 왜관을 설치했다. 그리고 이듬해인 선조37년(서기 1604년) 대마주 백성들에게 개시(開市)를 허용했고, 선조40년(서기 1607년)에 국교가 완전히 회복되면서 절영도 왜관을 두모포(豆毛浦)[468]로 이전 확장했다. 이로써 제1차 쇄환사가 일본을 다녀온 후 마침내 광해1년(서기 1609년) 기유약조(己酉約條)라는 대마도 경제 지원 규약으로 대마주의 대 조선 경제 활동이 완전히 재개되었다. 기유약조의 대마주 태수에 대한 부분을 언급하면 다음과 같다.[469]

첫째, 대마주 태수에게 세사 미두(歲賜米豆)를 100석으로 한다.
둘째, 대마주 태수의 세견선(歲遣船)은 20척으로 한다.
셋째, 문인을 소지하지 않은 자는 부산포에 입항할 수 없다.

---

465) 李弘稙(1984)「國史大事典」p.1275
466) 世宗大王記念事業會(1998)「通文館志」p.277~278
467) 田中健夫(1982) 思文閣出版「對外關係と文化交流」p.224~225
468) 豆毛浦 : 지금의 부산시 동구 수정동 수정시장 일대
469) 李鉉淙(1973)「己酉約條 內容의 史書別 綜覽檢討」「靑丘史學」7,8輯 p.291

넷째, 대마주 상인들의 체재 일(滯在日)은 특송선은 110일, 기타 세견선은 85일, 표류인 송환 등의 업무 차 체류 기간은 55일로 극히 제한한다.

이렇게 대마주의 대(對) 조선 경제 제재 조치가 해제되자 조선은 개시감군(開市監軍;開市軍官)을 입회시켜 반출입 화물(貨物)을 일일이 단속했으므로 종전보다 그 규제가 훨씬 까다로워졌다. 조선인에게 몰래 물건을 팔고 사거나 조선인으로부터 여성을 소개받아 간음(姦淫)하는 자는 엄벌에 처했다. 또한 왜관 개시(倭館開市)는 5일장(五日場)으로 대마주 사람들에게 1개월에 6차례의 상매 행위(商賣行爲)를 허용했다. 대마주 상인들은 왜은(倭銀)을 가지고 와서 조선 인삼(人蔘)과 생사(生絲)를 구매했다.470)

대 조선 상인 지원청(貿易廳) 설치와
사무역의 번영화(藩營化)

대마주청(對馬州廳)에서 조선 상인과 대마주 상인들 간에 업무를 담당하던 기관은 원방역(元方役)이었다. 시대의 흐름과 상품의 다변화로 관리관청을 근대 감각에 맞도록 무역청(貿易廳)을 설치했다. 현종14년(서기 1673년)에 개청(改廳)하여 숙종37년(서기 1711년)에 폐지되기까지 약 28년 동안 대 조선 상품 구매 전담기구로 존속시켰다. 대마주는 정경(政經)을 분리하여 경제권을 독점한 특수 집단인 60상 인격(商人格)이 있었다. 이들 60상 인격(六十商人格)들을 비롯한 대 조선 무역에 종사하는 대마주 사람들이 조선을 오가면서 교역을 담당해 왔다는 것은 익히 알고 있는 사실이다. 현종6년(서기 1635년) 야나가와(柳川)의 국서개찬(國書改竄) 사건으로 잠시 중단되었던 사무역이 다시 조직화되어 이윤이 많은 밀무역(密貿易)이 생기면서 대 조선 무역 질서가 어지러워졌다.

관영무역(官營貿易)에서만 취급하던 중요한 품목까지 밀무역(密貿易)의 품목에 포함시켜 사선(私船)으로 부산 왜관을 왕래했기 때문에 대 조선 교역 질서는 극도로 혼란(混亂)에 빠졌다. 현종8년(서기 1667년) 교역 질서가 문란해진 대마주에 대해 통교자의 감시와 제재를 위한 규약을 19개 조항으로 만들어 대마주 상인들의 활동을 축소시키고 사무역의 번영화(藩營化)를 꾀하기 위하여 다음의 19개 조항을 두고 경제 통치를 실시했다.

〈대마주 상인들의 부산왜관에서의 행동 제재 규정〉

조항	내 용
1조	일본 무구(日本武具(器)) 조선으로 수출 금지
2조	조선인과 내밀한 서환 교환 금지
3조	조선인이 있는 자리에서는 불필요한 말은 삼가할 것
4조	박혁 금지(博奕禁止) [奕:클 혁] (장기나 바둑을 두는 내기나 노름)
5조	조선인 응접 시 논란 금지
6조	조선 관리의 왜관 출입 시에는 정례(正禮)할 것
7조	왕래 선박 검사 엄격, 법도물이 있으면 물건 주인의 의견 존중
8조	왕래 선박이 영도에서 바람이 약해지기를 기다리고 있을 때 선박의 접근을 금함
9조	송사(送使)가 체류 중일 때는 각방(各房)의 정리 정돈 철저
10조	대관은 상매(商賣)에 임할 때 공과 사를 분명히 할 것
11조	하인(下人)의 감독(監督)은 철저하게 할 것
12조	왜관 내 거주자가 조선 물건을 훔쳤을 때는 부산포의 법도에 따를 것
13조	작은 허물에 해당하는 죄는 용서(容恕)하되 법도(法道)를 확실히 인식 시킬 것
14조	개시(開市) 때 수출입 품목을 음미할 때는 정확하게 할 것
15조	왕래 선박을 검사할 때는 관인 외에는 출입을 금지시킬 것
16조	참회와 진무의 선부(膳部)는 일즙, 삼채주, 삼색으로 함
17조	확타 구론은 엄금
18조	관외로 외출 시는 관수에게 보고할 것
19조	왜관 내 불조심을 철저히 할 것

---

470) 李弘稙(1984)「國史大事典」p.969

이 19개의 조항은 서기 1667년(현종8년) 80여 명이 무기 등의 금수품을 밀무역을 하다가 적발된 사건을 계기로 부산 왜관의 대마주 상인들에게 하달된 대 조선 상업 상의 통제 규약이다. 그러나 역으로 경제를 담당한 왜관 주재 대마도 대관(代官)은 타인의 자금까지 개입하는 등 밀무역의 행태는 극에 달했다. 어떤 정대관(町代官)은 혼자서 50관목(貫目;約 800兩)에 해당하는 이윤을 남긴 비밀이 폭로되기도 했다. 그러나 밀수(密輸)에 재미를 본 대마주 상인들은 비밀리에 각종 상품을 취급하여 사무역(私貿易)이 극에 달했다.

이러한 사무역은 대마주 재정의 궁핍을 가져오기 때문에 대마주 중흥의 큰 역할을 한 제21대 태수 종의진은 숙종17년(서기 1691년) 제2차 계해규약(약조)을 조선과 체결하여,471) 사무역의 이익금을 대마주정청(對馬州政廳) 재정으로 끌어들이기 위해서 무역청을 설치했다.472) 당시 종의진 휘하에서 이루어진 대마주 재정의 향상을 위한 정책과 왜관 주재 대마주 인민들의 활동에 관한 규정인 계해규약이 조선 정부가 대마주 태수의 경제 개혁정책을 지원해주는 계기가 되었다. 즉 조선에서 볼 때 강력한 규약(規約)은 경제 통치 수단이 되었다. 이 규약은 주로 왜관 내부에서의 규율 준수와 밀무역 행위 금지에 관한 내용이 들어 있는데 정(町)에서 내부 문제뿐만 아니라 대 조선 외교상으로도 통교 무역자의 강력한 통제와 규제가 반드시 필요했기 때문이었다.

또한 조선으로서도 사무역의 급증 때문에 부산 왜관 주변의 시장 경제 통제와 감시에 한계를 느끼기 시작해 하루에 80명의 조선인 사무역자(私貿易者)가 초량 왜관에 모이는 것을 20명으로 엄격히 제한했다. 그 결과 숙종4년(서기 1678년) 왜관을 초량으로 이전한 후 계해규약(癸亥規約=約條)에 따라 관리 체계가 잡히는 계기가 되었다. 다음은 대마주 경제 통치를 명시한 계해규약의 전문이다.473)

제1조, 금표(禁標)로 경계를 정한 외(外)는 대소사를 막론하고 함부로 나가서 범월(犯越)하는 자는 사형에 처한다.
제2조, 노부세를 주고받다가 현장에서 잡히면 준 자와 받은 자 똑같이 사

제3조, 개시(開市)할 때 남몰래 방(房)에 들어가서 매매하는 자는 각각 사형에 처한다.

제4조, 5일 잡물을 입금할 때에는 색리(色吏)와 고자, 소통사 등을 대마주인이 끌어내서 구타해서는 안 된다.

제5조, 죄(罪)를 범(犯)한 사람들은 모두 왜관 문 밖에서 형벌에 처한다.

대마주 백성을 먹여 살리기 위해
인삼의 중계 무역

대마주의 대 조선 경제에서 가장 큰 비중을 차지하는 교역 품목은 단연 인삼이었다. 당시 일본 열도 민속(民俗)에 병(病)이 나면 조선 인삼을 먹어야 완치된다고 하는 속설(俗說)까지 있을 정도로 조선 인삼 수요가 많았다. 조선 인삼을 구입해 이윤을 붙여 일본 열도에 되팔아 대마주의 경제를 가장 부강하게 만든 태수는 21대 태수 종의진이다. 참고로 종의진28년(조선 숙종10년)부터 종의방17년(숙종36년)까지 27년간 조선 인삼 수입량은 41,269근(斤)이며, 금액(金額)은 대은(代銀)으로 15,658관(貫) 166문(匁)이었다.[474] 이는 12,526,532.8양(兩)이다.

---

471) 西紀 1443년 癸亥年 締結約條을 第1次 癸亥約條이라고 보고, 西紀1691년도 締結을 第2次 癸亥約條이라고 命名했음.
472) 貿易廳의 本來 名稱은 元方役이다.
473) 「通文館志」卷之五 p.80
　　第1條 : 禁標定界外, 毋論大小事, 闌出犯越者, 論以一罪事。
　　第2條 : 路浮稅現捉之後, 與者受者同施一, 罪事。
　　第3條 : 開市時, 潛入各房, 密商買賣者, 彼此各施一罪事。
　　第4條 : 五日雜物入給之時, 色吏·庫子·小通事等, 和人切勿扶曳毆打事。
　　第5條 : 彼此罪之人, 俱於館門外施刑事, 在館諸人, 若弁諸用, 告事館司。
　　　　　 直持通札, 以於訓導·別差處, 可爲往來者也。

조선은 대마주 상인의 생사 중계를 허용해
경제 지원

경도 비단(京都緋緞) 하면 한때 세계적인 실크의 대명사였다. 대마주의 번저가 에도(江戶)에 이어 교토(京都)에도 있었던 것은 경도가 명치유신 이전까지 천황의 거처였던 이유도 있겠지만 조선의 지원 하(支援下)에 수입해 가는 생사(生絲;白絲)의 판매 루트를 확보하고 있었기 때문이었다. 생사는 대부분 중국산이었는데 조선을 통한 중계 수입이 대마주 경제의 한 축(軸)을 담당하고 있었다. 서기 1684년부터 1710년까지 조선에서 구입해 일본 열도로 중계 무역을 한 생사의 량은 1,625,575근(斤)이고, 금액은 대은(代銀)으로 41,029관(貫) 327문(匁)이었다.475) 이는 32,823,461.6양(兩)이다.

막부시대 일본 본토에서 대마주 중계 무역 품목인 인삼과 생사 대금 조로 조선으로 유출(流出)되는 대은(代銀) 즉 은화(銀貨)는 인삼 대금 15,658관(貫) 166문(匁)과 생사 대금 41,029관(貫) 327문(匁)으로 45,349,994.4양(兩)이다. 이는 막부에서 발행한 은화의 3/4에 해당하는 엄청난 액수였다. 막부정부는 은화의 대 조선 유출을 차단하기 위해 인삼과 생사를 일본 열도에서 직접 생산하려고 시도하기도 했다.

근 · 현대의 대마주 경제도
우리 韓나라에 의지(依支)

조선 숙종2년(서기 1661년)476) 대마주 인구는 20,072명이고 곡물(穀物)은 미곡 7,000석 · 보리 13,000석 · 조선의 세사미 8,480석으로 합계 28,484석477)이었다.

도쿠카와 막부(德川家康幕府) 때 대마주의 GDP가 10만 석고(石高)로 271개 다이모(大名;제후(諸侯)) 중에서 43위였다.478) 그런데 그중 70%를 조선 상품 중계업에서 벌어들였던 것으로 대마주 10만 석고는 조선에서 7만 석을 벌어들여 석고를 10만 석이라고 했다. 명치유신 후 대마주 34대 마지막 태수 종의달이 일본 명치천황에게 항복과 충성을 맹서한 봉서를 바친 서기 1868년 10

월 8일까지 대마주는 경제력의 70%를 조선에 의존하고 살았다. 조선국의 번병(藩屛)·기미지(羈縻統治下)·종속도서(從屬島嶼)·부용지·외복지 등으로 표현되는 조선의 경제 통치를 수용하면서 살았던 것이다.

숙종9년(서기 1683년) 일본 막부정권의 대 조선 은 수출 금지[479] 정책은 중계 경제로 먹고 사는 대마주 경제에 큰 타격을 주었다. 거래량의 감소로 대조선 무역이 부진하여 공무원들[藩仕;번사]에게 보수(報酬)도 제대로 줄 수 없을 정도였다. 이것은 대마주의 만성적이고 구조적인 재정난을 더한층 가중시켰다. 통구손좌위문(樋口孫佐衛門) 삼촌이직(杉村伊織) 등의 전횡 정치와 농민의 난(亂), 연공공역은(年貢公役銀)의 미납입과 설상가상(雪上加霜)으로 잦은 대마주 태수의 교체로 대마주정(對馬州政)은 일관성이 없었으며 에도상인(江戶商人)으로부터의 차입 은(借入銀)은 눈덩이처럼 불어나 마침내 정덕기(正德期)의 조선통신사 내일(來日) 때는 큰 적자에 허덕였다. 그러나 막부로부터의 배차금(拜借金)과 하사금(下賜金) 등도 전혀 기대할 수 없는 상황이어서 마침내 대마주의 재정은 고갈(枯渴)상태에 빠지게 되었다.

여기서 또 한 가지 짚고 넘어가야 할 사항은 대마주 재정이 파탄 나도 막부에서 지원이 없었다는 것에 주목해야 한다. 이유는 대마주 경제의 70%를 조선에 의지하고 살아가고 있기 때문에 조선의 경제적 통치를 받지 않을 수 없었다는 점을 막부정권이 잘 알고 있었기 때문이다. 숙종14년(서기 1668년)[480]부터 시작한 막부정권 화폐의 계속된 개주(改鑄)가 조선 측에 일본 은화(銀貨)에 대한 신용을 현저하게 실추시켜 대마주에서 대 조선 경제 중계가 아주 부진했기 때문이다. 이로 인해 사경제(무역) 도항자(渡航者)가 급속히 감소함으로써 조

---

474) 田代和生(1981) 東京 創文社「近代日朝通交貿易史の 硏究」 p.287
475) 田代和生(1981) 東京 創文社「近代日朝通交貿易史の 硏究」 p.281
476) 萬治 4年:對馬島 島主 宗義眞 5年.
477) 長崎縣 敎育會對馬部會(1977)「對馬人物志」p.128
478) 許芝銀(2008)「對馬島 朝鮮語 通詞의 成立과 役割」「韓日關係史硏究」p.128.
479) 上せ銀の 禁止를 말한다.

선에서 수입하는 식량의 감소로 인한 경제적인 위기를 느끼게 되었다. 대 조선 경제(무역)의 이윤 감소(減少)로[481] 영조35년(서기 1759년) 조선 인삼 무역 자금을 막부로부터 80,000량(兩)을 차입(借入)했다.

　　대정시대(大正時代)[482] 대마주의 경지 면적은 논이 겨우 600ha이며 밭이 2,000ha 밖에 되지 않았다. 쌀 생산량은 1,500석이며 맥류(麥類)와 잡곡(雜穀)을 합친 총생산량은 전 도민 65,000명의 2개월분 식량에도 못 미치기 때문에, 매월 3,500석의 주식 배급(主食配給)을 현(縣)의 미곡회사(米穀會社)로부터 수령했다.[483] 막부시대의 대마주는 조선에 흉작이 들면 막부로부터 지원을 받았다고 했을 만큼 경제가 어려웠다. 또한 막부시대 참근 교대제로 인해 대마주 태수가 에도 번저(江戶藩邸)를 운영하는 관계로 생산되는 미곡(米穀)은 에도(江戶)로 보내야만 했다. 그러므로 대마주 백성들은 무엇보다 경제적인 문제를 해결하기 위해서는 조선으로부터의 경제적 지원에 의지할 수밖에 없었다. 이와같은 점으로 볼 때 대마주는 조선의 통제 경제 하에서 생존해왔기 때문에 결과적으로 조선은 대마주를 우리 韓나라의 자치령 종속도(自治領從屬島)로 통치했다고 결론지을 수밖에 없다.

---

480) 西紀 1688~1703年
481) 永留久惠(1999)「雨森芳洲」p.232
482) 西紀 1912~1925年
483) 齊藤隼人(1977) 講談社「國境線 對馬」p.

참고문헌

「高麗史節要(고려사절요)」
「東萊府誌(동래부지)」
「朝鮮王朝實錄(조선왕조실록)」
「海行摠載(해행총재)」
「通文館志(통문관지)」
「海東諸國記(해동제국기)」
「海槎錄(해사록)」
「國語大辭典(국어대사전)」
「國史大事典(국사대사전)」
「大漢韓辭典(대한한사전)」
「世界人名大事典(세계인명사전)」
「港都釜山(항도부산)」
「全北史學(전북사학)」
「老松堂 日本行錄(노송당 일본행록)」
「海槎日記(해사일기)」
「日本史廣辭典(일본사광사전)」
「對馬百科(대마백과)」
「續日本後紀(속일본후기)」
「對州編年畧(대주편연략)」
「新對馬島誌(신대마도지)」
「峰頂誌(봉정비)」
「嚴原町誌(엄원정지)」
「上對馬町誌(상대마정지)」
「改訂對馬島誌(신정대마도지)」
「日本紀略(일본기략)」後篇六(후편6)
「百練抄(백련초)」
「朝鮮外交事務書(조선외교사무서)」卷一(권1)
「現代地圖帳(현대지도장)」
「嚴原敎育史(이즈하라교육사)」

단행본 및 논문

宮本雅史(平成21)「對馬が危ない」産經新聞社の本
大江正康(2010)「對馬の天道信仰と熊野」嚴原印刷所
井上裕務(2005)「嫌韓流の眞實!」寶島社
出羽弘明(昭和60))「新羅の神々と古代日本」同成社
嶋村初吉(2005)「對馬新考」梓書院
嶋村初吉(2007)「海峽を結んだ通信使」梓書院
佐伯弘次(2008)「對馬と海峽の中世史」山川出版社
佐伯弘次(2006)「壹岐・對馬と松浦半島」吉川弘文館
日野義彦(昭和59)「對馬風土記」ニシキ印刷柱式會社
正林護(1988)「ながさき古代紀行」(株)ダウンヌース社
長崎教育委員會(平成4)「長崎縣と朝鮮半島」博英社
大江正康(2011)「倭寇の面々が慕らした島」嚴原印刷所
藤田友治(2000)「魏志矮人傳の解明」論創社
藤井鄕石9昭和63)「對馬の地名とその由來」上・下卷 (有)昭和堂印刷
齊藤準人(1977)「國境線對馬」講談社
柳田國男外(1977)「對馬南部方言集」國書刊行會
鶴田 啓(2006)「對馬からみた日朝關係」山川出版社
宮本常一(2009)「壹岐・對馬紀行」未來社
山川和男(2007)「對馬の文學案内」株式會社 文藝社
西日本文化協會(1978)「對馬の美術」西日本文化協會 發行
長節子(昭和62)「中世日朝關係と對馬」吉川弘文館
釋尾春芿(明治45)「新增東國輿地勝覽」朝鮮古書刊行會
荒木和憲(2007)「中世對馬宗氏領國と朝鮮」山川出版社
幣原但 (1952)「朝鮮學報(조선학보)」第一對馬問題
田中健夫(1962)「對外關係と文化交流」思文閣出版
田代和生(1981)「近代日朝通交貿易史の研究」創文社
田代和生(平成14)「倭館鎖國時代の日本人町」文藝春秋
長崎縣教育委員會對馬部會(1977)「對馬人物志」村田書店
田中健夫外(1973)「朝鮮通交大紀」名著出版
阿比留德勇(平成5)「對馬六觀音」西日本新聞社
黑田智(2009)「なぜ對馬は円く描かれたのか」朝日新聞出版
永留久惠(1994)「古代史の鍵・對馬」大和書房
永留久惠(平成6)「對馬歷史觀光」彬屋書店

永留久惠(昭和60)「對馬の 歷史探訪」杉屋書店
永留久惠(2009)「對馬國志」(株)昭和堂
永留久惠(1999)「雨森芳洲」西日本新聞社
大石 武(2004)「傳說津嶋佐護郡」昭和堂
龍造寺辰馬(平成7)「對馬小史」福岡刑務所印刷所
小松津代志(平成22)「邊要 壹岐・對馬 防人史」みつしま印刷
大石 武(平成13)「元寇倭寇そして賀茂事件」(株)ネオプリンテング
仲尾 宏(2007)「朝鮮通信使」岩波新書
山本博文(2002)「對馬藩江戶家老」講談社 學術文庫
司馬遼太郎(2005)「壹岐・對馬の道」朝日新聞社
金聖昊(1982)「沸流百濟와 日本의 國家 基源」知文社
김화홍(1999)「대마도도 한국 땅」지와 사랑
羅鐘宇(1996)「韓國中世對日交涉史硏究」圓光大學校出版局
文太光(2011)「釜山의 갈맷길」연문씨앤피
박경의(2001)「年表와 寫眞으로 보는 日本史」일빛
송상엽(2006)「日本語漢字發音辭典」第一法規
李鉉淙(1973)「靑丘史學」「己酉條約 內容의 史書別 綜合 檢討」
이현희(2010)「이야기 한국사」청아출판사
이 훈(2010)「對馬島, 역사를 따라 걷다」역사 공간
李炳銑(2005)「對馬島는 韓國의 屬island였다」이會文化社
許芝銀(2008)「對馬島朝鮮語通詞의 成立과 役割」「韓日關係史硏究」
林承國 演繹・註解(檀紀4344)「桓檀古記」정신세계사
玄容駿(1974)「對馬島天道信仰」
韓日關係史硏究會(1996)「독도와 대마도」지성의 샘
黃白炫(2011)「對馬島歷史文化觀光」(株)渤海TOUR
黃白炫(2010)「對馬島의 韓語學習 관한 硏究」東義大 博士學位 論文
楓溪賢正(2010)「日本漂海錄」東國大學校出版部
鄭成一(1987)「朝鮮後期對日私貿易의 構造變動에 關한 硏究」全南大 碩士學位 論文

기타

對馬新聞(2012年1月13日)
對馬新聞(2008年12月12日) 第3632號
國際新聞(2011年12月29日)
國際新聞(2012年5月17日)
http://kln.naver.com/
blog.naver.com/
修善寺住持直 小島宏(2011年12月1日) 傳言
http://.naver.com/gimumri/
서울대학교 국사학과 추계 정기탐사 소책자(2008)
정연규/http://blogdaum.net/
http://cafe.naver.com/
http://sillok.history.go.kr
長崎縣立對馬歷史民俗資料館. Pamplet.

약력

황백현 黃白炫

檀紀 4279년(1947년) 09월 26일 경남 사천군 서포면 조도리 한개 출생.

〈배움〉
서울대 문헌지식 정보최고위과정 · 미국 노바대대학원 · 동의대 대학원 · 영남대 교육대학원 · 동아대 영문학과 · 진주농림고 토목과 · 서포중 · 서포국민학교.

〈직업〉
동양고무 · 풍영화성 · 진양고무 · 대양고무 등에서 '배가 고파' 노동자로 일하면서 야간대학(동아대)을 15년 만에 졸업하고 1980년부터 동의대 · 경남정보대학 · 신라대 · 부산교대 · 진주교대 · 가야대 · 거제 해성고 · 거제 남부중 등에서 교편생활(운동권 위장 취업 노동자가 아니라 생계형 노동자였음).

〈활동〉
1981년 국민독서운동회 창립 초대회장(1981년부터~도서벽지 50개 마을에 마을문고설치기증(도서 약50만권 기증)).
1890년 한국 최초 〈영문독해 13개 공식 발표〉후〈영문독해공식13〉발행.
1992년 제14대 국회의원 입후보(부산진구乙지역구. 민주당 공천)
1995년 부산광역시장 예비후보(노무현 후보와 경선 13표차로 낙선)
1995년 일제잔재〈국민학교〉를〈초등학교〉로 바꾸는 일을 했음.
1996년 03월21일 독도수호를 위해 독도 상륙.
1996년 한국 최초 독도수호목적〈범국민 독도순례운동〉시작함
1996년 30일간 일본 전국 견문 후〈극일(克日)운동시민연합〉창립.
1997년 07월30일 한국최초〈대마도 패키지 여행〉개척함.
1999년 11월 09일 호적(본적)을 독도로 옮기고, 범국민독도호적옮기기운동을 함.
2000년 01월03일 청원으로 우리나라 최초로〈독도리〉신설했음.
2000년 06월30일 청원으로 우리나라 최초로〈독도 땅값 2억6천만원〉책정했음.
2002년 청원으로 독도리 우편번호〈799-805〉를 만들었음.
2003년 청원으로 독도광업지적〈75/76-85/86〉을 만들었음.
　　　　일제잔재〈부락〉을 우리말〈마을〉로 바꾸는 일을 했음.
　　　　독도입도허가제를〈신고제〉로 바꾸는 일을 했음

〈하는 일〉
독도유인도화국민운동 의장.
극일운동 시민연합 의장
(주) 발해투어 대표이사

〈저서〉
『대마도통치사』『영문독해공식』등 70여 권.

〈특기〉
'대마도 여행'을 개척하고, '부산대마도직항선박 취항'토록 했음.